Nacidos para correr

Christopher McDougall fue corresponsal de guerra para Associated Press y ahora escribe para la revista *Men's Health*. Fue finalista en tres ocasiones del National Magazine Award, y ha escrito para *Esquire*, *The New York Times Magazine*, *Outside*, *Men's Journal* y *New Yorker*. Suele correr alrededor de las granjas Amish que rodean su casa en Pensilvania.

CHRISTOPHER McDOUGALL

Nacidos para correr

La historia de una tribu oculta,
un grupo de superatletas
y la mayor carrera de la historia

Traducción de
Diego Salazar

DEBOLS!LLO

Papel certificado por el Forest Stewardship Council®

Título original: *Born to Run*

Primera edición en Debolsillo: abril de 2026

© 2009, Christopher McDougall.
© 2010, 2026, Penguin Random House Grupo Editorial, S.A.U.
Travesera de Gràcia, 47-49. 08021 Barcelona
© 2011, Diego Salazar, por la traducción
Diseño de la cubierta: Penguin Random House Grupo Editorial basado
en el diseño e ilustraciones originales de Estuary English

Printed in Spain – Impreso en España

ISBN: 978-84-663-9107-8
Depósito legal: B-2.456-2026

Compuesto en Lozano Faisano, S.L.
Impreso en Black Print CPI Ibérica
Sant Andreu de la Barca (Barcelona)

P 3 9 1 0 7 8

Para John y Jean McDougall, mis padres,
que me han dado todo y siguen dando

El mejor corredor no deja huellas.

TAO TE CHING

1

Vivir entre fantasmas requiere soledad.

ANNE MICHAELS,
Fugitive Pieces

Durante días había estado recorriendo la Sierra Madre mexicana en busca de un fantasma conocido como Caballo Blanco. Finalmente, un rastro me llevó al último lugar donde esperaba encontrarlo: lejos de la profundidad del desierto salvaje donde cuentan que se aparece, en el oscuro lobby de un hotel a las afueras de una polvorienta ciudad del desierto.

—Sí, El Caballo está —dijo la recepcionista, asintiendo con la cabeza.

—¿De verdad?

Tras oír tantas veces que acababa de irse, en otros tantos escenarios extraños, había empezado a sospechar que Caballo Blanco no era más que una especie de cuento de hadas, la versión local del monstruo del Lago Ness, inventada para asustar a los niños y engañar a gringos crédulos.

—Siempre regresa sobre las cinco —añadió la recepcionista—. Es como un ritual.

No supe si abrazarla aliviado o chocarle la mano para celebrar el triunfo. Miré mi reloj. Esto significaba que realmente iba a posar mis ojos sobre el fantasma en menos de... ¡espera!

—Pero si son casi las seis.

—Quizá se ha marchado —dijo la recepcionista encogiéndose de hombros.

Me hundí en un viejo sofá. Me encontraba mugriento, muerto de hambre y derrotado. Estaba exhausto, al igual que mis pistas.

Algunos decían que Caballo Blanco era un fugitivo; otros habían oído que era un boxeador que huía como una especie de castigo autoimpuesto tras matar a golpes a un tipo en el ring. Nadie sabía su nombre, su edad o de dónde venía. Era como un pistolero del Lejano Oeste cuyas únicas huellas eran unos cuantos cuentos chinos y el olor a cigarrillo. Las descripciones y avistamientos estaban por todas partes; aldeanos que vivían a distancias imposibles unos de otros juraban haberlo visto viajando a pie el mismo día y lo describían dentro de una amplia escala que iba de «divertido y simpático» a «raro y gigantesco».

Pero en todas las versiones de la leyenda de Caballo Blanco siempre se repetían algunos detalles básicos: había llegado a México años atrás y se había internado en las salvajes e impenetrables Barrancas del Cobre para vivir entre los tarahumaras, una tribu casi mítica de superatletas de la Edad de Piedra. Los tarahumaras quizá sean las personas más sanas y serenas del planeta, y los más grandes corredores de todos los tiempos.

Cuando se trata de distancias enormes, nada puede vencer a un corredor tarahumara. Ni un caballo de carreras, ni un guepardo ni un maratonista olímpico. Pocas personas han visto a los tarahumaras en acción, pero a lo largo de los siglos han ido filtrándose desde las barrancas historias asombrosas acerca de su resistencia y tranquilidad sobrehumana. Un explorador jura haber visto a un tarahumara cazando un ciervo con sus propias manos, persiguiendo al animal hasta que cayó muerto de agotamiento y «las pezuñas se le desprendieron». Otro aventurero pasó diez horas escalando las Barrancas del Cobre a lomo de mula, mientras que un corredor tarahumara hizo el mismo viaje en noventa minutos.

«Prueba esto», dijo una mujer tarahumara una vez a un explorador exhausto que se derrumbó al pie de una montaña. La mujer le extendió un mate lleno de un líquido turbio. El explorador dio unos pocos tragos y, asombrado, sintió una nueva energía que corría por sus venas. Se puso de pie y escaló la montaña como un sherpa con sobredosis de cafeína. Los tarahumaras, contaría después el explorador, también custodian la receta de un alimento energético especial que los deja en forma, poderosos e imparables: unos pocos bocados tienen el suficiente contenido nutricional para permitirles correr todo el día sin descanso.

Pero, sean cuales sean los secretos ocultos de los tarahumaras, los han ocultado bien. Hoy en día, los tarahumaras viven en las laderas de unos acantilados más altos que el nido de un halcón, en un territorio que pocas personas han visto. Las barrancas son un «mundo perdido» en el medio de la más remota zona salvaje de Norteamérica, como un Triángulo de las Bermudas tierra adentro, famoso por tragarse a los inadaptados y desesperados que se pierden en su seno. Muchas cosas terribles pueden ocurrir ahí, y probablemente ocurrirán. Aun cuando sobrevivas a los jaguares devora hombres, las serpientes mortales y el calor abrasador, todavía tendrás que enfrentarte a la «fiebre del cañón», el delirio al que puede conducirte la inquietante desolación de las barrancas. Mientras más te internas en ellas, mayor es la sensación de una cripta que se cierra a tu alrededor. Los muros se estrechan, las sombras se extienden, el eco de los fantasmas te susurra al oído; todas las salidas parecen terminar en una roca escarpada. Varios exploradores extraviados cayeron en tal estado de locura y desesperación que se cortaron la garganta o se arrojaron al vacío. No

13

sorprende, entonces, que pocos extraños hayan visto la tierra de los tarahumaras.

Sin embargo, de alguna manera, Caballo Blanco había conseguido llegar a las profundidades de las barrancas. Y ahí, cuentan, fue adoptado por los tarahumaras como un amigo y alma gemela, un fantasma entre fantasmas. Ciertamente, dominaba dos de las habilidades características de los tarahumaras —invisibilidad y resistencia— ya que aun cuando había sido visto recorriendo las barrancas, nadie parecía saber dónde vivía o dónde podría vérsele la próxima vez. Si alguien podía traducir los antiguos secretos de los tarahumaras, me dijeron, era este vagabundo solitario de la Sierra Alta.

Estaba tan obsesionado con encontrar a Caballo Blanco que mientras dormitaba en el sofá del hotel, pude incluso imaginar el sonido de su voz. «Probablemente debe de sonar como el Oso Yogi ordenando burritos en Taco Bell», pensé. Un tipo así, un trotamundos que va a todas partes pero no encaja en ningún sitio, debe de vivir dentro de su cabeza y ha de oír raramente su propia voz. Debe de hacer bromas raras y partirse de la risa él solo. Ha de tener una risa atronadora y un español espantoso. Debe de ser enérgico y simpático y… y… Espera un minuto. Lo estaba oyendo. Abrí los ojos y me encontré con un cadáver polvoriento con un sombrero de paja hecho jirones que bromeaba con la recepcionista. Marcas de tierra le cruzaban el rostro demacrado, como borrosas pintadas de guerra, mientras las greñas de pelo decolorado por el sol que se escapaban por debajo de su sombrero parecían haber sido cortadas con un cuchillo de caza. Recordaba a un náufrago abandonado en una isla desierta, incluso por el hambre de conversación que parecía saciar con la recepcionista aburrida.

—¿Caballo? —dije con la voz ronca.

El cadáver se volvió, sonriendo, y me sentí como un idiota. No parecía temeroso, sino confundido, como cualquier turista que tu-

14

viera que hacer frente a un perturbado que de repente le grita desde el sofá: «¡Caballo!».

Este no era Caballo. No existía ningún Caballo. Todo el asunto era un invento, y yo había caído en él.

Entonces, el cadáver habló.

—¿Me conoces?

—¡Hombre! —exploté, luchando por ponerme de pie—. ¡Me alegra tanto verte!

Su sonrisa se desvaneció. Los ojos del cadáver huyeron en dirección a la puerta, dejando claro que él también huiría.

2

Todo comenzó con una pregunta sencilla que nadie podía responder. Era un acertijo de seis palabras que me llevó hasta la fotografía de un hombre veloz que vestía una falda muy corta, y a partir de ahí el asunto se volvió cada vez más extraño. No mucho después, me encontré tratando con un asesino, guerrillas de narcotraficantes y un hombre con un solo brazo y un bote de queso crema atado a la cabeza. Conocí a una preciosa guardabosques rubia que se deshizo de su ropa y encontró la salvación corriendo desnuda por los bosques de Idaho, y a una joven surfista con coletas que corrió directa hacia la muerte en pleno desierto. Un talentoso y joven corredor moriría. Otros dos se salvarían por los pelos.

Seguí buscando y cruzándome en el camino con Batman Descalzo... El Tipo Desnudo... Bosquimanos del Kalahari... El Amputado de la Uña del Pie... una secta consagrada a carreras de larga distancia y fiestas sexuales... El Hombre Salvaje de las Montañas Blue Ridge... y, finalmente, la antigua tribu de los tarahumaras y su misterioso discípulo, Caballo Blanco.

Al final, obtendría mi respuesta, pero solo después de encontrarme en medio de la mayor carrera que el mundo jamás había visto: la mayor competición de carreras pedestres, un enfrentamiento clandestino en el que compitieron algunos de los mejores corredores de ultramaratón de nuestros tiempos contra los mejores corredores de todos los tiempos, una carrera de cincuenta millas por caminos ocultos hasta entonces solo transitados por los tarahumaras. Me sorprendí al descubrir que el viejo proverbio del Tao Te Ching: «El buen caminante no deja huellas», no era un sutil *koan*[1] sino un consejo de entrenamiento real y concreto.

Y todo porque en enero de 2001 le pregunté a mi médico:

—¿Por qué me duele el pie?

Había ido a ver a uno de los mejores especialistas en medicina deportiva del país porque un picahielos invisible me estaba atravesando la planta del pie. La semana anterior había salido al campo nevado para correr unas meras tres millas cuando de pronto lancé un aullido de dolor, sujetándome el pie derecho y lanzando maldiciones mientras me derrumbaba sobre la nieve. Cuando logré controlarme, eché un vistazo a mi pie para ver cuánto estaba sangrando. Me habría atravesado el pie una roca afilada, pensé, o habría sido un viejo clavo incrustado en el hielo. Pero no había ni una gota de sangre, ni agujero alguno en la suela de la zapatilla.

—Su problema es que corre —me confirmó el doctor Joe Torg cuando llegué cojeando a su consulta unos días después.

Él debía saberlo. El doctor Torg no solo había ayudado a crear la especialidad de medicina deportiva, sino que era el coautor de *The Running Athlete,* el más completo análisis radiográfico de todas las posibles lesiones relacionadas con el hecho de correr. Me hizo unas pruebas de rayos X y me observó cojear un poco, para luego determinar que me había lesionado el cuboides, un grupo de huesos paralelo al arco del pie cuya existencia yo ignoraba hasta que se las ingenió para reconvertirse en una especie de Taser[2] interno.

1. En la tradición Zen, un *koan* es un problema que el maestro plantea al novicio para comprobar sus progresos. *(N. del T.)*
2. Arma de electrochoque. *(N. del T.)*

—Pero si corro muy poco —dije—. Algo así como dos o tres millas cada dos días. Y ni siquiera sobre el asfalto, corro sobre todo en caminos de tierra.

No importa.

—El cuerpo humano no está diseñado para soportar esa clase de abuso —respondió el doctor Torg—. Especialmente el de usted.

Sabía exactamente lo que quería decir. Dado que mido un metro ochenta y peso unos cien kilos, me han dicho muchas veces que la naturaleza pretendía que los tipos de mi tamaño nos colocáramos debajo del aro de baloncesto o detuviéramos las balas dirigidas al presidente del país, no que sacudiéramos el pavimento con nuestros corpachones. Y desde que había llegado a los cuarenta, había empezando a comprender por qué. En los cinco años desde que había dejado de jugar baloncesto para intentar convertirme en maratonista, me había desgarrado los ligamentos (dos veces), estirado el tendón de Aquiles (repetidas veces), torcido los tobillos (ambos, de forma alterna), sufrido dolores en el arco del pie (regularmente) y tenido que bajar escaleras de espaldas y de puntillas porque tenía los talones destrozados. Y ahora, aparentemente, el último punto dócil de mis pies se había unido a la rebelión.

Lo extraño era que, aparte de eso, yo parecía indestructible. Dado que soy escritor para la revista *Men's Health,* además de uno de los columnistas originales de la sección «Hombre Inquieto» de *Esquire,* buena parte de mi trabajo ha requerido experimentar con deportes semiextremos. He descendido por aguas rápidas de clase IV en una tabla de *bodyboard,* he hecho *sandboard* en dunas enormes y he conducido una bicicleta de montaña a través de las tierras baldías de Dakota del Norte. También he sido corresponsal de tres guerras para la Associated Press, además de haber pasado unos cuantos meses en las regiones más inhóspitas de África, todo sin el menor rasguño. Pero resulta que corro unas pocas millas y, de

18

pronto, me estoy revolcando en el suelo de dolor como si una bala perdida me hubiera penetrado en el abdomen.

En cualquier otro deporte, un índice de lesiones como este me convertiría en un caso anormal. Entre los corredores es lo habitual. Los mutantes de verdad son aquellos corredores que no se lesionan. Hasta ocho de cada diez se lastiman cada año. No importa cuál sea tu peso, si eres rápido o lento, un campeón de maratones o tan solo resoplas un poco los fines de semana, tienes tantas probabilidades como cualquier otro de destrozarte las rodillas, canillas, ligamentos, cadera o talones. La próxima vez que vayas a empezar la carrera del Turkey Trot,[3] echa un vistazo a derecha e izquierda: según las estadísticas, solo uno de vosotros regresará para la carrera del Jingle Bell.[4]

Ningún invento ha podido reducir la carnicería. Hoy en día es posible comprar zapatillas para correr con resortes de acero incorporados a la suela o unas Adidas que ajustan la amortiguación de tus pisadas gracias a un microchip, pero el índice de lesiones no ha bajado ni un ápice en treinta años. Por el contrario, ha aumentado; las roturas de tendón de Aquiles han incrementado en un 10 por ciento. Correr parecería ser la versión atlética de conducir en estado de ebriedad: puedes salir ileso durante un tiempo, quizá incluso te diviertas, pero el desastre está esperándote a la vuelta de la esquina.

«Vaya sorpresa», comenta sarcásticamente la medicina deportiva. Aunque no exactamente de esa forma. Más bien así: «Los atletas cuyo deporte implica correr ejercen una enorme presión sobre sus piernas». Es por ello por lo que el *Sports Injury Bulletin* ha dicho: «Cada pisada golpea cada una de tus piernas con una fuerza equi-

---

3. Carrera amistosa que se celebra a lo largo de Estados Unidos el Día de Acción de Gracias. *(N. del T.)*
4. Carrera que se celebra en distintas ciudades de Estados Unidos a lo largo del mes de diciembre. *(N. del T.)*

valente al doble de tu masa corporal. De la misma manera que un martilleo constante en una roca de apariencia impenetrable, con el tiempo la convertirá en polvo, la carga del impacto relacionado con el hecho de correr puede, en última instancia, dañar tus huesos, cartílagos, músculos, tendones y ligamentos».

Un informe de la Asociación Americana de Cirujanos Ortopédicos concluye que las carreras de larga distancia son «una amenaza intolerable a la integridad de la rodilla». Y en lugar de golpear una «roca impenetrable», estamos castigando uno de los puntos más sensibles de nuestro cuerpo. ¿Sabes qué tipo de terminaciones nerviosas se encuentran en tus pies? Las mismas que interconectan tus genitales. Tus pies son como un balde de pesca lleno de neuronas sensoriales, todas ellas retorciéndose en busca de sensaciones. Estimula esas terminaciones nerviosas solo un poco y el impulso se disparará a través de todo tu sistema nervioso; es por esto por lo que las cosquillas en las plantas de los pies pueden sobrecargar la base de control y causarte un espasmo en todo el cuerpo.

No es de extrañar que los dictadores latinoamericanos tengan debilidad por los pies cuando se trata de doblegar voluntades férreas; el «bastinado», una técnica de tortura que implica atar a la víctima y azotarle las plantas de los pies, fue desarrollado por la Inquisición española y después adoptado con entusiasmo por los sádicos más enfermos del mundo. Los Jemeres Rojos y el siniestro hijo de Saddam Hussein, Uday, fueron grandes aficionados al bastinado, ya que conocían bien su anatomía. Únicamente el rostro y las manos pueden compararse con los pies en su habilidad para la mensajería instantánea con el cerebro. Cuando se trata de percibir la caricia más delicada o el más diminuto grano de arena, tu dedo gordo del pie está tan bien equipado como tus labios o las yemas de tus dedos.

—Entonces, ¿no hay nada que pueda hacer? —pregunté al doctor Torg.

Se encogió de hombros.

—Puedes seguir corriendo, pero volverás a buscar más de estas —dijo, golpeando con la punta del dedo la enorme aguja llena de cortisona que estaba a punto de clavarme en la planta del pie.

También iba a necesitar unas plantillas ortopédicas (cuatrocientos dólares) para introducir en mis zapatillas de control de movimiento (ciento cincuenta o más, y dado que necesito un par extra para alternarlos, digamos trescientos dólares). Pero todo esto tan solo pospondría el artículo verdaderamente costoso: mi próxima e inevitable visita a su consulta.

—Ahora, ¿qué le recomiendo? —concluyó el doctor Torg—. Cómprese una bicicleta.

Le di las gracias, prometiendo seguir sus consejos, e inmediatamente después acudí a otro médico a sus espaldas. El doctor Torg estaba haciéndose mayor, comprendí; quizá se había vuelto algo conservador en sus recetas y algo demasiado rápido a la hora de administrar cortisona. Un médico amigo me recomendó un podólogo que era además maratonista, así que solicité una cita para la siguiente semana.

El podólogo me hizo otra placa de rayos X, luego me exploró el pie con sus pulgares.

—Parece que tiene el síndrome del cuboides —concluyó—. Puedo combatir la inflamación con un poco de cortisona, pero va a necesitar plantillas ortopédicas.

—Demonios —masculló—. Es justo lo que me dijo Torg.

Había empezado a salir en busca de una aguja, pero de repente se detuvo.

—¿Ha visto ya a Joe Torg?

—Sí.

—¿Ha recibido ya una inyección de cortisona?

—Hmm, sí.

—Entonces, ¿qué hace aquí? —preguntó, impaciente y algo

desconfiado de repente, como si pensara que yo realmente disfrutaba al recibir pinchazos de aguja en la parte más sensible de mi pie. Quizá sospechaba que yo era un toxicómano sadomasoquista, adicto al dolor y a los analgésicos.

—¿Es consciente de que el doctor Torg es el padrino de la medicina deportiva? Sus diagnósticos son normalmente muy respetados.

—Lo sé. Tan solo quería una segunda opinión.

—No voy a ponerle más cortisona, pero podemos concertar una cita para tomar las medidas de las plantillas ortopédicas y debería pensar en encontrar otro deporte que no sea correr.

—Suena bien —dije.

El ortopedista era mejor corredor de lo que yo sería nunca y acababa de confirmar el veredicto de otro médico, a quien de buena gana se refería como el *sensei* de los especialistas en medicina deportiva. No había discusión alguna acerca de su diagnóstico. Así que empecé a buscar otro médico. No es que yo sea así de testarudo. Ni siquiera es que esté tan loco por correr. Si sumo todas las millas que he corrido, la mitad fueron un doloroso suplicio. Pero quizá diga algo el que, pese a no haber leído *El mundo según Garp* en veinte años, no haya olvidado una pequeña escena y no precisamente la que ustedes creen: me refiero a la manera en que Garp saltaba por la puerta en medio de un día laborable para echar una carrera de cinco millas. Hay algo tan universal en esa sensación, la forma en que correr reúne dos de nuestros impulsos más primarios: el miedo y el placer. Corremos cuando estamos asustados, corremos cuando estamos extasiados, corremos cuando huimos de nuestros problemas y correteamos en busca de diversión.

Y cuando las cosas empeoran, corremos aún más. En tres ocasiones, Estados Unidos ha visto ascender enormemente las carreras de larga distancia, y las tres veces han tenido lugar en medio de una crisis nacional. El primer boom ocurrió durante la Gran De-

22

presión, cuando más de doscientos corredores impusieron la tendencia corriendo cuarenta millas diarias a través del país en la denominada Great American Footrace. Correr luego decayó, para volver a ponerse de moda en los años setenta, cuando el país luchaba por recuperarse de Vietnam, la Guerra Fría, las revueltas raciales, un presidente corrupto y el asesinato de tres líderes amados. ¿Y el tercer boom? Un año después de los ataques del 11 de septiembre, las carreras de montaña de pronto se convirtieron en el deporte al aire libre de más rápido crecimiento en el país. Quizá fue una coincidencia. O quizá hay un disparador en la psique humana, una respuesta codificada que activa nuestra primera y mejor habilidad de supervivencia cuando sentimos que se acercan depredadores. En términos de liberación de estrés y placer sensual, correr es lo que tienes en tu vida antes de conocer el sexo. El equipo y el deseo vienen de fábrica, todo lo que necesitas es ponerte en marcha y disfrutar del viaje.

Eso es lo que yo estaba buscando; no un pedazo de plástico caro para meter en mi zapatilla, ni una dosis mensual de analgésicos, tan solo una manera de ponerme en marcha sin romperme en pedazos. Yo no adoraba correr, pero quería hacerlo. Y eso fue lo que me llevó a la puerta de un tercer médico: la doctora Irene Davis, experta en biomecánica y jefa de la Running Injury Clinic (Clínica de lesiones relacionadas con el correr) de la Universidad de Delaware.

La doctora Davis me colocó sobre una cinta de correr, primero descalzo y luego con tres tipos diferentes de zapatillas. Me hizo correr, trotar y correr a toda prisa. Me hizo caminar de aquí para allá sobre unas plataformas de fuerza para medir el impacto de mis pisadas. Luego observé horrorizado el vídeo. En la imagen mental que me he hecho, soy tan ligero y veloz como un navajo cazando. El tipo de la imagen, sin embargo, era el monstruo de Frankenstein intentando bailar tango. Me balanceaba tanto que mi cabeza desaparecía de la parte superior del cuadro. Mis brazos se zarandeaban hacia delante y atrás como un árbitro señalando *safe* en la base de *home,* mientras que mis pies número 46 caían tan pesados que sonaba como si el vídeo tuviera de fondo un redoble de bongós. Por si esto fuera poco, la doctora Davis puso el vídeo en cámara lenta, así que pudimos fijarnos con detenimiento y apreciar la manera en que mi pie derecho se torcía hacia fuera, mi rodilla izquierda se hundía y mi espalda se encorvaba y sacudía de tal forma que parecía que alguien debía clavarme una billetera entre los dientes y llamar a una ambulancia. ¿Cómo demonios lograba avanzar con todo ese tambaleo de arriba a abajo, de lado a lado, como un pescado intentando escapar de un anzuelo?

—Ok —dije—. Entonces, ¿cuál es la manera correcta de correr?

—Esa es la eterna pregunta —respondió la doctora Davis.

Y en cuanto a la eterna respuesta... bueno, era complicada. Quizá enderezaría mis zancadas y obtendría una mejor amortiguación del impacto si apoyaba primero la parte media del pie, más rolliza, en lugar del huesudo talón. Pero... quizá solo estaría cambiando un problema por otro. Al hacer unos pequeños ajustes en mi forma de andar podía de pronto sobrecargar el talón y el tendón de Aquiles con una tensión a la que no están habituados y así enfrentarme con un nuevo lote de lesiones.

—Correr es duro para las piernas —dijo la doctora Davis.

Era tan amable y escrupulosa. Podía imaginar lo que estaba pensando: «Especialmente sus piernas, grandullón».

Había vuelto justo al lugar donde había empezado. Después de meses de ver especialistas y buscar estudios médicos en la Web, todo lo que había conseguido era ver cómo mis preguntas me eran devueltas:

—¿Por qué me duele el pie?

—Porque correr es malo para ti.

24

—¿Por qué correr es malo para mí?

—Porque hace que te duela el pie.

Pero ¿por qué? A los antílopes no les duelen las espinillas. Los lobos no tienen que aplicarse hielo en las rodillas. Dudo que el 80 por ciento de los caballos salvajes queden discapacitados por lesiones de impacto. Lo cual me recuerda un proverbio atribuido a Roger Bannister, quien, mientras estudiaba medicina, trabajaba como investigador clínico y escribía parábolas concisas, se convirtió en el primer hombre en bajar de la marca de cuatro minutos por milla: «Cada mañana una gacela se despierta en África. Esa gacela sabe que debe correr más rápido que el león más veloz o de lo contrario morirá. Cada mañana en África, un león se despierta. Y sabe que debe correr más rápido que la gacela más lenta, o pasará hambre. No importa si eres la gacela o el león, cuando el sol sale, será mejor que estés corriendo».

Así que, ¿por qué todos los demás mamíferos están capacitados para depender de sus piernas excepto nosotros? Ahora que lo pienso, ¿cómo un tipo como Bannister puede salir corriendo del laboratorio todos los días, machacarse en una dura pista de carreras llevando unas pantuflas de cuero, y no solo conseguir ganar velocidad sino, además, no lesionarse nunca? ¿Cómo es que algunas personas pueden correr como un león o como Bannister cuando el sol aparece cada mañana, mientras que el resto necesitamos un buen puñado de ibuprofeno antes de poner siquiera un pie sobre el suelo?

Estas eran preguntas muy buenas. Pero yo estaba a punto de descubrir que los únicos que conocían las respuestas —los únicos que vivían las respuestas— no estaban hablando.

Especialmente con alguien como yo.

En el invierno de 2003, estaba en una misión de trabajo en México cuando empecé a hojear una revista de viajes en español. De pronto, una foto de Jesucristo corriendo por una pendiente de rocas me llamó la atención. Una inspección más detallada reveló que si bien podía no ser Jesucristo, sin lugar a dudas se trataba de un hombre en bata y con sandalias corriendo hacia abajo en una montaña de escombros. Empecé a traducir el pie de foto, pero no alcanzaba a entender por qué estaba en tiempo presente; parecía una fantasiosa leyenda acerca de un extinto imperio de superhombres evolucionados. Poco a poco fui entendiendo que tenía razón, excepto por los adjetivos «extinto» y «fantasiosa».

Me encontraba en México buscando a una desaparecida estrella pop y su secta de lavadores de cerebros para el *New York Times Magazine*, pero el artículo que tenía que escribir de pronto me pareció soporífero comparado con el que estaba leyendo. Las estrellas pop fugitivas y extravagantes van y vienen, pero los tarahumaras parecían vivir por siempre. Abandonada a su suerte en sus misteriosos escondites de los cañones, esta pequeña tribu de ermitaños había logrado resolver casi todos los problemas conocidos por el hombre. Piensa en cualquier categoría —mente, cuerpo o alma— y los tarahumaras estaban acercándose a la perfección. Parecía que hubieran convertido secretamente sus cuevas en incubadoras de premios Nobel, todos trabajando en pos de acabar con el odio, las afecciones cardíacas, los dolores de espinillas y el efecto invernadero.

En la tierra de los tarahumaras no existían el crimen, la guerra ni el robo. No había corrupción, obesidad, drogadicción, avaricia, violencia doméstica, abuso de menores, afecciones cardíacas, problemas de presión arterial o emisiones de carbono. Los tarahumaras no enferman de diabetes, ni se deprimen, ni siquiera envejecen: los hombres de cincuenta años vencen a los adolescentes, y los abuelos de ochenta pueden correr montaña arriba distancias maratonianas. Su tasa de afectados por el cáncer era casi inexistente. El genio de los tarahumaras incluso alcanzaba la economía, ya que

26

habían creado un sistema financiero único, basado en una bebida alcohólica y en actos aleatorios de desprendimiento: en lugar de dinero, intercambiaban favores y cubas de cerveza de maíz.

Uno esperaría que una economía alimentada por alcohol y obsequios degenerase en una disputa de borrachos peleando a dos puños, como apostadores arruinados en el bar de un casino, pero en el mundo de los tarahumaras funcionaba. Quizá debido a que los tarahumaras son trabajadores e inhumanamente honestos; incluso un investigador ha llegado a especular con que tras tantas generaciones de honestidad, el cerebro tarahumara era químicamente incapaz de producir mentiras.

Y como si ser las personas más amables y felices del planeta no fuera suficiente, los tarahumaras eran además los más fuertes: pareciera que su única característica capaz de rivalizar con esa serenidad sobrehumana era su tolerancia sobrehumana al dolor y la «lechuguilla», un espantoso tequila casero hecho con restos de serpiente cascabel y savia de cactus. Según uno de los pocos forasteros que había presenciado una fiesta como Dios manda de los tarahumaras, los asistentes se emborrachaban tanto que las mujeres luchaban entre ellas arrancándose la ropa que les cubría los senos, mientras que un anciano guasón intentaba arponearles el trasero con una mazorca de maíz. Los hombres, mientras tanto, contemplaban la escena paralizados con la mirada perdida. Las barrancas en plena luna de cosecha no tienen nada que envidiarle a Cancún en *spring break*.

Luego de festejar toda la noche así, los tarahumaras se despiertan a la mañana siguiente para enfrentarse en una carrera que puede durar no dos millas, ni dos horas, sino dos días enteros. Según el historiador mexicano Francisco Almada, un campeón tarahumara corrió una vez 435 millas, el equivalente a salir a correr en Nueva York y no detenerte hasta llegar a Detroit. Otros informes hablan de corredores tarahumara recorriendo 300 millas cada uno. Eso son casi doce maratones seguidas, mientras el sol sale, se pone y vuelve a salir.

Y los tarahumaras no van sobre caminos lisos y pavimentados, sino que recorren escarpados senderos en los cañones, moldeados por sus propios pies. Lance Armstrong es uno de los más grandes atletas de resistencia de todos los tiempos, y solo podría arrastrar los pies a lo largo de su primera maratón si no tomara su ración de gel energético casi cada milla (Mensaje de texto de Lance a su ex mujer tras la maratón de Nueva York: «Oh. Dios. Mío. Ay. Espantoso».). ¿Y aun así estos tipos estaban echándose doce de golpe?

En 1971, un fisiólogo americano llegó haciendo senderismo a las Barrancas del Cobre y quedó tan asombrado por la forma atlética de los tarahumaras que tuvo que retroceder veintiocho siglos para encontrar una vara de medir que se ajustara al caso. «Probablemente nadie desde los tiempos de los antiguos espartanos ha conseguido una forma física comparable», concluyó el doctor Dale Groom al publicar sus descubrimientos en el *American Heart Journal*. A diferencia de los espartanos, sin embargo, los tarahumaras son tan benignos como los *bodhisattvas*;[5] no utilizan su fuerza para dar palizas sino para vivir en paz. «Como cultura, son uno de los mayores misterios sin resolver», dice el doctor Daniel Noveck, antropólogo de la Universidad de Chicago especializado en los tarahumaras.

Son tan misteriosos que, incluso, son conocidos por un alias. Su nombre real es rarámuri, que significa «la gente que corre». Fueron apodados tarahumaras por los conquistadores que no entendían su lengua tribal. El nombre ilegítimo quedó porque los rarámuris hicieron honor a su nombre original, huyendo en lugar de quedarse a discutir el asunto. Esa manera de responder a las agre-

---

5. En la filosofía budista se refiere a alguien embarcado en el camino del Buda. *(N. del T.)*

siones poniendo tierra de por medio, es característica de los rará-muris. Desde que Cortés y sus invasores de armadura llegaron tintineando a estas tierras hasta los capos mexicanos de la droga, pasando por las invasiones de Pancho Villa y sus jinetes temerarios, los tarahumaras han respondido siempre a los ataques corriendo más lejos y más rápido que cualquiera, refugiándose en zonas aún más profundas de las barrancas.

«Dios, deben de ser increíblemente disciplinados —pensé—. Enfoque y dedicación total. Los monjes Shaolin de las carreras.»

Bueno, no realmente. A la hora de prepararse para la maratón, los tarahumaras prefieren un estilo carnaval. En lo que a dieta, estilo de vida y ardor estomacal se refiere, son la pesadilla de cualquier entrenador de atletismo. Beben como si estuvieran celebrando el Año Nuevo una vez a la semana, ingiriendo suficiente cerveza de maíz a lo largo del año como para pasar cada tercera parte de los días de su vida adulta borrachos o con resaca. A diferencia de Lance, los tarahumaras no reponen energía con bebidas para deportistas ricas en electrolitos. No recuperan fuerzas con barras de proteínas entre ejercicios; de hecho, casi no comen proteínas, se alimentan de poco más que de maíz molido acompañado de su manjar favorito: ratón a la barbacoa. Cuando se aproxima el día de la carrera, los tarahumaras no entrenan ni reducen distancias como parte de su preparación. No estiran ni calientan. Tan solo se acercan a la línea de salida riendo y haciendo bromas... y luego corren como alma que lleva el diablo durante las siguientes cuarenta y ocho horas.

«¿Cómo es posible que no se lesionen?», me pregunté. Es como si un empleado de oficina hubiera colocado las estadísticas en las columnas equivocadas: ¿No deberíamos ser nosotros —los que tenemos zapatillas de tecnología punta y plantillas hechas a medida— los que no estuviéramos heridos, y los tarahumaras —que corren mucho más, en terrenos rocosos y con calzado que difícilmente se puede calificar como tal— constantemente machacados?

«Sus piernas son, simplemente, más resistentes, dado que han estado corriendo toda la vida —pensé, antes de advertir mi propia metedura de pata—. Pero si así fuera, deberían lesionarse más, no menos: si correr es malo para las piernas, entonces correr mucho es mucho peor.»

Dejé a un lado la revista, sintiéndome a la vez intrigado y molesto. Todo acerca de los tarahumaras parecía enrevesado, ridículo y tan irritantemente incomprensible como los acertijos de un maestro Zen. Los tipos más duros eran a la vez los más dulces; las piernas maltratadas eran las más llenas de vitalidad; la gente más saludable tenía la peor dieta; la carrera más inculta era la más sabia; los tipos que trabajaban más duro eran los que más se divertían… ¿Y qué tenía que ver correr con todo esto? ¿Era una coincidencia que los tipos más inteligentes del mundo fueran además los corredores más asombrosos? Los exploradores solían escalar el Himalaya para encontrar este tipo de sabiduría. Pero, durante todo este tiempo, descubrí que se encontraba a un salto de la frontera tejana.

3

De todas formas, iba a ser complicado descubrir en qué lugar cerca de la frontera estaban.

La revista *Runner's World* me encargó que fuera en busca de los tarahumaras a las barrancas. Pero antes de empezar la búsqueda del fantasma, necesitaba dar con un cazafantasmas. Salvador Holguín, me dijeron, era el hombre adecuado.

De día, Salvador es un administrador municipal de treinta y tres años en Guachochi, un pueblo fronterizo al filo de las Barrancas del Cobre. De noche, es un cantante mariachi, que además lo parece; con la barriga cervecera, los ojos negros y la pinta de quien lleva una rosa entre los dientes, es la justa imagen de un tipo que divide su tiempo entre sillas de oficina y barras de bar. El hermano de Salvador, sin embargo, es el Indiana Jones del sistema escolar mexicano; cada año, carga un burro con lápices y cuadernos y se adentra en las barrancas para reabastecer las escuelas que están al pie de las mismas. Debido a que Salvador se apunta a todo, en ocasiones se ha escapado del trabajo para acompañar a su hermano en estas expediciones.

—Hombre, sin problema —dijo una vez que logré encontrarlo—. Podemos ir a ver a Arnulfo Quimare…

Si se hubiera detenido ahí, me hubiera sentido extasiado. Cuando andaba buscando un guía, me enteré de que Arnulfo

31

Quimare era el más grande corredor tarahumara vivo, y que provenía de un clan de primos, cuñados y sobrinos casi tan buenos como él. La perspectiva de poner rumbo directamente hacia las chozas ocultas de la dinastía Quimare era mucho más de lo que habría podido desear. El único problema era que Salvador continuaba hablando.

—... estoy casi seguro de que conozco el camino —continuó—. En realidad nunca he llegado ahí. Pero sea lo que sea lo encontraremos. En algún momento.

Habitualmente, eso hubiera sonado como una mala señal, pero en comparación con el resto de la gente con la que había hablado, Salvador era salvajemente optimista. Dado que habían huido hacia tierras inhóspitas hace cuatrocientos años, los tarahumaras se habían pasado la vida perfeccionando el arte de la invisibilidad. Muchos tarahumaras aún vivían en cuevas al borde del precipicio, a las que era posible acceder únicamente escalando por un poste; una vez dentro, retiraban los postes y desaparecían entre las rocas. Otros vivían en chozas tan bien camufladas que el gran explorador noruego Carl Lumholtz se sorprendió una vez al descubrir que había atravesado una villa tarahumara sin percibir rastro alguno de casas o humanos.

Lumholtz era un tipo duro de verdad, que había pasado años entre los cazacabezas de Borneo antes de partir hacia tierras tarahumara a finales de los años noventa. Pero uno puede casi sentir cómo su fortaleza se ve reducida a escombros cuando, tras hacer acopio de fuerzas para atravesar desiertos y escalar acantilados desafiando a la muerte, se las arregla para llegar a la patria de los tarahumaras donde no encuentra... a nadie.

«Contemplar estas montañas produce una sensación que inspira al alma; pero viajar a través de ellas es agotador tanto para los músculos como para la paciencia», escribió Lumholtz en *El México desconocido: Cinco años de exploración entre las tribus de la Sierra Madre occidental, en la tierra caliente de Tepic y Jalisco, y entre los tarascos de Michoacán.* «Nadie fuera de aquellos que han viajado a las montañas mexicanas puede entender y valorar las dificultades y ansiedades de una travesía como esta.»

Y eso asumiendo que has conseguido siquiera llegar hasta las montañas. «En primera instancia, la región de los tarahumaras se presenta inaccesible —se quejaba el dramaturgo Antonin Artaud tras sudar la gota gorda y arrastrarse lentamente hasta las Barrancas del Cobre en busca de sabiduría chamánica en los años treinta—. En el mejor de los casos, existen unos pocos senderos mal señalados que parecen desaparecer bajo tierra cada pocos metros.» Cuando Artaud y sus guías finalmente encontraban un camino, debían tragar saliva con fuerza antes de tomarlo: siguiendo el principio según el cual la mejor forma de perder a sus perseguidores era cogiendo rutas que solo un lunático seguiría, los tarahumaras deslizaban sus huellas por superficies tan empinadas que rozaban el suicidio.

«Un paso en falso —anotó en su cuaderno el aventurero Frederick Schwatka durante una expedición a las Barrancas del Cobre en 1888— enviaría al escalador unos sesenta o setenta metros abajo en el barranco, haciendo de él, quizá, un cadáver despedazado.»

Schwatka no era un remilgado poeta parisino, ni mucho menos; era teniente del ejército de Estados Unidos y había sobrevivido a las guerras fronterizas para luego vivir entre los sioux como antropólogo amateur, así que el hombre sabía de cadáveres despedazados. También había cruzado las peores tierras baldías de su tiempo, incluyendo una tremebunda expedición de dos años al Círculo Polar Ártico. Pero cuando llegó a las Barrancas del Cobre, tuvo que recalibrar su vara de medir. Repasando el páramo oceánico que tenía alrededor, Schwatka sintió un prurito de admiración —«Ni el corazón de los Andes ni la cima del Himalaya albergan un escenario más sublime que la salvaje y desconocida

33

fortaleza de la Sierra Madre mexicana»— antes de ser sacudido por un morboso desconcierto: «El hecho de que puedan criar niños en estos acantilados sin perder el cien por cien de ellos anualmente es, para mí, uno de los temas más misteriosos relacionados con esta gente».

Incluso hoy, cuando Internet ha reducido el mundo a una aldea global y los satélites de Google te permiten espiar el patio de un extraño al otro lado del país, los tarahumaras tradicionales permanecen tan fantasmales como hace cien años. A mediados de los años noventa, un grupo de expedicionarios se internaban en las profundidades de las barrancas cuando sintieron, inquietos, que eran observados por unos ojos invisibles: «Nuestro pequeño grupo había estado escalando durante horas las Barrancas del Cobre mexicanas sin haber visto ningún rastro humano —escribió uno de los miembros de la expedición—. De pronto, en el corazón de una barranca más profunda que el Gran Cañón, oímos el eco de los tambores tarahumara. Sus sencillos golpes apenas eran perceptibles al principio, pero pronto se hicieron fuertes. El eco provenía de una cadena de colinas rocosas, lo que hacía imposible adivinar el número de tambores o su localización. Nos volvimos hacia nuestra guía buscando indicaciones. "¿Quién sabe? —nos dijo—. Es imposible ver a los tarahumaras a menos que ellos así lo quieran"».

La luna estaba todavía alta cuando partimos en la fiel camioneta todoterreno de Salvador. Para cuando el sol apareció, habíamos dejado muy atrás las carreteras asfaltadas y estábamos brincando sobre un sendero de tierra que parecía más el lecho seco de un arroyo que un camino propiamente dicho, avanzando forzosamente en primera, cabeceando y zarandeándonos como un viejo vapor en aguas tormentosas.

Intenté mantener controlada nuestra ubicación con una brúju-

34

la y un mapa, pero por momentos no podía saber si Salvador estaba girando deliberadamente o intentando esquivar algún desprendimiento de rocas. Rápidamente dejó de importar, nos encontráramos donde nos encontráramos, este lugar no formaba parte del mundo conocido. Seguíamos serpenteando en busca de una salida a través de los árboles, pero el mapa no mostraba nada más que bosques vírgenes.

—Mucha mota por aquí —dijo Salvador, dibujando un círculo con el dedo, señalando las colinas a nuestro alrededor.

Dado que las barrancas son terreno de imposible acceso para la policía, se han convertido en base de operaciones de dos cárteles de la droga rivales, Los Zetas y Los Nueva Sangre, ambos compuestos por ex agentes de las fuerzas especiales del ejército y completamente despiadados. Los Zetas eran famosos por introducir a los policías poco colaboradores en barriles de gasolina ardiendo y por alimentar a la mascota de la banda —un tigre de bengala— con miembros de la banda rival capturados. Luego de que las víctimas dejaban de gritar, sus cabezas abrasadas o mordisqueadas eran cuidadosamente recogidas para ser usadas como herramientas de marketing; a los cárteles les gustaba marcar su territorio: en una ocasión empalando las cabezas de dos agentes de policía en la puerta de un edificio del gobierno con un cartel que rezaba «Aprendan algo de respeto». Más adelante, ese mismo mes, cinco cabezas fueron arrojadas al suelo de un abarrotado club nocturno. Incluso aquí en los márgenes de las barrancas, aparecían cada semana unos seis cadáveres.

Pero Salvador parecía completamente despreocupado. Conducía a través del bosque, cantando a voz en cuello acerca de un sujetador lleno de malas noticias llamado María. De pronto, la canción murió en su boca. Apagó la radio, mientras sus ojos se fijaban en una camioneta Dodge de color rojo con los cristales tintados que acababa de aparecer de la nada detrás de nosotros.

—Narcotraficantes —dijo entre dientes.

Salvador aparcó la camioneta tan cerca como pudo al borde del barranco que teníamos a la derecha y bajó aún más la velocidad, reduciendo las diez millas por hora a las que veníamos moviéndonos, y dejando a la enorme Dodge roja todo el camino que le hiciera falta.

«No pasa nada por aquí —era el mensaje que intentaba enviar—. Tan solo nos ocupamos de nuestros propios asuntos para nada relacionados con la mota. No se detengan...» Porque de lo contrario, ¿qué diríamos si nos cortaban el camino y se acercaban despacio, exigiéndonos que habláramos calmada y claramente hacia los cañones de sus rifles para explicar qué demonios estábamos haciendo en medio de los campos mexicanos de marihuana?

Ni siquiera podíamos decir la verdad. Aun cuando nos creyeran, estaríamos muertos. Si había alguien a quien las bandas mexicanas de narcos odiaban tanto como a los policías, era a los cantantes y a los periodistas. No a los cantantes en el sentido de la jerga para soplones o informantes; los narcos odiaban a los cantantes de verdad, esos que rasgan su guitarra entonando canciones de amor. Quince cantantes habían sido ejecutados por narcos en tan solo dieciocho meses, incluida la hermosa Zayda Peña, una joven de veintiocho años que lideraba a Zayda y Los Culpables y que fue tiroteada tras un concierto. Zayda sobrevivió al tiroteo, pero el escuadrón de la muerte la siguió hasta el hospital para darle muerte mientras se recuperaba de una operación. El joven rompecorazones Valentín Elizalde fue asesinado por una lluvia de balas procedente de un AK-47, un poco más allá de la frontera con McAllen, Texas, mientras que Sergio Gómez fue asesinado poco después de ser nominado a un Grammy. Sus genitales fueron quemados, luego fue estrangulado y abandonado muerto en la calle. Lo que los condenó, hasta donde se sabe, fue su fama, su atractivo y su talento. Los cantantes desafiaban el sentido de la autoimportancia de los señores de la droga, y debido a ello estaban condenados a muerte.

La extraña fatwa que caía sobre los baladistas era impredecible y de carácter emocional, mientras que el contrato mortal con los periodistas era un asunto de negocios. Los periódicos americanos habían publicado artículos sobre los cárteles de la droga que habían avergonzado a los políticos del país, quienes habían ejercido presión sobre la DEA para que aplicara mano dura. Enfurecidos, Los Zetas habían atacado redacciones con granadas e incluso habían enviado asesinos al otro lado de la frontera con el objetivo de dar caza a algunos periodistas entrometidos. Después de que treinta periodistas fueran asesinados en seis años, el editor de un periódico de Villahermosa se encontró la cabeza amputada de un narco de poca monta fuera de su oficina con una nota que decía: «Eres el siguiente». El número de víctimas se había elevado tanto que, consiguientemente, México se ubicó en el segundo puesto mundial, solo por detrás de Irak, en número de periodistas asesinados o secuestrados.

Y ahora les estábamos ahorrando varios problemas a los cárteles. Un cantante y un periodista habían aterrizado directamente en su patio trasero. Escondí mi libreta de notas dentro de mis pantalones y rápidamente busqué más cosas que esconder. Era inútil, Salvador tenía cintas de su banda desperdigadas por todas partes, yo llevaba un brillante pase de prensa de color rojo en mi billetera y justo entre mis pies había una mochila llena de grabadoras, lapiceros y una cámara.

La Dodge roja se situó justo a nuestro lado. Era un glorioso día de sol, con una brisa fresca con aromas de pino, pero las ventanas de la camioneta estaban bien cerradas, ocultando detrás de sus cristales tintados a su tripulación. La camioneta bajó la velocidad, avanzando lenta y ruidosamente.

«Tan solo continúa —dije para mis adentros—. No te detengas, notedetengas, notenote...»

37

La camioneta se detuvo. Mis ojos giraron rápidamente hacia la izquierda y se encontraron con Salvador mirando fijamente al frente, con las manos petrificadas sobre el volante. Volví la vista hacia delante sin mover ni un músculo.

Nos quedamos quietos.

Ellos también.

No hicimos ningún ruido.

Ellos tampoco.

«Seis asesinatos a la semana —estaba pensando—. Sus pelotas chamuscadas.» Pude ver mi cabeza rodando entre tacones asustados por el suelo de una discoteca de Chihuahua. De pronto un estruendo cortó el aire. Mis ojos giraron de nuevo hacia la izquierda. El motor de la enorme Dodge roja volvió a la vida y nos dejó atrás gruñendo. Salvador mantuvo la mirada fija en su espejo lateral hasta que el coche de la muerte desapareció en un remolino de polvo. Después dio una palmada al volante y volvió a poner a todo volumen su cinta de *ay ay ayayyy*.

—¡Bueno! —gritó—. ¡Ándale, pues, a más aventuras!

Algunas partes de mi cuerpo que se habían apretado lo suficiente como para partir nueces empezaron a relajarse lentamente. Pero no por demasiado tiempo.

Unas horas después, Salvador frenó de golpe. Puso marcha atrás, tomó un desvío a la derecha del camino señalado y empezó a serpentear entre los árboles. Nos internamos más y más en el bosque, pasando por encima de agujas de pino y saltando sobre surcos tan profundos que mi cabeza golpeaba contra la jaula de seguridad de la camioneta.

Conforme el bosque iba haciéndose más oscuro, Salvador iba quedándose más callado. Por primera vez desde nuestro encuentro con el coche de la muerte, incluso había apagado la música. Pensé que se encontraba embebido en la soledad y tranquilidad del paisaje, así que intenté recostarme y disfrutarlo con él. Pero cuando finalmente rompí el silencio con una pregunta, me respondió con un gruñido de mala gana. Así que empecé a sospechar: estábamos perdidos y Salvador no quería admitirlo. Lo observé con mayor atención y descubrí que estaba disminuyendo la velocidad para poder estudiar los troncos de los árboles, como si la corteza cuneiforme fuera un mapa de carreteras por descifrar.

«Estamos jodidos», pensé. Tenemos una probabilidad entre cuatro de que esto salga bien, lo que nos deja otras tres posibilidades: conducir de vuelta hacia Los Zetas, caernos por un barranco en la oscuridad o seguir dando vueltas por el bosque hasta que se nos agotaran las barritas Clif y uno de los dos terminara comiéndose al otro.

Y entonces, justo cuando el sol se ocultaba, se nos acabó el planeta. Emergimos del bosque para encontrarnos con un páramo de dimensiones oceánicas delante. Una grieta en el terreno tan grande que el extremo opuesto bien podía estar en una zona horaria diferente. Ahí abajo, parecía que una explosión capaz de acabar con el mundo se había congelado en piedra, como si un dios furioso en plena destrucción del planeta de pronto hubiese cambiado de opinión, dejando a medias el Apocalipsis. Me quedé contemplando las veinte mil millas cuadradas de tierra salvaje, cortada al azar por retorcidos cañones, más profundos y vastos que el Gran Cañón.

Caminé hasta el borde del acantilado, y mi corazón empezó a palpitar. Una caída a pique duraría… para siempre. Mucho más abajo, unos pájaros volaban en círculo. Apenas podía distinguir el impresionante río a los pies del cañón; desde aquí se veía como una delgada vena azul en el brazo de un anciano. El estómago se me cerró. ¿Cómo demonios lograríamos llegar hasta ahí abajo?

—Encontraremos la forma —me aseguró Salvador—. Los rarámuris lo hacen todo el tiempo.

39

Cuando Salvador vio que mi ánimo no mejoraba, optó por ver el lado positivo:

—Bueno, es mejor así —dijo—. Es demasiado empinado para que los narcotraficantes molesten por ahí.

No sabía si lo creía de verdad o estaba mintiendo para animarme. Fuera como fuera, debería haberlo sabido.

4

Dos días después, Salvador dejó su mochila, se secó el sudor de la cara y dijo:

—Hemos llegado.

—¿Hemos llegado?

—Aquí mismo —dijo—. Aquí es donde vive el clan Quimare.

No alcancé a entender a qué se refería. Hasta donde mi vista alcanzaba, el sitio era idéntico al lado oscuro de un planeta perdido que veníamos escalando desde hacía dos días. Tras abandonar la camioneta en el borde del cañón, descendimos deslizándonos y a gatas. Había sido un alivio caminar finalmente sobre terreno llano, pero no por mucho tiempo. Tras emprender la caminata río arriba a la mañana siguiente, fuimos viendo cómo los muros de piedra se iban estrechando a nuestro alrededor. Seguimos adelante sujetando nuestras mochilas por encima de la cabeza mientras el agua nos presionaba el pecho. El sol iba siendo eclipsado poco a poco por los empinados muros, que avanzamos lentamente a través del agua en plena oscuridad, sintiéndonos como si camináramos muy despacio hacia el fondo del mar.

En algún momento, Salvador divisó una grieta en la oscuridad de uno de los muros y escalamos por ahí, dejando el río atrás. Hacia el mediodía empecé a extrañar la oscuridad. Con un sol abrasador sobre la cabeza y nada más que rocas desnudas alrededor, subir por esa cuesta era como escalar una pista de esquí de acero inoxidable. Finalmente, Salvador se detuvo y yo me dejé caer sobre una roca para descansar.

«Vaya si es duro el cabrón», pensé. El sudor chorreaba por el rostro bronceado de Salvador, pero él se mantenía de pie. Tenía una mirada curiosa, expectante.

—¿Qué pasa?—pregunté.

—Están justo ahí —dijo, señalando hacia una pequeña colina.

Me levanté con dificultad. Seguí a Salvador a través de una grieta en las rocas y me encontré delante de un claro en sombras. La colina era en realidad una pequeña choza, construida con ladrillos de barro que habían sido colocados siguiendo el contorno de la ladera, de forma que era invisible hasta que literalmente te encontrabas sobre ella.

Eché otro vistazo para comprobar que no estaba dejando pasar alguna otra vivienda camuflada, pero no había rastro de otro ser humano en ningún lugar. Los tarahumaras prefieren vivir así de aislados, incluso uno de otro, tanto que incluso los miembros de una misma villa prefieren mantener la distancia suficiente entre sus casas para no ver el humo de la cocina del otro.

Abrí la boca para gritar, pero me callé. Había alguien ahí, de pie en la oscuridad, observándonos. Luego, Arnulfo Quimare, el más temido de los corredores tarahumara, apareció.

—*Kuira-bá* —dijo Salvador, con las únicas palabras que conocía del idioma tarahumara: «Somos todos uno».

—*Kuira-bá* —repetí yo.

—*Kuira* —dijo Arnulfo, con una voz tan tenue como un suspiro.

Estiró la mano para el saludo tarahumara, un delicado movimiento de los dedos. Luego volvió a desaparecer en el interior de su casa. Así que esperamos y… esperamos aún más. ¿Eso era todo? No se oía ni un susurro dentro de la choza, ni una señal de que tuviera intenciones de volver. Me asomé por la esquina, para ver si se había escapado por la parte de atrás. Había otro hombre tarahumara durmiendo la siesta a la sombra del muro, pero no había señales de Arnulfo.

Me volví hacia Salvador y pregunté:

—¿Va a regresar?

—No sé —dijo Salvador, encogiéndose de hombros—. Puede que lo hayamos enojado.

—¿Ya? ¿Cómo?

—No debimos aparecer así como así.

Salvador parecía que iba a golpear su cabeza contra la pared. Se había sobrexcitado y violado una regla clave de las normas sociales tarahumara. Antes de acercarte a una cueva tarahumara, debes sentarte en el suelo a unas docenas de metros de distancia y esperar. Luego debes volver la vista en la dirección contraria por un tiempo, como si tan solo estuvieras pasando por ahí sin nada mejor que hacer. Si alguien aparece y te invita a pasar a la cueva, genial. Si no, te levantas y te vas. No te acercas directamente a la puerta, de la manera en que Salvador y yo habíamos hecho. A los tarahumaras les gusta que se les vea solo si ellos así lo han decidido. Posar la vista sobre ellos sin invitación previa es como irrumpir en el cuarto de baño de alguien y encontrarlo desnudo.

Por suerte, Arnulfo resultó ser un tipo comprensivo. Volvió un rato después, portando una canasta de limas dulces. Habíamos llegado en mal momento, nos explicó. Su familia entera había caído con gripe. El hombre que había visto detrás era su hermano mayor, Pedro, que se encontraba tan débil que era incapaz de levantarse. Aun así, Arnulfo nos invitó a descansar un poco.

—*Assag* —dijo. Tomen asiento.

Nos acomodamos en la sombra que pudimos hallar y empezamos a pelar limas, contemplando las agitadas aguas del río. Mientras íbamos masticando y escupiendo pepitas al suelo, Arnulfo mi-

43

raba fijamente y en silencio hacia el agua. De tanto en tanto se volvía y me evaluaba con la mirada. En ningún momento preguntó quién era o por qué estaba ahí; parecía que quería descubrirlo por sí mismo.

Intenté no mirarlo fijamente a mi vez, pero es difícil no quedarte mirando a un tipo tan atractivo como Arnulfo. Su piel tenía el color marrón del cuero recién lustrado, unos caprichosos ojos negros que brillaban con una perpleja confianza en sí mismo detrás del cerquillo negro de su cabello estilo hongo. Me recordó a los Beatles del comienzo; a todos los Beatles de esa época mezclados en uno solo, uno que poseía fuerza bruta y era a la vez divertido, astuto y tímidamente guapo. Vestía el atuendo típico tarahumara, una falda a la altura de los muslos y una túnica de un rojo encendido tan amplia como una camisa de pirata. Cada vez que se movía, los músculos de sus piernas se agitaban y reacomodaban como si estuvieran hechas de metal fundido.

—Sabes, nosotros nos conocemos —le dijo Salvador en español.

Arnulfo asintió.

Durante tres años seguidos, Arnulfo había corrido durante días hasta Guachochi para participar en una carrera de sesenta millas a través de las barrancas. Es una competición anual abierta a todos los tarahumaras de las sierras, así como a los pocos mexicanos dispuestos a medir sus piernas y suerte contra los miembros de la tribu. Durante tres años seguidos, Arnulfo había ganado. Le quitó el título a su hermano, Pedro, y el segundo lugar había sido para su primo, Avelado, mientras que su cuñado, Silvino, llegó en tercer puesto. Silvino era un caso peculiar, un tarahumara que había cruzado la frontera entre el viejo y el nuevo mundo. Años atrás, un miembro de los Hermanos Cristianos a cargo de una pequeña escuela tarahumara llevó a Silvino a una maratón en algún lugar de California. Silvino ganó y volvió a casa con dinero suficiente para una vieja camioneta *pickup,* un par de jeans y un ala

44

nueva para el edificio de la escuela. Silvino dejaba su camioneta en la cima del cañón, y subía hasta allí ocasionalmente para luego ir conduciendo hasta Guachochi. Pero incluso cuando había descubierto una forma segura de ganar dinero, nunca había vuelto a cruzar la frontera para correr de nuevo.

Respecto al resto del planeta, los tarahumaras son una contradicción andante: rehúyen a los foráneos, pero les fascina el mundo exterior. De alguna manera, tiene sentido: cuando te encanta correr distancias extraordinarias, debe de ser tentador soltar amarras y ver hasta dónde, cuán lejos, pueden llevarte tus piernas. Una vez un tarahumara apareció en Siberia; no se sabe cómo, terminó dentro de un buque de carga y vagabundeó a través de las estepas rusas hasta que fue recogido y enviado de vuelta a México. En 1983, una mujer tarahumara fue descubierta deambulando por las calles de un pueblo de Kansas, vistiendo su tradicional falda de vuelo. Durante los doce años siguientes estuvo internada en un manicomio, hasta que un asistente social finalmente cayó en cuenta de que lo que salía de su boca era un idioma perdido, no incoherencias.

—¿Correrías en Estados Unidos? —pregunté a Arnulfo, que continuó masticando limas y escupiendo las pepitas. Pasado un rato, se encogió de hombros.

—¿Volverás a correr en Guachochi?

Ñam. Ñam. Ñam. Se encogió de hombros.

Ahora entendía lo que quiso decir Carl Lumholtz acerca de que los tarahumaras son tan tímidos que si no fuera por la cerveza, la tribu se hubiera extinguido. «Por increíble que parezca —se maravillaba Lumholtz—, no dudo en afirmar que en el curso habitual de su existencia, los incivilizados tarahumaras son demasiado tímidos y recatados para hacer valer sus derechos y privilegios matrimoniales; y es principalmente gracias al *tesgüino*[6] que su raza se

6. La cerveza de maíz hecha por los tarahumaras. *(N. del T.)*

45

mantiene viva y la población aumenta.» Traducción: los hombres tarahumara no pueden ni siquiera reunir el valor para ponerse románticos con sus propias mujeres si no ahogan su timidez en cerveza casera.

Solo después caí en la cuenta de que había puesto palos en mi propia rueda de la etiqueta social al cometer la gran metedura de pata número dos: interrogarlo como un policía. Arnulfo no estaba siendo descortés con su silencio, era yo quien estaba siendo molesto con mis preguntas. Para los tarahumaras, hacer preguntas directas era una demostración de fuerza, una exigencia de propiedad dentro de sus cabezas. Ciertamente, no iban a abrirse de pronto para compartir sus secretos con un forastero; para empezar, los forasteros eran la razón por la que permanecían ocultos aquí abajo. La última vez que los tarahumaras se habían abierto al mundo exterior, este había respondido encadenándolos, decapitándolos y empalando sus cabezas en postes de casi tres metros. Los buscadores de plata españoles habían dejado clara su intención de apropiarse de la tierra de los tarahumaras —y de su mano de obra— decapitando a los líderes de la tribu.

«Los hombres rarámuri fueron acorralados como caballos salvajes y forzados a trabajar como esclavos en las minas», escribió un cronista; si alguien se resistía, era convertido en una versión humana del show del terror. Antes de morir, los tarahumaras capturados eran torturados para sacarles información. Eso era todo lo que aquellos que habían sobrevivido necesitaban saber acerca de lo que ocurre cuando un forastero curioso llama a la puerta.

A partir de ahí, las relaciones entre los tarahumaras y el resto del planeta no hicieron sino empeorar. Los cazadores de recompensas del Lejano Oeste recibían cien dólares por el cuero cabelludo de cada apache que cazaran, pero no tardaron mucho en encontrar una forma despiadada de maximizar beneficios eliminando riesgos: en lugar de enfrentarse a guerreros dispuestos a defender-

46

se, sencillamente optaron por masacrar a los pacíficos tarahumaras y cobrar por sus parecidas cabelleras.

Los tipos buenos fueron incluso más letales que los malvados. Los misioneros jesuitas aparecieron con sus biblias en las manos y gripe en los pulmones, prometiendo la vida eterna a la vez que esparcían una muerte instantánea. Los tarahumaras carecían de los anticuerpos necesarios para luchar contra la enfermedad, así que la gripe española se extendió como un incendio fuera de control, arrasando villas enteras en unos pocos días. Un cazador tarahumara podía haberse alejado en busca de presas, para luego regresar a casa y no encontrar nada más que cadáveres y moscas.

No es de extrañar que la desconfianza de los tarahumaras hacia los forasteros haya durado cuatrocientos años y los haya conducido aquí, a su último refugio en el fin del mundo. También ha conducido a que su vocabulario sea tan afilado como un cuchillo de carnicero a la hora de describir a la gente. En la lengua tarahumara, existen humanos de dos tipos: están los *rarámuris,* aquellos que huyen de los problemas; y los *chabochis,* aquellos que los causan. Es una visión dura del mundo, pero con seis cuerpos a la semana cayendo en sus barrancas, es difícil decir que estén equivocados.

Por lo que a Arnulfo se refiere, sus obligaciones sociales habían sido cubiertas con las limas. Se había asegurado de que los viajeros pudieran descansar y refrescarse, luego se había retirado, de la misma forma en que su gente se había retirado a las barrancas. Podía sentarme ahí el resto del día y perseguirlo con todas las preguntas que se me ocurrieran. Pero no iba a obtener respuesta de su parte.

5

—Así es, has de pasar muuuuuuuucho tiempo ahí abajo hasta que se sientan cómodos en tu presencia —me dijo luego esa noche Ángel Nava López, responsable de la escuela tarahumara en Muñerachi, ubicada a unas cuantas millas río abajo de la choza de los Quimares—. Años y años. Como Caballo Blanco.

—Espera —lo interrumpí—. ¿Quién?

Caballo Blanco, me explicó Ángel, era un hombre alto, delgado, blanco como la tiza, que farfullaba en su propio y extraño idioma y podía surgir de entre las colinas sin previo aviso, materializándose de pronto en el camino, trotando hasta el pueblo. Apareció por primera vez diez años atrás después de la hora del almuerzo, una calurosa tarde de domingo. La lengua de los tarahumaras carece de escritura, ni qué decir tiene que no llevan registro de avistamientos de homínidos extraños, pero Ángel estaba completamente seguro del día, el año y la rareza del encuentro, porque estuvo entre los presentes.

Ángel había estado fuera todo el día, revisando los muros de la barranca para poder ver a sus alumnos de regreso a la escuela. Los chicos dormían en ella durante la semana, luego se dispersaban el viernes, escalando las montañas hasta las casas de sus padres. El domingo regresaban andando a la escuela. A Ángel le gustaba contar cabezas conforme iban llegando; es por ello por lo que se encontraba fuera, bajo el sol abrasador de mediodía, cuando dos niños bajaron corriendo la ladera. Los chicos alcanzaron el río a toda velocidad, agitándose en las aguas como si estuvieran siendo perseguidos por demonios. Que, según lo que contaron entre jadeos a Ángel una vez que llegaron a la escuela, era lo que ocurría. Habían estado arreando cabras en la montaña, dijeron, cuando una extraña criatura apareció entre los árboles. La Criatura tenía la forma de un hombre, pero era más alto que cualquier otro humano que hubieran visto. Era pálido y huesudo como un cadáver, y unos mechones de cabello rojo como llamas le salían del cráneo. Además iba desnudo. Para ser un cadáver gigante y desnudo, la Criatura corría bastante rápido. Había desaparecido entre los arbustos antes de que los muchachos pudieran echar algo más que un vistazo. Los dos chicos huyeron tan rápido como pudieron en dirección a la villa, preguntándose a quién —o qué— acababan de ver. Una vez que llegaron donde estaba Ángel, empezaron a calmarse y recobrar el aliento, y cayeron en la cuenta de a quién habían visto.

—Es el primer *chuhuí* que veo —dijo uno de los chicos.

—¿Un fantasma? —dijo Ángel—. ¿Qué te hace pensar que era un fantasma?

Llegados a este punto, varios adultos rarámuri se habían acercado a ver qué ocurría. Los chicos repitieron su historia, describiendo la esquelética apariencia de la Criatura, sus salvajes mechones de cabello, la manera en que corrió por encima de ellos. Los mayores escucharon atentamente a los niños, para luego corregirlos. Las sombras de las barrancas pueden jugarle malas pasadas a cualquiera, así que no sería sorprendente que la imaginación de los niños se hubiera desbocado un poco. Aun así, no había que dejar que asustaran a los más pequeños con estas historias.

—¿Cuántas piernas tenía? —preguntaron los mayores.

—Dos.

49

—¿Los escupió?

—No.

—Bueno, ahí tienen. Eso no era un fantasma —dijeron los mayores—. Era tan solo un *ariwará*.

El alma de un muerto. Claro, eso tenía mucho más sentido. Los fantasmas eran espíritus malignos que viajaban de noche y galopaban a cuatro patas, matando ovejas y escupiendo a la gente en la cara. Las almas de los muertos, por otra parte, no suponían peligro alguno y únicamente se encontraban atando algunos cabos sueltos. Incluso cuando se trata de la muerte, los tarahumaras son fanáticos de ese carácter esquivo. Una vez muertos, sus almas se mueven a toda prisa recuperando cualquier huella o cabello suelto que su cuerpo haya dejado atrás. La técnica de peluquería que usaban los tarahumaras pasaba por atarse el cabello a la rama de un árbol, mantenerlo tirante, y cortarlo con un cuchillo, así que todas esas madejas de pelo debían ser recogidas. Una vez que el alma del muerto ha borrado todas las huellas de su existencia terrenal, podía aventurarse en la vida eterna.

—El viaje dura tres días —recordaron los mayores a los niños—. Cuatro si se trata de una mujer.

Así que, naturalmente, el *ariwará* tendrá la cabellera un poco espesa, con todo ese pelo amontonado en su cabeza de nuevo; y por supuesto que irá a toda velocidad, dado que solo cuenta con un fin de semana largo para llevar a cabo un montón de recados. Si lo pensamos bien, era bastante sorprendente que los niños hubieran podido incluso atisbar al *ariwará*; las almas tarahumaras normalmente corren tan rápido que todo lo que uno alcanza a ver es un remolino de polvo atravesando el paisaje. Aun muertos, los mayores recordaron a los pequeños, siguen siendo la Gente Que Corre.

—Estás vivo porque tu padre puede vencer a un ciervo. Él está vivo porque su abuelo pudo vencer a un caballo de guerra apache. Así de rápidos somos cuando cargamos el peso de nuestro *sapá,* nuestra humanidad. Imagina cuán rápido serás cuando te hayas liberado de ella.

Ángel escuchaba, pensando si debía interrumpir para señalar otra posibilidad. Ángel era un bicho raro en Muñerachin, un mexicano medio tarahumara que había dejado atrás las barrancas por un tiempo y que había ido a la escuela en un pueblo mexicano. Aún vestía las tradicionales sandalias tarahumara y la cinta de pelo *koyera,* pero a diferencia de los otros adultos, llevaba unos gastados pantalones de trabajo en lugar de un taparrabos. También había cambiado por dentro; si bien todavía adoraba a los dioses de los tarahumaras, no podía evitar preguntarse si esta Criatura Salvaje no era más que un *chabochi* llegado del mundo exterior.

Claro que esto era aún más improbable que la idea de compartir camino con un espíritu viajero. Nadie se adentraba tan lejos sin contar con una buena razón. ¿Sería quizá un fugitivo que huía de la justicia? ¿Un místico en busca de nuevas visiones? ¿Un cazafortunas que había perdido el juicio debido al calor? Ángel se encogió de hombros. Un *chabochi* solitario podía ser cualquiera de estas tres cosas y aun así no ser el primero en aparecer en territorio tarahumara. Es una ley natural (o supernatural, si se prefiere) que cosas extrañas aparezcan donde la gente suele desaparecer. La selva africana, las islas del Pacífico, la estepa himalaya, ahí donde desaparecen grupos de expedicionarios, con toda seguridad surgirán especies perdidas, ídolos de piedra como los de Stonehenge, la huidiza sombra del yeti y ancianos soldados japoneses invencibles.

Las Barrancas del Cobre no son distintas, y en algunos aspectos, son considerablemente peores. La Sierra Madre mexicana es el eslabón medio de una cadena de montañas que se extienden casi ininterrumpidamente desde Alaska hasta la Patagonia. Un fugitivo con cierta facilidad para orientarse en medio de la naturaleza podría seguir la ribera de un río en Colorado y escabullirse hasta encontrar refugio en las Barrancas del Cobre, avanzando a través de desfiladeros desolados y desiertos, sin ver un ser humano en diez millas a la redonda.

Dada su condición de mejor refugio al aire libre del continente, las Barrancas del Cobre no solo producen sus propios seres extraños, sino que también los atraen. A lo largo de los últimos cien años, las barrancas han hecho las veces de anfitriones para todas y cada una de las variedades de inadaptados norteamericanos: bandoleros, místicos, asesinos, jaguares devora hombres, guerreros comanche, merodeadores apache, exploradores paranoicos, así como los rebeldes liderados por Pancho Villa, todos han escapado de sus perseguidores internándose en las barrancas.

Jerónimo solía escabullirse entre las Barrancas del Cobre cuando huía de la caballería norteamericana. Lo mismo hacía su protegido, Apache Kid, quien se «movía como un fantasma en el desierto», en palabras de un cronista. «No seguía ninguna pauta. Nadie sabía por dónde aparecería. Resultaba inquietante estar cuidando ganado o trabajando en una mina, pensando que cualquier sombra, cualquier ruido leve, podía ser Apache Kid acercándose para matar. Un colono preocupado fue quien mejor lo expresó: "Normalmente, cuando veías aparecer a Apache Kid ya era demasiado tarde".»

Perseguirlos a través de ese laberinto significaba correr el riesgo de no encontrar nunca la salida. «Contemplar este país es grandioso; viajar por él es un infierno», escribió el capitán de la caballería John Bourke, luego de sobrevivir por los pelos a una persecución tras Jerónimo por las Barrancas del Cobre. El chasquido de una piedra que cae es capaz de producir un eco enloquecedor, cuyo volumen aumenta cada vez más en lugar de atenuarse, rebotando de derecha a izquierda, y por encima de nuestras cabezas. El sonido áspero de dos ramas de enebro rozándose podía causar que una compañía de jinetes de la caballería se llevaran la mano

52

a la pistola, con sus propias sombras distorsionándose monstruosamente en los muros de piedra mientras ellos miraban a todas partes como locos.

Pero no solo el eco y una imaginación volátil hacían pensar que las Barrancas del Cobre podían estar embrujadas; un tormento tras otro aparecían con tanta velocidad que era difícil no pensar que estuvieran custodiadas por un espíritu iracundo poseedor de un sádico sentido del humor. Luego de unos días asándose bajo un sol despiadado, los soldados recibían con alivio la aparición de unas cuantas nubes negras, para minutos después verse atrapados en medio de una riada tan poderosa como el chorro de una manguera contra incendios, intentando escapar desesperadamente por los resbaladizos muros de roca. Fue exactamente así como otro apache rebelde llamado Massai se deshizo una vez de una brigada entera de jinetes: «Atrayéndolos a un barranco poco profundo, justo a tiempo para ser barridos por la riada que, gracias a una tormenta, cayó montaña abajo».

Las barrancas eran tan traicioneras que incluso una pequeña parada para beber agua podía matarte. El jefe apache Victorio, a quien las tropas de la caballería seguían como gatos a ratón, solía arrastrar a sus perseguidores hasta las profundidades de las barrancas, para luego esconderse en el único charco de agua del lugar. Los jinetes debían de saber que Victorio estaba ahí, pero no podían controlarse. Perdidos y desquiciados por el calor, más les hubiera valido pegarse un tiro antes de morir ahogados lentamente, presos de su garganta sedienta.

Ni siquiera los dos hombres más duros en la historia del ejército americano eran rivales a la altura de las barrancas. Cuando las tropas de Pancho Villa atacaron en 1916 un pueblo de Nuevo México, el presidente Woodrow Wilson ordenó personalmente a Black Jack Pershing y George Patton que lo sacaran a rastras de su guarida en las Barrancas del Cobre. Diez años después, el Jaguar seguía libre. Aun contando con todo el poder de las fuerzas armadas americanas a su disposición, Patton y Pershing debieron de sucumbir desconcertados ante diez mil millas de naturaleza salvaje, donde la única fuente posible de información, los tarahumaras, desaparecen cuando oyen un estornudo. Como resultado: Black Jack y Sangre y Agallas fueron capaces de darle una paliza a los alemanes en dos guerras mundiales, pero cayeron derrotados ante las Barrancas del Cobre. Con el tiempo, los federales mexicanos aprendieron a seguir una estrategia basada en el principio «ten cuidado con lo que deseas». Lo que era un infierno para los perseguidores, descubrieron, no podía ser mucho mejor para los perseguidos. Ocurriera lo que ocurriera a los fugitivos ahí dentro —inanición, ataques de jaguar, demencia, una cadena perpetua de confinamiento voluntario en soledad— sería probablemente más espantoso que cualquier pena que el sistema judicial mexicano pudiera dictaminar. Así que, con frecuencia, los federales tiraban de las riendas de sus caballos y permitían que cualquier bandido que se acercara hasta las barrancas probara suerte en esa prisión que él mismo elegía.

Muchos aventureros que escapaban internándose en las barrancas nunca lograban escapar de ellas, otorgándoles su reputación de Triángulo de las Bermudas de la frontera. Apache Kid y Massai atravesaron al galope Skeleton Pass para llegar hasta las Barrancas del Cobre y no fueron vistos nunca más. Ambrose Bierce, el famoso columnista y autor del éxito satírico *El diccionario del diablo,* estaba en 1914 camino de encontrarse con Pancho Villa cuando fue arrastrado por la fuerza gravitatoria de las Barrancas del Cobre y nunca más se le volvió a ver. Imaginen que Anderson Cooper desapareciera durante una misión de la CNN y así podrán entender la magnitud de la búsqueda que se emprendió para encontrar a Bierce. Pero no se encontró rastro alguno.

¿Sufrían las almas perdidas de las barrancas un destino terrible, o provocaban ese destino terrible unas a otras? Nadie lo sabe. Antiguamente, podían morir a causa de los pumas, escorpiones, serpientes de coral, la sed, el frío, el hambre o la fiebre del cañón, y ahora podíamos añadir a la lista la bala de un francotirador. Desde que los cárteles de la droga se mudaron a las Barrancas del Cobre protegen sus cultivos con rifles con miras telescópicas con suficiente potencia para ver una hoja moverse a millas de distancia.

Todo ello hizo a Ángel preguntarse si llegaría a ver a la Criatura. Muchas cosas podían matarlo ahí fuera, y probablemente lo harían. Si la Criatura no era lo suficientemente listo para mantenerse alejado de los campos de marihuana, no alcanzaría ni a oír el disparo que le volara la cabeza.

—¡Hoooooolaaaaaa! ¡Amigoooooooooos!

El misterio del vagabundo solitario se resolvió incluso antes de lo que Ángel esperaba. Se encontraba todavía con los ojos entrecerrados debido al sol, observando a sus alumnos regresar, cuando oyó el eco de una voz cantarina y divisó a un tipo desnudo saludando y corriendo hacia el río. Una mirada más atenta le descubrió que la Criatura no iba completamente desnudo. No iba exactamente vestido, tampoco, al menos no para los estándares tarahumara. Para ser gente que prefiere no ser vista, los tarahumaras tenían siempre un aspecto fantástico. Los hombres vestían blusas brillantes por encima de un trozo de tela atado a la entrepierna que les colgaba como una falda, por delante y por detrás. Conjunto al que daba forma una faja multicolor, y que coronaban con una banda para el cabello a juego. Las mujeres lucían aún más espléndidas, con unas faldas de colores brillantes y blusas a juego, resaltando el adorable tono ocre de su piel con collares y pulseras de piedras de color coral. Aunque lleves tus mejores galas deportivas, siempre te verás desaliñado entre los tarahumaras.

Incluso para los estándares de los exploradores enloquecidos por el sol, la Criatura lucía tremendamente desharrapado. No lle-

55

vaba más que unos sucios shorts *chabochi,* un par de sandalias y una vieja gorra de béisbol. Y nada más. No llevaba mochila, ni camiseta ni, aparentemente, comida. En cuanto llegó a donde estaba Ángel, pidió agua en un español torpe, e hizo gestos de llevarse algo a la boca, como preguntando si podría darle algo de comer.

—*Assag* —le dijo Ángel en tarahumara, indicándole que se sentara.

Alguien le alcanzó una taza de pinole, las gachas de maíz de los tarahumaras. El extraño las sorbió ávidamente. Mientras engullía, intentó entablar comunicación. Agitó los brazos y dejó que la lengua le colgara, como si fuera un perro jadeando.

—¿Corriendo?—preguntó el profesor.

La criatura asintió:

—Todo día —dijo en un español rudimentario.

—¿Por qué? —preguntó Ángel—. ¿Y a dónde?

La Criatura se lanzó a contar una historia larga, que Ángel encontró enormemente divertida como representación teatral pero prácticamente ininteligible como relato. Según lo que Ángel logró entender, o el vagabundo solitario estaba completamente loco o no era tan solitario después de todo; decía tener un compañero aún más misterioso, una especie de guerrero apache al que llamaba Ramón Chingón.

—¿Y tú? —preguntó Ángel.

—Caballo Blanco —dijo.

—Pues, bueno —dijo el profesor, encogiéndose de hombros.

Caballo Blanco no se quedó a pasar el rato; una vez que bebió un poco de agua y una segunda taza de pinole, se despidió y se fue trotando. Daba zancadas y soltaba alaridos como un caballo desbocado, divirtiendo a los niños, que se reían y siguieron sus pasos hasta que, una vez más, desapareció en medio de la nada.

56

—Caballo Blanco es muy amable —me diría Ángel terminando su historia—, pero un poco raro.

—¿Crees que todavía anda por ahí? —pregunté.

—Hombre, claro —dijo Ángel—. Estuvo aquí ayer, le ofrecí un trago en esa taza.

Miré alrededor, no había ninguna taza.

—La taza estaba ahí también —insistió Ángel.

Según lo que Ángel había logrado sacarle a lo largo de los años, Caballo vivía en una choza que él mismo había construido en algún lugar de las montañas de Batopilas. Cada vez que aparecía en la escuela de Ángel, llegaba únicamente con las sandalias en los pies, una camiseta a la espalda (por si acaso) y una bolsa de pinole seco colgándole de la cintura, como los tarahumaras. Cuando corría parecía alimentarse de la tierra, dependiendo del *korima,* la piedra angular de la cultura tarahumara. *Korima* suena como karma y funciona de la misma forma, excepto por sus implicaciones inmediatas. Uno está obligado a compartir aquello que le sobra, inmediatamente y sin esperar nada a cambio: una vez que el obsequio deja tu mano es como si nunca te hubiera pertenecido. Los tarahumaras no tienen sistema monetario, así que el *korima* es la forma que tienen para hacer negocios: su economía está basada en el intercambio de favores y de, ocasionalmente, marmitas de cerveza de maíz.

Caballo Blanco ni se parece ni se viste ni suena como los tarahumaras pero, en el fondo, es uno de ellos. Ángel había oído acerca de corredores tarahumaras que utilizaban la choza de Caballo como una estación de paso durante sus largos viajes a través de las barrancas. Caballo, en consecuencia, tenía siempre alimento y un lugar donde descansar cuando sus carreras sin sentido lo llevaban a la villa de Ángel.

Ángel agitó el brazo, con un movimiento brusco señaló hacia allá, más allá del río y de la cima de la barranca, fuera de las tierras tarahumaras, de donde nada bueno podía venir.

—Hay una villa llamada Mesa de la Yerbabuena —dijo—. ¿La conoces, Salvador?

—Ajá —murmuró Salvador.

—¿Sabes qué le ocurrió?

—Ajá —replicó Salvador y la inflexión de su voz quería decir: «Por Dios santo que sí».

—Muchos de los mejores corredores procedían de Yerbabuena —dijo Ángel.

—Tenían un buen camino que les permitía recorrer una gran distancia en un día, mucho más de lo que puedes alcanzar desde aquí.

Desafortunadamente, el camino era tan bueno que, finalmente, el gobierno mexicano decidió asfaltarlo y convertirlo en una carretera. Empezaron a aparecer camiones por Yerbabuena cargados de alimentos que los tarahumaras rara vez habían probado: gaseosas, chocolate, arroz, azúcar, mantequilla, harina. La gente de Yerbabuena le encontró el gusto a las harinas y las golosinas, pero necesitaban dinero para comprarlas, así que en lugar de trabajar sus propios campos, empezaron a hacer autostop hasta Guachochi, donde trabajaban como lavaplatos y jornaleros, o vendiendo baratijas de artesanía en la estación de trenes de Divisadero.

—Eso fue hace veinte años —dijo Ángel—. Ahora no hay corredores en Yerbabuena.

La historia de Yerbabuena asustaba de verdad a Ángel, porque se decía que el gobierno había encontrado la forma de construir una carretera a los pies de la barranca que pasaría justo por este poblado. Ángel no tenía idea de por qué querían construir una carretera; los tarahumaras no la querían y eran los únicos que vivían por allí. Solo los capos de la droga y los traficantes de madera ilegal se beneficiaban con las carreteras en las Barrancas del Cobre, lo que hacía muy desconcertante la obsesión del gobierno mexicano con la construcción de carreteras en medio del campo, o quizá no, si consideramos cuántos militares y políticos se encuentran relacionados con el tráfico de drogas.

«Eso era justo lo que Lumholtz temía que pasara», pensé. Un siglo atrás, el visionario explorador ya había alertado acerca del peligro de desaparición en que se encontraban los tarahumaras. «Las generaciones futuras no encontrarán más rastro de los tarahumaras que lo que los científicos actuales puedan obtener de boca de la gente y del estudio de sus herramientas y costumbres —predijo—. Sobresalen hoy en día como una interesante reliquia de un tiempo que se marchó hace mucho; como representantes de una de las etapas más interesantes del desarrollo de la raza humana; como una de esas maravillosas tribus que fueron los fundadores y autores de la historia de la humanidad.»

—Hay rarámuri que no respetan nuestras tradiciones tanto como Caballo Blanco —se lamentó Ángel—. El Caballo sabe.

Me desplomé contra la pared de la escuela, las piernas me temblaban y la cabeza me latía debido al agotamiento. Llegar hasta allí ya había sido suficientemente extenuante, y ahora parecía que la cacería acababa de empezar.

6

—Vaya estafa.

Salvador y yo nos pusimos en camino a la mañana siguiente, persiguiendo al sol al borde de la barranca. Salvador impuso un ritmo brutal, ignorando a menudo los zigzags del camino, y usando sus manos para escarbar la pared del acantilado, como un preso escalando por las paredes de una prisión. Hice lo que pude por seguirlo, a pesar de que iba creciendo en mí la certeza de que habíamos sido engañados.

Mientras más nos alejábamos de la villa de Ángel, más me molestaba la idea de que la extraña historia de Caballo Blanco supusiera la última línea de defensa contra los forasteros que llegaban a fisgonear en los secretos de los tarahumaras. Como todas las grandes estafas, la historia del Vagabundo Solitario de las Sierras Altas se encontraba a caballo entre la perfección y la inverosimilitud; la noticia de que las antiguas artes tarahumaras contaban con un discípulo venido del mundo moderno era mucho más de lo que yo hubiera podido esperar, lo que la hacía demasiado buena para ser verdad.

Caballo Blanco parecía más un mito que un hombre, lo que me hacía pensar que Ángel se había cansado de mis preguntas, había imaginado un señuelo y nos había lanzado hacia el horizonte, consciente de que tardaríamos unas buenas millas en espabilar.

No estaba siendo paranoico, no sería la primera vez que un cuento chino había sido utilizado para correr una cortina de humo alrededor de la Gente Que Corre. Carlos Castaneda, el autor de los tremendamente populares libros de Don Juan de los años sesenta, se estaba refiriendo casi incuestionablemente a los tarahumaras cuando hablaba de unos chamanes mexicanos poseedores de una sabiduría y fortaleza extraordinarias. Pero en un aparente ejercicio de compasión, Castaneda los identificó incorrectamente como los yaquis. Aparentemente, Castaneda pensó que, en el caso de que sus libros produjeran una invasión de hippies hambrientos de peyote, los malencarados yaquis podrían defenderse mejor que los amables tarahumaras.

Pero pese a mis sospechas de haber sido *castaneizado,* un extraño incidente me ayudó a mantenerme al acecho. Ángel nos había dejado pasar la noche en el único cuarto libre que tenía, una choza diminuta de ladrillos de barro que hacía las veces de enfermería de la escuela. A la mañana siguiente, antes de que partiéramos, nos invitó amablemente a compartir su desayuno de frijoles y tortillas de maíz hechas a mano. Era una mañana gélida, y conforme nos acomodábamos afuera, calentándonos las manos sobre los tazones humeantes, un torrente de niños pasó revoloteando a nuestro lado. En lugar de tener a los niños congelándose en sus asientos, el profesor los dejó libres para que se calentaran a la manera tarahumara. Lo que significó que fui lo suficientemente afortunado como para presenciar una *rarájipari,* el juego de carreras tarahumara.

Ángel se puso en pie y dividió a los niños en dos equipos de niñas y niños mezclados. Luego sacó dos pelotas de madera del tamaño de una bola de béisbol y le dio una a un jugador en cada equipo. Hizo una señal levantando seis dedos; los niños correrían seis vueltas desde la escuela hasta el río, haciendo una distancia total de aproximadamente cuatro millas. Los dos chicos dejaron caer las pelotas al suelo y arquearon un pie, de manera que la bola se mantenía en equilibrio en la punta de sus dedos. Lentamente, se enroscaron sobre sí mismos, colocándose en cuclillas y...

—¡Vayan!

Las pelotas pasaron silbando delante de nosotros; habían salido disparadas de los pies de los chicos como lanzadas por un bazuca, y los niños salieron en estampida detrás de ellas. Los equipos parecían estar bastante parejos, pero mi dinero se encontraba de parte del grupo liderado por Marcelino, un chico de doce años que recordaba a la Antorcha Humana con su camisa de un rojo brillante agitándose como llamaradas detrás de él y su falda blanca azotando sus piernas como un rastro de humo. La Antorcha alcanzó la pelota de su equipo cuando todavía estaba rodando. La acuñó con maestría con la parte superior de sus dedos para lanzarla nuevamente hacia el camino sin apenas detener su carrera.

Ver correr a Marcelino era impresionante, tanto que era difícil asimilar todos sus movimientos a la vez. Sus pies bailaban el *jitterbug* sobre las rocas, pero por encima de sus piernas su cuerpo permanecía tranquilo, casi inmóvil. Observándolo de la cintura para arriba, uno podría creer que estaba deslizándose en patines. Con la barbilla alta y el cabello negro agitándosele sobre la frente, parecía haber saltado del póster de Steve Prefontaine que todos los campeones escolares de la pista en Estados Unidos tienen en su habitación. Me sentí como si hubiera descubierto el Futuro del Atletismo Americano, viviendo quinientos años en el pasado. Un chico tan talentoso y guapo había nacido para adornar con su cara las cajas de cereales.

—Sí, de acuerdo —dijo Ángel—. Corre por su venas. Su padre era un gran campeón.

El padre de Marcelino, Manuel Luna, era capaz de vencer a casi cualquiera en la versión adulta, que dura toda la noche, del *rarájipari*. La versión real de esta competición constituye el cuerpo y alma de la cultura tarahumara, me explicó Ángel. Todo lo que los hacía únicos se encontraba expuesto en el calor del *rarájipari*.

Primero, dos aldeas se reunían y pasaban la noche haciendo apuestas y bebiendo *tesgüino,* una cerveza casera de maíz capaz de levantar ampollas en la pintura. Al amanecer, los equipos de las dos aldeas se verían las caras con entre tres y ocho corredores por bando. Los atletas correrían ida y vuelta a lo largo de una larga recta, avanzando con la pelota como jugadores de fútbol en un contragolpe rápido. La carrera podía prolongarse durante veinticuatro horas, incluso cuarenta y ocho, como se hubiera acordado la noche anterior, pero los corredores no podían distraerse o relajarse bajando el ritmo; con la pelota rebotando de un lado a otro y hasta treinta y dos piernas moviéndose por todas partes, los competidores debían mantenerse alerta conforme aceleraban, giraban o zigzagueaban.

—Decimos que el *rarájipari* es el juego de la vida —dijo Ángel—. Nunca sabes cuán duro será. Nunca sabes cuándo terminará. No puedes controlarlo. Tan solo puedes adaptarte.

Y nadie puede superarlo por sí solo, añadió. Ni siquiera una superestrella como Manuel Luna podía ganar sin la aldea detrás. Amigos y familiares alimentaban a los corredores con tazas de pinole. Llegada la noche, los aldeanos encendían varas de *acate,* unas ramas de pino ricas en savia, y los corredores podían continuar la carrera a la luz de las antorchas. Para aguantar un desafío así, uno debe poseer todas las virtudes tarahumaras: fortaleza física, paciencia, trabajo en equipo, dedicación y perseverancia. Y por encima de todo, debe adorar correr.

—Va a ser tan bueno como su padre —dijo Ángel, asintiendo con la cabeza hacia Marcelino—. Si lo dejara, estaría así todo el día.

Una vez que llegó hasta el río dio media vuelta y pasó el balón a un pequeño de seis años que había perdido una sandalia y peleaba con su cinturón. Durante unos momentos gloriosos, el Pequeño Casi Descalzo estaba liderando a su equipo, encantado de la vida, brincando en un pie mientras se las arreglaba para que no se le cayera la falda. Fue ahí cuando empecé a vislumbrar la verdadera genialidad del *rarájipari*. Debido a lo irregular de la pista y el trayecto de ida y vuelta, el juego ofrecía infinitas e instantáneas posibilidades de autosabotearse; la pelota rebotaba como si saliera disparada por paletas de pinball, lo que permitía a los chicos más lentos recuperarse cuando Marcelino tuviese que extraerla de una grieta. El campo pone a todos en igualdad de condiciones, todos han de enfrentarse a las dificultades y nadie es descartado de inicio. Los chicos y chicas volaban de un lado a otro de la accidentada pista, pero a ninguno parecía importarle realmente quién ganaba; no había riñas, ni alardes y, aún más reseñable, no había entrenador dirigiéndolos. Ángel y el profesor observaban felices y con gran interés, pero ninguno gritaba indicaciones. Ni siquiera daban gritos de ánimo. Los niños aceleraban cuando se sentían fogosos, reducían la marcha cuando no, y se daban un respiro a la sombra de un árbol cuando habían forzado la máquina y empezaban a perder aire.

Pero a diferencia del resto de los corredores, Marcelino nunca parecía desacelerar. Era inagotable, flotando cuesta arriba tan ligero como cuando se dejaba llevar cuesta abajo; sus piernas se movían como unas tijeras mientras daba unas zancadas sorprendentemente cortas y delicadas, un movimiento que de alguna forma se las arreglaba para lucir grácil en lugar de violento. Se encontraba entre los más altos de los niños tarahumaras y poseía la misma mirada de tensión competitiva que surcaba el rostro de Michael Jordan cuando el reloj se consumía. En la última vuelta de su equipo, Marcelino tiró la pelota a la izquierda de una gran roca, calculando el rebote, y así pudo recibir su autopase, recogiendo la pelota sin detenerse para recorrer cuarenta y cinco metros en cuestión de segundos sobre un terreno tan pedregoso como el lecho de un río.

Ángel golpeó una barra de hierro con la parte trasera de un hacha. Final del partido. Los niños empezaron a volver a la escuela, los mayores cargaban leña para la chimenea. Algunos nos saludaron; varios de ellos habían oído sus primeras palabras en español el día en que habían comenzado las clases. Marcelino, sin embargo, dejó atrás la fila y vino hacia nosotros. Ángel le preguntó qué quería.

—Que vayan bien —dijo—. Caballo Blanco es muy *norawa* de mi papá.

¿*Norawa?* No había oído esa palabra antes.

—¿Qué ha dicho? —le pregunté a Salvador—. ¿Caballo es una leyenda que su padre conoce? ¿Alguna historia que su padre cuenta?

—No —dijo Salvador—. *Norawa* significa amigo.

—¿Caballo Blanco es un buen amigo de tu padre? —pregunté.

—Sí —dijo Marcelino asintiendo, antes de desaparecer dentro del colegio—. Es verdaderamente un buen tipo.

«OK —pensé después esa tarde—. Quizá Ángel podría querer intimidarnos, pero debía confiar en la Antorcha.» Ángel nos había dicho que Caballo estaba dirigiéndose hacia el pueblo de Creel, pero debíamos apurarnos: si no lo alcanzábamos, no había pistas de dónde podía aparecerse después. Con frecuencia, Caballo podía desaparecer durante meses, nadie sabía adónde iba ni cuándo estaría de vuelta. Piérdele la pista y puede que no haya una segunda oportunidad.

Y Ángel, con toda certeza, no había mentido acerca de una cosa, como estaba descubriendo gracias a la sorprendente fortaleza de mis piernas: justo antes de que empezáramos nuestra larga travesía a través de la barranca, me alcanzó una vieja taza de hojalata repleta de algo que prometió me ayudaría.

—Esto te va a gustar —me aseguró.

Eché un vistazo. La taza estaba llena de un limo pegajoso que parecía arroz con leche sin arroz, con unas burbujas como motas negras que yo estaba seguro de que eran huevos de rana a medio incubar. Si me hubiera encontrado en cualquier otro lugar, hubiera pensado que estaba bromeando. Parecía que un niño había sacado la porquería de su pecera y estaba intentando convencerme para que la probara. Hubiera apostado a que era una especie de raíz fermentada mezclada con agua de río, lo que significaba que si el sabor no me hacía vomitar, las bacterias sí que lo harían.

—Genial —dije, mientras buscaba un cactus donde pudiera tirarlo sin ser visto—. ¿Qué es?

—*Iskiate*.

Me sonaba familiar… y fue entonces cuando recordé. El indomable Lumholtz había llegado una vez tambaleándose hasta una casa tarahumara en busca de algo de comer, en medio de una expedición extenuante. Ante él se elevaba amenazante una montaña que debía escalar antes del anochecer. Lumholtz se encontraba exhausto y desesperado, no había forma de que le quedaran fuerzas suficientes para el ascenso.

«Hacia el final de la tarde llegué a una cueva donde una mujer preparaba algo de beber —escribiría después Lumholtz—. Me encontraba muy cansado y no sabía cómo iba a escalar esa montaña para llegar a mi campamento, a unos seiscientos metros de altura. Pero luego de satisfacer mi hambre y mi sed con un poco de *iskiate*, enseguida sentí que recobraba las fuerzas y, para mi propio asombro, escalé la cumbre sin demasiado esfuerzo. Después de esto, siempre encontré en el *iskiate* un amigo solícito, tan refrescante y reconstituyente que quizá debería reivindicarlo como un descubrimiento.»

¡Red Bull casero! Esto tenía que probarlo.

—Lo guardaré para luego —le dije a Ángel.

Eché el *iskiate* en una cantimplora llena hasta la mitad de agua purificada con píldoras de yodo. Luego añadí un par de píldoras más por si acaso. Estaba hecho polvo, pero a diferencia de Lumholtz no estaba tan desesperado como para arriesgarme a caer con diarrea crónica durante un año debido a unas bacterias en el agua.

66

Meses después averiguaría que el *iskiate* es también conocido como *chía fresca*. Se hace disolviendo semillas de chía en agua y añadiendo un poco de azúcar y un chorro de zumo de lima. En lo que a contenido nutricional respecta, una cucharada de chía es el equivalente a un batido de salmón, espinacas y hormona del crecimiento humana. Aun siendo tan pequeñas, esas semillas están repletas de omega-3, omega-6, proteínas, calcio, hierro, zinc, fibra y antioxidantes. Si uno tuviera que elegir un alimento para llevar a una isla desierta, no habría muchas opciones mejores que la chía, sobre todo si está interesado en desarrollar músculos, reducir el colesterol y disminuir el riesgo de cardiopatías. Tras unos meses de una dieta basada en chía, probablemente podría regresar nadando. La chía fue alguna vez tan apreciada, que los aztecas solían enviársela a su rey para rendirle homenaje. Los corredores aztecas solían mascar semillas de chía cuando iban a la guerra, y los hopis se alimentaban de chía durante sus carreras épicas desde Arizona hasta el océano Pacífico. El estado mexicano de Chiapas toma su nombre de la semilla; allí solía cotizarse alto como cultivo comercial, junto al maíz y los frijoles. Pese a su condición de «oro líquido», la chía es ridículamente fácil de cultivar. De hecho, si tienes un Chia Pet, te encuentras muy cerca de preparar tu propio lote de esta bebida diabólica. Y vaya si sabía bien la condenada, como descubrí una vez que el yodo se había disuelto lo suficiente como para arriesgarme a dar unos sorbos. Incluso con ese toque medicinal que dejaban las píldoras, el *iskiate* bajaba como un refresco de frutas con delicioso sabor a lima. Quizá tenía que ver con el entusiasmo de la persecución, pero al cabo de pocos minutos, me sentía fantásticamente bien. Incluso la pequeña punzada que sentía en la cabeza debido a haber dormido sobre un frío suelo de tierra la noche anterior, había desaparecido.

Salvador continuó exigiéndonos, corriendo durante todo el

día a través del borde de la barranca. Casi lo conseguimos, además. Pero cuando todavía nos faltaban un par de horas por escalar, el sol se esfumó, y la barranca se sumió en una oscuridad tan profunda que todo lo que podía distinguir eran diferentes tonos de negro. Consideramos la posibilidad de extender nuestros sacos de dormir y acampar allí mismo por esa noche, pero nos habíamos quedado sin comida y agua hacía una hora y la temperatura estaba bajando a niveles de congelación. Si conseguíamos continuar un kilómetro y medio más, quizá encontráramos suficiente luz para proseguir nuestro camino y dejar atrás la montaña. Decidimos continuar. Odiaba la idea de pasar la noche tiritando en un trozo de camino al borde de una colina. Estaba tan oscuro que debía seguir a Salvador guiándome por el crujido de sus botas. Prefería no saber cómo hacía para girar correctamente en esos empinados desvíos sin caerse por el precipicio. Pero me demostraría que tenía un sentido de la orientación paranormal. Estaba siguiéndolo a través del bosque, callado para oír atentamente todos sus movimientos, cuando de pronto… de pronto…

Un segundo. ¿Qué había pasado con los crujidos de sus botas?

—¿Salvador?

No había respuesta. Mierda.

—¡Salvador!

—¡No pases por aquí!—gritó desde algún sitio delante de donde yo me encontraba.

—¿Cuál es el prob…?

—Calla.

Me callé y me quedé quieto en la oscuridad, preguntándome qué demonios ocurría. Los minutos pasaban. Salvador no hacía un solo ruido. «Volverá —me dije a mí mismo—. Si se hubiera caído, habría gritado. Hubiera oído algo. Un golpe. Algo. Pero, diablos, tardaba demasiado.»

—Bueno.

—Un grito llegó de algún lugar por encima de mi cabeza hacia la derecha.

—Bien, por aquí. ¡Pero ve más lento!

Me volví hacia el lugar de donde provenía su voz y avancé centímetro a centímetro. A mi izquierda podía sentir cómo el suelo se acababa de pronto. No quería saber cuán cerca había estado Salvador de dar un paso en el vacío.

Hacia las diez de la noche, nos acercamos al borde del acantilado y nos arrastramos dentro de nuestros sacos de dormir, congelados hasta la médula y completamente agotados. A la mañana siguiente, nos despertamos antes de que el sol saliera y subimos corriendo hasta la camioneta. Para cuando el alba rompió, nos encontrábamos ya tras la supuesta, serpenteante y accidentada pista de Caballo Blanco.

Cada vez que llegábamos a una granja o una pequeña aldea, echábamos el freno y preguntábamos si alguien conocía a Caballo Blanco. Por todas partes —en la aldea de Samachique, en la escuela de Huischi— oímos lo mismo: «¡Sí, claro! Pasó por aquí la semana pasada… hace unos días… ayer… Acaba de marcharse…».

Llegamos a un pequeño grupo de cabinas destartaladas y nos detuvimos para comer algo.

—Ahhh, ten cuidado con ese —dijo una mujer anciana tras el mostrador de una caseta mientras sus manos delgadas y temblorosas me alcanzaban una bolsa de patatas fritas cubierta de polvo y una Coca-Cola caliente—. He oído hablar de Caballo Loco. Era un guerrero que se volvió loco. Un hombre murió y él enloqueció. Es capaz de matarte con sus manos. Y —añadió por si se me había olvidado—, está loco.

El último lugar donde había sido visto era el viejo pueblo minero de Creel, donde una mujer en un puesto de tacos nos dijo que lo había visto esa misma mañana, alejándose hacia el final del pueblo, caminando sobre los rieles del tren. Recorrimos los rieles hasta el final de la vía, preguntado a todo el mundo, hasta que llegamos al último edificio: el hotel Casa Pérez. Donde, según oí encantado y nervioso a la vez, se suponía que estaba en ese momento. Quizá era una buena idea recostarme en el sofá del rincón. De esa manera, por lo menos, camuflado entre las sombras, podría echar un buen vistazo al vagabundo solitario antes de que me viera y saliera disparado de vuelta hacia su hábitat natural.

7

Por suerte, me encontraba cerca de la puerta.

—¡Oye! ¿Tú conoces a Ángel? —tartamudeé mientras me colocaba entre Caballo y la única puerta de salida—. ¿El profesor de la escuela tarahumara? ¿Y Esidro en Huisichi? Y, hum, Luna, Miguel...

Continué disparando nombres, con la esperanza de que reconociera alguno antes de que me empujara contra la pared y escapara hacia las colinas que había detrás del hotel.

—No, Manuel. Miguel Luna no, Manuel. Su hijo me dijo que ustedes eran amigos. ¿Marcelino? ¿Conoces a Marcelino?

Pero mientras más hablaba yo, más fruncía el ceño él, hasta adquirir una apariencia abiertamente amenazante. Así que cerré la boca de golpe. Había aprendido la lección tras la Debacle en la Urbanización Quimare; quizá se relajaría si me quedaba callado y lo dejaba formarse una opinión sobre mí por sí solo. Me quedé en pie y en silencio mientras él entornaba los ojos, desconfiado y desdeñoso, debajo de su sombrero de paja.

—Sí —dijo gruñendo—. Manuel es un amigo. ¿Quién diablos eres tú?

Dado que no sabía en realidad qué era lo que lo ponía nervioso, empecé diciendo aquello que yo no era. Le dije que no era policía ni agente de la DEA. Era tan solo un escritor y un corredor lesionado que quería aprender los secretos de los tarahumaras. Si él era un fugitivo, era asunto suyo. En todo caso, eso no haría sino aumentar su credibilidad: cualquiera que lograse despistar a las fuerzas de la ley durante todos esos años sin otro vehículo de escape que sus dos piernas, sin duda alguna se había ganado sus galones como aspirante a rarámuri. Yo era capaz de dejar a un lado mis obligaciones con la justicia por el tiempo suficiente para escuchar lo que debía ser el relato de una vida en fuga.

El ceño fruncido de Caballo no desapareció, pero tampoco intentó escapar de mí. Solo después descubriría lo extraordinariamente afortunado que había sido al cruzarme con él en un momento extraño de su muy extraña vida: a su manera, Caballo Blanco también me estaba buscando a mí.

—Ok, amigo —dijo—. Pero tengo que conseguir unos frijoles.

Me llevó fuera del hotel y a través de un polvoriento callejón hasta una puerta pequeña e indistinguible. Nos detuvimos frente a un niño que estaba jugando con un gato en el umbral de la puerta, justo delante de un pequeño cuarto de estar. Una mujer anciana nos miró desde su vieja estufa de gas en un cuarto contiguo, donde removía una aromática olla de frijoles.

—Hola, Caballo —saludó ella.

—¿Cómo está, Mamá? —saludó a su vez Caballo Blanco.

Tomamos asiento en una tambaleante mesa de madera en el cuarto de estar. Según me dijo tenía «mamás» a lo largo de todas las barrancas, pequeñas ancianas que lo alimentaban con frijoles y tortillas por unos pocos centavos durante sus imprecisos vagabundeos. Pese a la indiferencia de Mamá, yo podía ver por qué los tarahumaras se habían asustado la primera vez que Caballo se internó en sus bosques. Hazañas fantásticas de resistencia bajo un sol inmisericorde habían acercado a Caballo al lado salvaje. Sobrepasa el metro ochenta de altura, y su piel, originalmente clara, está curtida en diferentes tonalidades que van del rosado de su nariz al tono nogal de su cuello. Tiene las piernas tan largas y los músculos tan definidos que parece el esqueleto de una bestia más grande. Si derritiéramos a Terminator en una caldera de ácido, el resultado sería Caballo Blanco.

El resplandor del desierto le había arrugado los ojos de tal forma que lucían permanentemente entrecerrados, dejando a su rostro capaz de mostrar dos únicas expresiones: escepticismo o regocijo. Dijera lo que dijera el resto de la noche, no fui capaz de saber si me encontraba gracioso o mentiroso. Cuando Caballo te dirige su atención, lo hace con todas sus fuerzas; te escucha tan atentamente como un rastreador en busca de caza, consiguiendo, en apariencia, tanta información de tu tono de voz como del significado de tus palabras. Curiosamente, tiene un oído espantoso para los acentos; tras más de una década en México, su español suena tan mal que pareciera estar leyendo de tarjetas didácticas.

—Lo que me puso nervioso de ti —comenzó Caballo, pero se detuvo de pronto, con los ojos inyectados debido al hambre, mientras Mamá dejaba unos tazones grandes delante de nosotros y los adornaba con cilantro picado y jalapeños y chorritos de limón por encima. La mirada agresiva que me había lanzado en el hotel no se debió a que estuviera interponiéndome entre él y la libertad, sino a que estaba interponiéndome entre él y la comida. Caballo había organizado su mañana para realizar una pequeña excursión al lago de aguas termales que había en el bosque, pero una vez que descubrió un sendero poco definido entre los árboles, dejó de lado la excursión y el baño. Empezó a correr y siguió haciéndolo durante horas. Llegó hasta una montaña, pero en lugar de dar media vuelta, se empeñó en subir corriendo los novecientos metros de altura, lo que equivaldría a subir hasta el último piso del Empire State dos veces. Finalmente, cogió un camino que lo llevaría hasta Creel, convirtiendo lo que iba a ser un chapuzón relajante en una agotadora ma-

73

ratón de montaña. Para cuando lo intercepté en el hotel, llevaba sin comer desde el amanecer y se encontraba al borde del delirio.

—Siempre estoy perdiéndome y teniendo que escalar, con una botella de agua entre los dientes y águilas volando por encima de mi cabeza —dijo—. Es algo hermoso.

Una de las primeras y más importantes lecciones que aprendió de los tarahumaras fue a salir corriendo en cualquier momento, como lo haría un lobo si de pronto oliera una liebre. Para Caballo, correr se había convertido en la primera opción como forma de transporte, de la misma forma que lo es conducir un automóvil para los habitantes de los suburbios. Fuera a donde fuera, iba trotando, con tan poco encima como un cazador del Neolítico e igual de poco preocupado por dónde —o cuán lejos— acabaría.

—Mira —me dijo, señalando sus viejísimos shorts de excursionista y unas sandalias Teva listas para tirar a la basura—. Esto es todo lo que me pongo, y lo llevo encima siempre.

Hizo una pausa para llevarse a la boca unos bocados calientes de frijoles picantes, que tragaba dando unos sorbos largos de una botella de Tecate. Caballo devoró un primer tazón y Mamá le sirvió otro tan rápidamente que apenas dejó de mover la cuchara. Movía la mano del tazón a la boca y de ahí a la botella con una eficiencia ergonómica tal que la cena, lejos de parecer el final de su larga sesión de ejercicio, parecía la siguiente fase. Escucharlo a través de la mesa era como escuchar el bombeo de gasolina del depósito de un coche: *cucharada, ñam, ñam, gorgoteo, gorgoteo, cucharada, ñam, ñam, gorgoteo...*

De tanto en tanto, levantaba la cabeza y dejaba fluir un breve torrente de historias, para luego volver a hundirse en el tazón.

—Así es, solía ser un luchador, amigo, ocupaba el quinto puesto del ranking mundial.

Vuelta a la cuchara.

—Lo que me puso nervioso fue que apareciste de pronto gri-

74

tándome. Hay muchos secuestros y asesinatos por aquí. Mierda de la droga. Un tipo al que conocía fue secuestrado, su mujer pagó una recompensa alta, luego lo mataron igual. Feo asunto. Suerte que yo no tengo nada. No soy más que un indio gringo, amigo, corriendo humildemente con los rarámuris.

—Disculpa —empecé a decir, pero su cara ya estaba de nuevo ocupada en los frijoles.

No quería agobiar a Caballo con preguntas todavía, aun cuando observarlo era como ver una película en cámara rápida: traumas, bromas, sueños, recuerdos, rencores, sentimientos de culpa, jugosos fragmentos de sabiduría ancestral, todos aparecían construyendo una imagen del pasado demasiado deshilvanada y acelerada como para aprehenderla. Empezaba una historia, pasaba a la siguiente, saltaba a una tercera, regresaba y corregía algún detalle de la primera, se quejaba de aquel tipo de la segunda, se disculpaba luego por refunfuñar porque, amigo, se había pasado toda la vida intentando controlar su ira, y esa era otra historia completamente distinta...

Su nombre era Micah True, según me dijo, y venía de Colorado. Bueno, en realidad de California. Y si yo realmente quería entender a los rarámuris, debería haber estado ahí cuando este hombre de noventa y cinco años atravesó veinticinco millas por la montaña. ¿Sabes por qué podía hacerlo? Porque nunca nadie le había dicho que no podía. Nunca nadie le había dicho que debía estar muriéndose en algún asilo de ancianos. Uno vive según sus propias expectativas, amigo. Como cuando se bautizó en honor a su perro. De ahí es de donde realmente venía ese «True», de su viejo perro. Caballo no estaba siempre a la altura de su viejo True, pero esa también es otra historia...

Esperé, rasgando la etiqueta de mi botella de cerveza con la uña, preguntándome si en algún momento bajaría el ritmo lo suficiente como para que yo lograra entender de qué demonios habla-

75

ba. Poco a poco, la cuchara de Caballo perdió velocidad hasta detenerse. Vació su segunda botella de Tecate y se reclinó en la silla, satisfecho.

—¡*Guadajuko!* —dijo sonriendo con todos los dientes—. Una palabra útil que aprender. Significa *guai* en rarámuri.

Le alcancé una tercera Tecate a través de la mesa. Le echó un vistazo desconfiado, con esos ojos entrecerrados chamuscados por el sol.

—No sé, amigo —dijo—. No he comido en todo el día, no puedo aguantar como los rarámuris.

Pero la cogió y le dio un sorbo. Era un trabajo agotador este de deambular por mesetas tan altas. Dio un trago largo y ruidoso, para luego relajarse nuevamente en la silla, levantando las piernas y cruzando los dedos sobre su abdomen plano. Algo le había hecho clic. Lo supe incluso antes de que dijera nada. Quizá le hacían falta esa última botella de cerveza para soltarse, o quizá tan solo tenía que desahogarse un poco antes de relajarse y continuar con su historia.

Porque, cuando Caballo empezó a hablar esta vez, me cautivó. Habló hasta muy tarde en la noche, contándome una historia asombrosa, que abarcaba los diez años desde que desapareció para el mundo exterior, y estaba llena de personajes extraños, aventuras increíbles y peleas feroces. Y, al final, un plan. Un plan audaz. Un plan que, comprendí poco a poco, me implicaba a mí.

8

Para apreciar la visión de Caballo, uno debe viajar atrás en el tiempo hasta comienzos de los años noventa, cuando un fotógrafo naturalista de Arizona llamado Rick Fisher se hacía a sí mismo una pregunta obvia: si los tarahumaras eran los corredores más resistentes del mundo, ¿por qué no estaban arrasando en las carreras más difíciles del mundo? Quizá iba siendo hora de que conocieran a Fisher.

Iba a ser un negocio redondo para todos, según lo veía Fisher. Varios pueblos de mascadores de tabaco conseguían un montón de horas de televisión para sus carreras de excéntricos, Fisher se convertía en El Cazador de Cocodrilos de las Tribus Perdidas y los tarahumaras obtenían promoción de primer orden. Está bien, puede que los tarahumaras sean las personas más famosas del mundo debido a su timidez y hayan pasado siglos huyendo de cualquier tipo de relación con el público, pero...

Bueno, Fisher tendría que lidiar con ese obstáculo más adelante, ya tenía un problema mucho mayor al que enfrentarse. Para empezar, no sabía casi nada de correr y no hablaba una palabra de español, por no mencionar el rarámuri. No sabía dónde encontrar corredores tarahumara y no tenía idea de cómo iba a convencerlos de dejar atrás la seguridad de sus cuevas y acompañarlo a la guarida de los Demonios Barbudos. Y esos eran solo los problemas menores: asumiendo que consiguiera formar un equipo de atletas ta- rahumara, ¿cómo iba a lograr sacarlos de las barrancas sin vehículos y meterlos en Estados Unidos sin pasaportes?

Por suerte, Fisher tenía algunas cualidades especiales. En el número uno de la lista se encontraba su increíble GPS interno; Fisher era como uno de esos gatos domésticos que reaparecen en su casa en Wichita tras haberse perdido durante las vacaciones fa- miliares en Alaska. Su habilidad para orientarse a través de los ca- ñones más desconcertantes, probablemente no tenga rival en el planeta, y por lo que parece es puramente instintiva. Fisher nunca había visto un accidente geográfico más profundo que una zanja antes de dejar el Medio Oeste para ir a la Universidad de Arizona, pero una vez ahí, de inmediato empezó a introducirse en lugares a los que era mejor no acercarse. Era todavía un estudiante cuando empezó a explorar la laberíntica zona de montañas Mogollón, aventurándose en la zona poco después de que el director del Sie- rra Club de Phoenix muriera ahí a consecuencia de una nada in- frecuente inundación repentina. Sin experiencia alguna y con el equipamiento propio de un boy scout, Fisher no solo sobrevivió sino que trajo consigo fotografías impresionantes de un país de las maravillas subterráneo.

Incluso Jon Krakauer, el gran experto en deportes de aventura y autor de *Mal de altura* (*Into Thin Air*), estaba impresionado. «Rick Fisher puede reclamar con justicia el título de autoridad mundial en los cañones de Mogollón y la miríada de secretos que escon- den», sentenció Krakauer al comienzo de la carrera de Fisher, lue- go de que este lo guiara por «una increíblemente fascinante tajada de tierra, incomparable a cualquier otro lugar que yo haya visto», una especie de mundo creado por Willy Wonka con piscinas color verde lima y torres de cristal rosado y cataratas subterráneas.

Esto nos lleva a otra de las habilidades de Rick Fisher: cuando se trata de conseguir ser el centro de atención y convencer a la gen-

78

te de hacer cosas que preferirían no hacer, Fisher podría avergonzar a un televangelista (bueno, hasta donde eso es posible). Tomemos como ejemplo este clásico cuento de Fisher, que Krakauer relata hablando de un viaje que aquel realizó a las Barrancas del Cobre para hacer rafting a mediados de los años ochenta. Fisher no tenía idea de adónde estaba yendo, pese a que estaba intentando, según la estimación de Krakauer, «el equivalente, hablando de cañones o barrancas, a una gran expedición al Himalaya». Aun así, se las arregló para convencer a dos amigos —un joven y su novia— de que lo acompañaran. Todo iba estupendamente... hasta que, accidentalmente, Fisher encalló la balsa junto a un campo de marihuana. De la nada, apareció un vigilante con un rifle de asalto listo para disparar. No pasa nada. Fisher se limitó a agitar un paquete de artículos de prensa sobre sí mismo que lleva a todas partes (así es, incluso cuando hace rafting en las tierras baldías mexicanas donde no se habla inglés). «¡Lo ve! ¡No le conviene meterse conmigo! ¡Soy, hum, cómo se dice... importante! ¡Muy importante!»

El desconcertado vigilante los dejó marcharse remando, para que a continuación Fisher encallara en otra plantación de drogas. En esta ocasión, la cosa se puso realmente fea. Fisher y sus amigos fueron rodeados por una banda de matones que, dada la falta de mujeres en la selva, estaban borrachos y peligrosamente cachondos. Uno de los matones sujetó a la chica americana. Cuando su novio intentó hacer que la soltaran, le estamparon el caño de un rifle en el pecho.

Eso fue suficiente para Fisher. Esta vez no agitaría su álbum de recortes; en lugar de eso, se puso como un loco: «¡Son muy malos hombres! —gritó con toda su furia—. ¡Muy, muy malos!». Continuó chillando como un loco hasta que, según cuenta Krakauer, los matones finalmente hicieron callar al lunático chillón empujándolo y marchándose. Fisher acababa de escapar de una muerte segura y, naturalmente, se aseguró de contárselo al periodista Krakauer.

Fisher adoraba echarse flores encima, lo que lo animaba a seguir buscando razones para no dejar de hacerlo. Mientras la mayoría de los hombres aficionados a la naturaleza salvaje en los años ochenta estaban mirando hacia el cielo, compitiendo con Reinhold Messner por escalar las catorce mayores cumbres del Himalaya, Rick Fisher estaba cavando bajo tierra en busca de reinos más exóticos ubicados justo por debajo de sus pies. Usando las notas del capitán Frederick Bailey, un agente secreto británico que tropezó con un valle secreto en el Tíbet en los años treinta mientras exploraba la zona con un grupo de rebeldes asiáticos, Fisher ayudó a localizar la legendaria cascada Kintup, un impresionante salto de agua que esconde la entrada de uno de los cañones más profundos del planeta. A partir de ahí, Fisher cavó su senda hacia mundos perdidos en los cinco continentes, atravesando zonas de guerra y territorios controlados por milicias homicidas para realizar descensos en calidad de pionero en Bosnia, Etiopía, China, Namibia y Bolivia.

Agentes secretos, balas zumbando, reinos prehistóricos... incluso Hemingway tendría que callarse la boca y cederle su silla si Fisher entrase en un bar. Pero sin importar qué lugares recorriese, Fisher continuaba regresando a casa, a su mayor pasión: su mujer ideal, las Barrancas del Cobre.

Durante una expedición a las barrancas, Fisher y su novia, Kitty Williams, se hicieron amigos de Patrocinio López, un joven tarahumara que se había adentrado en el mundo moderno cuando un camino de grava apareció en su tierra natal. Patrocinio era tan guapo como una estrella de Hollywood y un verdadero talento tocando el *chabareke*, un instrumento tarahumara de dos cuerdas. Además se mostraba tan dispuesto a trabajar con los Demonios Barbudos que el Departamento de Turismo de Chihuahua lo convirtió en el rostro del Expreso de las Barrancas del Cobre, un tren de lujo antiguo que realiza recorridos lentos a través de las Barrancas y permite a los turistas viajar en vagones con aire acondicionado y camareros con pajarita mientras observan el paisaje salvaje que tienen debajo. El trabajo de Patrocinio consistía en posar para carteles con un violín que él mismo había tallado (una habilidad heredada de tiempos de la dominación española), carteles que sugerían que la vida de los tarahumaras allá abajo era todo jóvenes bien parecidos y música.

Rick y Kitty preguntaron a Patrocinio si podía llevarlos a un *rarájipari,* la tradicional carrera con pelota tarahumara. «Quizá —respondió Patrocinio, antes de demostrar que había adoptado los usos del mundo moderno de la misma forma que este lo había adoptado a él—. Si están dispuestos a pagar.» Les hizo una oferta: Si ellos compraban comida para toda su aldea, él convencería a algunos corredores.

¿Trato hecho?

Trato hecho.

Rick y Kitty le entregaron la comida y Patrocinio les ofreció una carrera estupenda. Cuando llegaron a la aldea, no se encontraron una carrera barata, montada para salir del paso; por el contrario, había treinta y cuatro hombres tarahumara, vestidos sin más que sus taparrabos y sandalias, recibiendo masajes de calentamiento de manos de unos curanderos y apurando unas tazas de *iskiate* de última hora. Tras el grito de partida del anciano de la aldea, salieron disparados, atacando el sendero de tierra como una estampida de sesenta millas, semicontrolada, de sol a sol y sin contemplaciones, que dejaba atrás a Rick y Kitty con la velocidad y precisión casi telepática de una bandada de gorriones migrando. ¡Sí, eso es correr! Kitty, que era una entrenada corredora de ultramaratones, estaba embelesada. Había crecido viendo a su padre, Ed Williams, convertirse en un corredor de montaña imparable, aun viviendo en las tierras bajas de la ribera del Mississippi. Como prueba de la dureza de Ed, de todas las carreras que hay en el mundo, su favorita era la más espeluznante: la famosa Leadville Trail 100, una ultramaratón de cien millas celebrada en Colorado, que él había corrido íntegra doce veces y que todavía corría a sus setenta años.

Una pareja perfecta se estaba formando en la cabeza de Rick: Patrocinio podía conseguirle los atletas, y su futuro suegro, Ed, podía conseguirle conexiones con una carrera de prestigio. Todo lo que tenía que hacer era engañar a alguna organización benéfica para conseguir donaciones de maíz con las que tentar a los tarahumaras, y quizá lograr una firma de calzado deportivo que les diera algo más resistente que esas sandalias, y…

Fisher siguió ideando su plan, sin saber que estaba preparando un fracaso.

9

Hazte amigo del dolor, y nunca te encontrarás solo.

KEN CHLOUBER,
Minero de Colorado y creador
de Leadville Trail 100

El gran fallo en el plan de Rick Fisher fue que la carrera de Leadville tenía lugar en Leadville.

Situada en un valle a dos millas de altura en las Montañas Rocosas de Colorado, Leadville es la ciudad más alta de Estados Unidos y, durante varios días, la más fría (cuando llegaba el invierno, los bomberos no podían hacer sonar su campana, temerosos de que se hiciera añicos). El primer vistazo que echaron los primeros colonos de estas cumbres los dejó temblando debajo de sus gorros de mapache. «Ahí, ante sus incrédulos ojos, se elevaba el fenómeno geológico más poderoso y amenazador que jamás habían visto —relata el historiador de la ciudad Christian Buys—. Bien podrían haberse encontrado en otro planeta. Así de lejano y amenazador era este lugar para todos, excepto para los más aventureros.»

Las cosas han mejorado desde entonces, por supuesto: los bomberos usan ahora una bocina. Por lo demás, bueno... «Leadville es hogar de mineros, camioneros que transportan rocas y malvados

83

hijos de puta», según Ken Chlouber, que era un domador de caballos, conductor de Harley Davidson y un duro y desempleado minero cuando creó la Leadville Trail 100, en 1982. «La gente que vive a tres mil metros de altitud está hecha de otra pasta.»

Duro como un juguete para perros o no, el mejor médico de Leadville montó en cólera cuando escuchó lo que Ken tenía en mente.

—No puedes dejar que la gente corra un centenar de millas a esta altitud —gritó con rabia el doctor Robert Woodward.

Estaba tan molesto que tenía un dedo sobre la cara de Ken, lo que no hacía presagiar nada bueno para ese mismo dedo. Si hubieran visto a Ken, con esas botas con punta de acero talla cuarenta y seis y una cara tan afilada como la roca que picaba para ganarse la vida, entenderían rápidamente que uno no acerca una mano a su rostro a menos que esté seriamente borracho o que esté hablando muy, muy en serio. El doctor Woodward no estaba borracho:

—¡Vas a matar a todo aquel que sea tan imbécil como para seguirte!

—¡Mala suerte! —respondió Ken—. Tal vez unos cuantos muertos consigan volver a ponernos en el mapa.

Poco antes del enfrentamiento entre Ken y el doctor Woodward ese frío día de otoño de 1982, la mina Climax de molibdeno había cerrado de repente, llevándose consigo casi todos los ingresos de la gente de Leadville. El molibdeno, cariñosamente «Moly», es un mineral usado para fabricar aceros reforzados que se usan en buques de guerra y tanques, así que cuando murió la Guerra Fría, ocurrió lo mismo con el mercado de Moly. Casi de la noche a la mañana, Leadville dejó de ser una animada localidad con su heladería de toda la vida en su calle principal de toda la vida y se transformó en la ciudad más desesperada y con mayor desempleo de Norteamérica. Ocho de cada diez trabajadores fichaban en Climax, y los pocos que no lo hacían dependían de aquellos que sí.

84

Si alguna vez había presumido de tener el mayor ingreso per cápita de Colorado, rápidamente se encontró entre los condados más pobres del estado.

Parecía que no podía ir a peor. Y fue a peor.

Los vecinos de Ken estaban bebiendo demasiado, pegando a sus esposas, hundiéndose en la depresión o marchándose del pueblo. Una especie de psicosis colectiva estaba aplastando la ciudad, un síntoma temprano de muerte cívica: primero, la gente pierde los medios para perseverar; luego, tras las peleas a cuchillo, arresto y avisos de desalojo, pierde el deseo de superación.

«Cientos de personas estaban haciendo las maletas y marchándose», recuerda el doctor John Perna, que dirige la sala de urgencias de Leadville. Su sala estaba por entonces tan llena como la unidad quirúrgica de un hospital militar; en lugar de atender las lesiones de trabajo habituales como torceduras de tobillo y dedos rotos, el doctor Perna estaba amputando dedos de los pies de mineros borrachos que habían perdido el conocimiento en la nieve, y avisando a la policía acerca de mujeres que llegaban a medianoche con los pómulos rotos y unos niños asustados.

«Estábamos hundiéndonos en una depresión letal —me dijo el doctor Perna—. A la larga, estábamos enfrentándonos a la desaparición de la ciudad.» Se habían marchado tantos mineros, que los habitantes que quedaban no alcanzaban para llenar la tribuna del campo de un equipo amateur de béisbol.

La única esperanza de Leadville era el turismo, lo que no era esperanza alguna. ¿Qué clase de idiota iría de vacaciones a un lugar con un frío glacial nueve meses al año, ninguna pendiente que sirva para esquiar y una carencia de oxígeno tal que respirar se convierte en un ejercicio cardiovascular? El área rural de Leadville era tan feroz que la Décima División de Montaña, una fuerza de élite del ejército de Estados Unidos, solía realizar ahí sus entrenamientos de combate alpino.

Para empeorar las cosas, la reputación de Leadville daba tanto miedo como su geografía. Durante décadas, fue la ciudad más salvaje del Lejano Oeste, «una verdadera trampa mortal —en palabras de un cronista—, que parecía sentirse orgullosa de su propia degradación». Doc Holliday, aquel dentista convertido en corredor de apuestas y pistolero, solía pasar el tiempo en los bares de Leadville con su amigo y compañero en el tiroteo del O.K. Corral, Wyatt Earp. Jesse James solía dejarse caer por ahí también, por las diligencias llenas de oro y excelentes escondrijos en las montañas a un palmo de distancia. Incluso en fechas tan recientes como los años cuarenta, los comandos de la Décima División de Montaña tenían prohibido poner un pie en el centro de Leadville; al parecer, eran suficientemente fieros para enfrentarse a los nazis pero no para hacer frente a los apostadores asesinos y las prostitutas que mandaban en State Street.

Sí, Leadville era un lugar duro, Ken lo sabía. Repleto de hombres duros y mujeres aún más duras y… ¡mierda! ¡Maldita sea! Eso era.

Si todo lo que Leadville tenía para vender era testarudez, pues habría que venderla como pan caliente. Ken había oído hablar de un tipo en California, un pelucón de la montaña llamado Gordy Ainsleigh, al que una yegua se le quedó coja justo antes de la mayor competición mundial de resistencia para caballos, la Western States Trail Ride. Gordy decidió correr de todas formas. Se presentó en la línea de salida con zapatillas de correr y preparado para correr a pie cien millas a través de la Sierra Nevada. Bebió agua de los arroyos, los veterinarios de las paradas médicas le midieron las constantes vitales y superó la marca de veinticuatro horas por diecisiete minutos. Como era de suponer, Gordy no era el único lunático de California, así que al año siguiente otro corredor se sumó a la carrera de caballos… y otro más el año siguiente… y otro más el siguiente… hasta que, en 1977, los caballos fueron desplazados y la Western States se convirtió en la primera carrera de cien millas a pie del mundo. Ken nunca había corrido una maratón, pero si un hippie de California podía correr cien millas, ¿dónde estaría la dificultad? Además, una carrera normal no serviría; si Leadville iba a sobrevivir, necesitaba una competición del carajo, algo que la distanciara de todas esas carreras de 26,2 millas que hay por ahí, tan idénticas entre sí que una vez hecha una, has hecho todas.

Así que en lugar de una maratón, Ken creó un monstruo.

Para hacerse una idea de lo que se inventó, intenten correr la maratón de Boston dos veces seguidas con una media atorada en la boca y después escalen hasta la cima del Pikes Peak.

¿Hecho?

Genial. Ahora háganlo de nuevo, esta vez con los ojos cerrados. Eso es, en resumidas cuentas, la Leadville Trail 100 equivale a cerca de cuatro maratones enteras, la mitad del recorrido realizado a oscuras, con dos ascensos de ochocientos metros justo en el medio. La línea de salida de Leadville se encuentra al doble de la altitud en la que los aviones presurizan sus cabinas, y a partir de ahí todo es cuesta arriba.

—El hospital gana un montón de dinero gracias a nosotros —reconoce alegremente Ken Chlouber, veinticinco años después de la carrera inaugural y su discusión con el doctor Woodward. Es el único fin de semana en que los hoteles y la sala de urgencias están llenos a la vez.

Ken sabe de lo que habla. Ha corrido en todas las ediciones, pese a que fue hospitalizado con hipotermia en su primer intento. Los corredores de la Leadville habitualmente se caen desde alturas considerables, se rompen tobillos, sufren de sobreexposición al sol, extrañas arritmias cardíacas y mal de altura. Crucemos los dedos para que no ocurra, pero Leadville todavía no se ha cargado a nadie, probablemente porque hace capitular a los corredores antes de

87

que sufran un colapso. Dean Karnazes, el autodenominado Hombre Ultramaratón, no pudo terminar la carrera las dos primeras veces que lo intentó. Tras verlo abandonar dos veces, la gente de Leadville le puso otro apodo: Ofer («O fer one, O fer two...»).[7] Cada año, menos de la mitad de los competidores llegan a terminar la carrera. No es sorprendente que una competición con más bajas que finalizadores tienda a atraer a una raza peculiar de atletas. Durante cinco años, el campeón reinante fue Steve Peterson, miembro de una secta de creyentes en la conciencia superior llamada Divine Madness (Locura Divina), que busca alcanzar el nirvana mediante orgías, carreras extremas de montaña y un servicio de limpieza de casas económico. Una de las leyendas de la Leadville es Marshall Ulrich, un magnate de la comida para perros que anima sus ratos extirpándose quirúrgicamente las uñas de los pies. «Se caían siempre, de todas formas», dice Marshall.

Cuando Ken conoció a Aron Ralston, el escalador que se serró el antebrazo con el cuchillo de sierra de su navaja multiuso después de quedar inmovilizado por una roca, le hizo una oferta asombrosa: si alguna vez quería correr en Leadville, no tendría que pagar. La invitación de Ken dejó atónitos a todos los que supieron de ella. El campeón que defiende su título tiene que pagar para correr. El heroico gran maestro Ed Williams tiene que pagar. Ken tiene que pagar. Pero a Aron le daba un pase gratis, ¿por qué? «Él es la esencia de Leadville —dijo Ken—. Tenemos un lema aquí: eres más duro de lo que crees y eres capaz de hacer más de lo que crees. Un tipo como Aron nos demuestra al resto de lo que somos capaces en el fondo».

Uno podría pensar que el pobre Aron ya ha sufrido suficiente,

7. Juego de palabras intraducible: O fer one equivale a «O for one», es decir, «Cero de una»; O fer two «O for two», «cero de dos» como en el conteo en el béisbol. *(N. del T.)*

88

pero al año y poco de su accidente aceptó la oferta de Ken. Con una nueva prótesis balanceándose en un costado, Aron cruzó la línea de meta por debajo de la marca de treinta horas y se llevó a casa una hebilla de cinturón plateada, dejando claro de ese modo, y con mayor contundencia de la que Ken nunca sería capaz, lo que hace falta para cruzar la línea de meta en Leadville: no tienes que ser rápido. Pero será mejor que seas intrépido.

10

¡Genial! Leadville era precisamente el tipo de espectáculo salvaje y emocionante, como un combate de boxeo, que Fisher estaba buscando. Como de costumbre, Rick intentaba hacer mucho ruido, y un carnaval como Leadville era justo lo que necesitaba. ¿No entraría ESPN al trapo si les prometes la oportunidad de grabar a unos tipos guapos vestidos con falda destrozando récords en una mítica competición devora hombres? ¡Claro que sí!

Así que en agosto de 1992, Fisher volvió con todo el estruendo de su grande y viejo Chevy Suburban a la aldea de Patrocinio. Había llevado unos documentos de viaje de la Oficina de Turismo mexicana, y la promesa de una recompensa en maíz para los corredores. Entretanto, Patrocinio había convencido a cinco de sus paisanos para que confiaran en ese extraño e intenso *chabochi,* cuyo nombre se les atragantaba en la boca. Como en español no hay un sonido para las letras «sh» juntas, Fisher rápidamente tuvo una muestra del ácido humor tarahumara cuando su nuevo equipo empezó a llamarlo Pescador. Era más fácil de pronunciar, pero también retrataba su espíritu «Ahab», ese afán constante por capturar un pez gordo que Fisher irradiaba, como el capó de un auto irradia ondas de calor.

Como quieran. Por lo que a Fisher respectaba, podían llamarlo Doctor Tarugo, siempre y cuando se pusieran serios cuando la carrera empezara. El Pescador embutió a su equipo en el Chevy y apretó el acelerador hasta Colorado.

El día de la carrera, poco antes de las cuatro de la madrugada, la gente en la línea de salida de Leadville intentaba no mirar fijamente a esos cinco hombres con falda que se peleaban con los hasta entonces desconocidos cordones de las zapatillas de basket de lona negras que el Pescador había conseguido para ellos. Los tarahumaras compartieron las últimas caladas de un cigarrillo de tabaco negro, para luego colocarse tímidamente al final del pelotón mientras los otros doscientos noventa ultramaratonistas gritaban «¡Tres… dos… Boooom!» El alcalde de Leadville disparó su viejo trabuco y los tarahumaras salieron disparados para mostrar de qué estaban hechos.

Por un momento. Pero antes incluso de llegar a la mitad, todos los corredores tarahumara habían abandonado la carrera. Demonios, gruñó Fisher ante todo aquel que quiso escucharle. Nunca debí darles esas zapatillas, y nadie les dijo que podían comer en cada puesto de socorro. Todo es culpa mía. Nunca antes habían visto linternas, así que pensaron que se usaban como si fueran antorchas…

Claro, claro, el perro se comió mis deberes. Las mismas viejas decepciones tarahumara de siempre, las mismas viejas excusas. Solo algunos de los más obsesivos historiadores del atletismo lo saben, pero México intentó usar corredores tarahumara en las maratones olímpicas de Ámsterdam 1928 y México 1968. En las dos ocasiones, los tarahumaras se quedaron sin medallas. Por entonces, la excusa fue que las 26,2 millas eran muy poco, esa insignificante maratón se acababa incluso antes de que los tarahumaras pudieran apretar el acelerador hasta el fondo.

Quizá. Pero si estos tipos eran realmente corredores sobrehumanos, ¿cómo era posible que no fueran capaces de vencer a nadie? A nadie le importa que seas un gran lanzador de triples en tu patio trasero, lo que importa es que los claves el día del partido. Y durante un siglo, los tarahumaras nunca han sido capaces de competir en el mundo exterior sin hacerlo tan mal que dé vergüenza ajena.

Fisher estuvo comiéndose la cabeza durante el largo viaje de vuelta a México, y entonces, se le encendió la luz. ¡Claro! Así como no puedes coger a cinco chicos de un patio de colegio en Chicago y esperar que venzan a los Bulls, que seas un corredor tarahumara no significa que seas un gran corredor tarahumara. Patrocinio había intentado facilitarle las cosas a Fisher fichando corredores que vivieran cerca de la nueva carretera pavimentada, pensando que estos se sentirían más cómodos entre extraños y que serían más fáciles de reunir para el viaje. Pero, como el comité olímpico mexicano debería haber descubierto años atrás, los tarahumaras más fáciles de reclutar quizá no fueran los que valía la pena reclutar.

—Intentémoslo de nuevo —lo exhortó Patrocinio.

Los patrocinadores de Fisher habían donado un montón de maíz a su aldea, y odiaba la idea de perder esta fuente de ingresos inesperada. Esta vez, abrió la convocatoria a corredores de fuera de su propia aldea. Patrocinio regresó a las barrancas, y también regresó en el tiempo. El equipo tarahumara iba a ser de la vieja escuela. Así es, «viejo» era la palabra justa.

Ken no quedó muy impresionado con la nueva pandilla de tarahumaras que se presentó a la siguiente edición de Leadville. El capitán del equipo parecía un duende de Keebler retirado tempranamente en Miami Beach: era un pequeño abuelo de cincuenta y cinco años vestido con una bata azul con brillantes flores de color rosado, que coronaba con una sonrisa despreocupada, una bufanda rosada y un gorro de lana que le cubría las orejas. Otro tarahu-

92

mara debía de tener unos cuarenta años, y los dos chicos asustados detrás de él parecían lo suficientemente jóvenes como para ser sus hijos. Toda la misión parecía estar aún peor equipada que el año pasado; al poco tiempo de llegar, los miembros del equipo tarahumara desaparecieron en el vertedero de la ciudad, del que salieron con el caucho de unos neumáticos, con el que se hicieron unas sandalias. Nada de esas incómodas Converse negras esta vez. Segundos antes de la carrera, los tarahumaras desaparecieron. «El mismo espíritu guerrero del año pasado», pensó con desdén Ken. Al igual que la vez anterior, los tímidos tarahumaras se habían escondido al final del pelotón. Tras el pistoletazo de salida, empezaron a trotar en el último puesto. Y allí permanecieron, ignorados e intrascendentes... hasta la milla cuarenta, cuando Victoriano Churro (el duende Keebler con debilidad por los colores pastel) y Cerrildo Chacarito (el granjero de cabras de cuarenta años) empezaron, en silencio, casi indiferentes, a abrirse camino con sus pequeñas pisadas por los bordes de la pista, dejando atrás a unos cuantos corredores cada poco, mientras empezaban el ascenso de tres millas a Hope Pass. Manuel Luna remontó y se colocó al lado de ellos, y así los tres tarahumaras mayores pasaron a liderar a los más jóvenes como una manada de lobos de cacería.

¡Yihaaaa! Ken saltó y gritó de alegría como un vaquero en un rodeo cuando vio a los tarahumaras corriendo detrás de él tras la curva de la milla cincuenta. Algo extraño ocurría. Ken lo notaba por el aspecto extraño de sus rostros. Había visto a todos y cada uno de los corredores de Leadville a lo largo de una década y ninguno de ellos lucía tan perturbadoramente... normal. Diez horas seguidas de carrera de montaña o bien te golpean en el culo o te dejan huella en la cara, sin excepciones. Llegados a este punto, incluso los mejores ultramaratonistas tienen la cabeza gacha y la mirada clavada en el suelo, enfocados en la tarea casi imposible de conseguir que un pie siga al otro. Pero ¿y ese anciano? ¿Victoria-

93

no? Iba sin problemas. Como si acabara de despertarse de una siesta y, tras rascarse la barriga, hubiera decidido mostrarles a los pequeños cómo compiten los adultos.

Al llegar a la milla sesenta, los tarahumaras estaban volando. Leadville tiene puestos de socorro cada quince millas aproximadamente, donde los ayudantes de los corredores pueden proveerlos de comida, calcetines secos y baterías para las linternas, pero los tarahumaras avanzaban tan rápido que Rick y Kitty no pudieron rodear la montaña lo suficientemente rápido como para seguirlos. «Parecían moverse con el terreno —dijo un espectador sobrecogido—. De la manera que el viento o la niebla se mueve a través de las montañas.»

Esta vez, los tarahumaras no eran dos solitarios miembros de una tribu a la deriva en el vasto océano de las olimpiadas. No eran cinco aldeanos confundidos con unas zapatillas de lona horribles que no habían corrido desde que la carretera había destrozado su aldea. Esta vez, estaban unidos en una formación que habían practicado desde niños, con los salvajes veteranos delante y los ansiosos jóvenes empujando detrás. Iban a paso seguro y seguros de sí mismos. Eran la Gente Que Corre.

Mientras tanto, un concurso de resistencia distinto tenía lugar a unas pocas manzanas de la línea de meta. Cada año, los fiesteros mayores de la Calle Sexta de Leadville le plantan cara al asunto y se pasan el fin de semana intentando aguantar más que los corredores. Empiezan a empinar el codo con el pistoletazo de salida y siguen dándole hasta que la carrera acaba oficialmente, treinta horas después. Entre tragos de Jägermeister y Jell-O, también desempeñan una importante función como señalizadores: su trabajo consiste en alertar a los jueces que controlan el tiempo, saltando como monos cuando ven a algún corredor surgiendo de la oscuridad. En esta ocasión, los borrachines casi la pifian. A las dos de la mañana, los viejos Victoriano y Cerrildo llegaron moviéndose tan

94

rápida y silenciosamente —«como la niebla que cruza la montaña»— que casi pasan desapercibidos.

Victoriano apareció primero, con Cerrildo justo detrás en segundo lugar. Manuel Luna, a quien las sandalias nuevas se le habían destrozado allá por la milla ochenta y tres dejando sus pies desprotegidos y sangrando, se las arregló para superar el camino pedregoso del Lago Turquesa y llegar quinto. El primer corredor no tarahumara que cruzó la meta llegó casi una hora después de Victoriano, lo que suponía una distancia de aproximadamente seis millas.

Los tarahumaras no solo habían empezado últimos y habían llegado primeros, sino que habían hecho un daño tremendo al libro de récords con su actuación. Victoriano era el ganador más viejo en la historia de la carrera, Felipe Torres, con sus dieciocho años, era el corredor más joven que había conseguido terminar, y el equipo tarahumara era la única escuadra que había conseguido copar tres de los primeros cinco puestos, aun cuando los dos primeros tenían una edad combinada de casi cien años.

«Fue increíble», diría Harry Dupree, un corredor difícil de sorprender, al *New York Times*. Luego de correr en Leadville doce veces, Dupree pensaba que no había nada en esta carrera que pudiese sorprenderlo. Y entonces vio a Victoriano y Cerrildo pasar zumbando.

«Ahí estaban estos dos tipos bajitos que llevaban sandalias y, en realidad, nunca habían entrenado para la carrera. Y pasaron por delante de algunos de los mejores ultramaratonistas del mundo.»

11

«¡Te lo dije!», gritó de alegría Rick Fisher.

Y estaba en lo cierto acerca de otra cosa también: de pronto, todo el mundo quería su porción de la Gente Que Corre. Fisher prometió que el equipo tarahumara volvería al año siguiente, y ese fue el golpe de varita mágica que transformó a Leadville de durísima maratón poco conocida a un gran evento mediático. ESPN adquirió los derechos de retransmisión; el programa *Wide World of Sports* emitió un especial dedicado a descubrir quiénes eran estos superatletas; la cerveza Molson se unió a los patrocinadores de la carrera. La marca de calzado Rockport Shoes se convirtió en el patrocinador oficial del único equipo de corredores del mundo que odiaba las zapatillas para correr.

Periodistas del *New York Times, Sports Illustrated, Le Monde, Runner's World,* cualquier medio que les venga a la cabeza, siguieron llamando a Ken para hacer la misma pregunta: «¿Hay alguien que pueda vencer a estos tipos?».

—Sí —respondió Ken—, Annie puede.

Ann Trason. Treinta y tres años. Profesora de ciencias en una universidad comunitaria de California. Si uno dice que puede distinguirla en medio de una multitud, o es su esposo o está mintiendo.

Ann era un poco baja, un poco delgada, un poco invisible detrás de sus mechones castaño claro, un poco lo que uno espera, básicamente, de una profesora de ciencias de una universidad comunitaria. Hasta que alguien daba un pistoletazo.

Ver a Ann salir disparada desde la línea de salida era como ver a un reportero remilgado quitarse las gafas para enfundarse su capa roja. Su mandíbula se elevaba, sus manos se convertían en puños apretados, su cabello volaba alrededor de su rostro como impulsado por una ráfaga de viento, sus mechones volaban hacia atrás revelando unos ojos de puma castaños. En ropa de calle, Ann apenas pasa el metro cincuenta; en ropa de deporte, su cuerpo alcanza las proporciones de una modelo brasileña: piernas largas, la postura de una bailarina de ballet y el abdomen bronceado tan duro como para romper un bate de béisbol.

Ann había hecho atletismo en la secundaria, pero se aburrió a muerte de «dar vueltas como un hámster» una y otra vez a ese óvalo artificial, como ella dice, así que lo abandonó en la universidad para convertirse en bioquímica (lo que deja bastante claro cuánto se aburría en la pista de atletismo, como si la tabla periódica fuera fascinante). Durante años, corrió como una forma de evitar volverse loca: cuando se freía el cerebro estudiando, o cuando tras graduarse obtuvo un trabajo muy absorbente de investigadora en San Francisco, Ann hacía frente al estrés con una carrera rápida por el Golden Gate Park.

«Me gusta correr para sentir el viento en mi pelo», diría Ann. No podían importarle menos las carreras; lo que la enganchaba era la alegría de escapar de la prisión. No tardó demasiado en empezar a desactivar el estrés laboral de antemano, corriendo nueve millas hasta el laboratorio cada mañana. Y una vez que descubrió que sus piernas estaban frescas nuevamente a la hora de fichar, empezó a correr de vuelta a casa también. Oh, y qué diablos; ya que estaba puliéndose dieciocho millas diarias durante la semana, no era gran

97

cosa empezar un sábado perezoso con unas veinte millas más... o veinticinco... o treinta...

Un sábado, Ann se despertó y corrió veinte millas. Se relajó desayunando, luego salió y corrió veinte más. Tenía algunos trabajos de fontanería que hacer en casa, así que tras la segunda carrera, fue en busca de su caja de herramientas y se puso manos a la obra. Hacia el final del día estaba bastante satisfecha: había corrido cuarenta millas y se había hecho cargo de un trabajo sucio ella misma. Así que, como recompensa, se regaló otras quince millas.

Cincuenta y cinco millas en un solo día. Sus amigos debieron de preocuparse y preguntarse: ¿Tenía Ann un desorden alimentario? ¿Estaba obsesionada con el ejercicio? ¿Estaba exorcizando algún demonio freudiano del subconsciente huyendo de él, literalmente a la carrera? «Mis amigos dicen que no soy adicta al crack sino a las endorfinas», diría Trason, y su réplica tampoco ayudaría a tranquilizarlos: a Ann le gustaba decirles que correr tantas millas en las montañas era «romántico».

Ahora lo entiendo. Una carrera de montaña agotadora, mugrienta, llena de barro y sangre, además de solitaria, igualaba a unas copas de champagne bajo la luz de la luna.

Pero sí, Ann insistía, correr era romántico; y no, por supuesto que sus amigos no la entendían, porque ellos no lo habían experimentado así. Para ellos, correr era hacer un par de millas miserables sin más motivación que bajar la talla: subirse a la báscula, deprimirse, ponerse los auriculares y terminar con ello de una vez. Pero uno no puede lidiar con cinco horas de carrera de esa forma; hay que perderse en ello, como cuando te sumerges en una bañera caliente hasta que no soportas más el golpe de calor y empiezas a disfrutarlo.

Si te relajas lo suficiente, tu cuerpo consigue acostumbrarse tanto a ese movimiento parecido al de una cuna que se mece, que casi olvidas que te estás moviendo. Y una vez que empiezas a flotar de esa manera delicada, medio levitando, es cuando aparecen la luna y el champagne: «Tienes que estar en sintonía con tu cuerpo, y saber cuándo puedes apretar y cuándo debes parar», explicaría Ann. Debes escuchar atentamente el sonido de tu propia respiración; ser consciente de cuánto sudor te adorna la espalda; no olvidar premiarte con agua fría y un tentempié salado y preguntarte, con cierta frecuencia y honestamente, cómo te sientes de verdad. ¿Qué podría ser más sensual que prestarle una atención exquisita a tu propio cuerpo? Lo sensual cuenta como romántico, ¿cierto?

Mientras se distraía, Ann iba acumulando más millas que muchos maratonistas serios, así que allá por 1985, decidió que era hora de enfrentarse con algunos corredores de verdad. ¿Quizá la maratón de Los Ángeles? Qué aburrimiento. Correr en círculo durante tres horas por las calles de una ciudad sería como volver a dar vueltas como un hámster en la pista del colegio. Ann quería una competición lo suficientemente salvaje y divertida como para dejarse llevar, tal y como hacía en sus excursiones a la montaña.

«Esto sí parece interesante», pensó al ver un anuncio en una revista deportiva local. Al igual que la Western States, la carrera de resistencia 50 Millas American River era una carrera de caballos sin caballos, una excursión a través del campo sobre un recorrido inicialmente pensado para jinetes intrépidos. Es caliente, empinada y peligrosa. («El roble venenoso del Pacífico crece a lo largo del sendero —se advierte a los corredores—. Podría encontrarse también con caballos y serpientes de cascabel. Es recomendable que le ceda el paso a ambos.») Una vez esquivados las pezuñas y los colmillos, todavía queda un último puñetazo en la cara que aguardaba antes de la meta: tras correr cuarenta y siete millas por la montaña, en las últimas tres hay que enfrentarse a una carrera en ascenso de trescientos metros de altura.

99

Así que, para recapitular: la primera competición de Ann sería una doble maratón con mordidas de serpiente y erupciones cutáneas bajo un sol abrasador. No, no parecía haber aburrimiento a la vista.

Y, como cabía esperar, el debut de Ann en una ultramaratón arrancó de manera lamentable. El termómetro estaba alcanzando niveles propios de una sauna, y ella era demasiado novata como para ocurrírsele llevar una botella de agua en un día de cuarenta y dos grados. No sabía nada acerca de dosificarse (¿Esto le tomaría siete horas? ¿Diez? ¿Trece?) y mucho menos acerca de tácticas de carrera (esos tipos que subían la cuesta andando y luego la dejaban atrás en los descensos empezaban a cabrearla. ¡Corre como un hombre, por Dios!).

Pero, una vez que se le pasaron los nervios, logró relajarse y coger ese ritmo de cuna que se mece. Levantó la cabeza, los mechones de pelo volaron hacia atrás y empezó a sentir una confianza de gato montés. Alrededor de la milla número treinta, docenas de corredores estaban palpitando debido al calor, sintiéndose como si estuvieran atrapados dentro de un *muffin* recién horneado. Pero, pese a encontrarse muy deshidratada, Ann parecía ganar fuerza; tanta, que dejó atrás al resto de las mujeres de la competición y rompió el récord femenino al concluir dos maratones de montaña seguidas en siete horas y nueve minutos.

Esa victoria sorprendente fue el inicio de una racha incandescente. Ann se convirtió en la campeona femenina de la Western States 100 —la Copa Mundial de las carreras de montaña— catorce veces, un récord que abarca tres décadas y hace parecer a Lance Armstrong, con sus míseros siete Tours de Francia, como una flor de un día. Y una flor mimada, además: Lance nunca dio una pedaleada sin un equipo detrás, controlando su consumo de calorías y transmitiendo instrucciones a su audífono cada microsegundo, mientras que Ann solo tenía a su marido Carl esperando en el bosque con un reloj Timex y un sándwich de pavo.

Y a diferencia de Lance, quien entrena y se asegura de llegar en plena forma a un único evento cada año, Ann estaba loca por correr. A lo largo de un año, Ann promediaba una ultramaratón cada dos meses, y había mantenido ese ritmo durante cuatro años. Pegándose esas palizas con tal frecuencia, debería haber estado destrozada, pero Ann tenía el poder de recuperación de un superhéroe mutante; parecía recargar baterías en la carrera, haciéndose más fuerte cuando debería estar languideciendo. Se hacía más rápida cada mes y se quedó a una inyección para la gripe de conseguir un récord perfecto: Ann ganó veinte carreras a lo largo de esos cuatro años, y solo bajó al segundo puesto cuando, debiendo quedarse en el sofá con un paquete de Kleenex y una taza de sopa, corrió una ultramaratón de sesenta millas.

Por supuesto, había un punto débil en su armadura. Debía haberlo. Pero... nadie podía encontrarlo. Ann era como el hombre forzudo del circo que pelea con los hombres más fuertes de cualquier ciudad: ganó en carreteras y senderos de montaña, en pistas lisas y montañas escarpadas... en América, Europa y África. Rompió récords en carreras de 50 millas, 100 kilómetros y 100 millas, y fijó diez récords mundiales más tanto en pista como en tierra. Se clasificó para las eliminatorias de los Juegos Olímpicos en maratón, corrió a una velocidad de 6:44 por milla durante sesenta y dos millas para ganar el título World Ultra y, luego, ganó la Western States y Leadville en el mismo mes.

Pero un título continuaba escapándose de sus manos: durante años, Ann no pudo ganar por completo ninguna de las grandes ultramaratones. Había vencido a todos los hombres y mujeres de la especialidad en carreras pequeñas, pero cuando tocaba el turno de las competiciones top, al menos un hombre se le adelantaba por unos pocos minutos.

Pero no más. Para 1994, Ann sabía que había llegado su turno.

12

La cosa empezó a ponerse rara tan pronto como la polvorienta Chevy de Rick Fisher se detuvo delante de la oficina principal de Leadville y dos hombres con unas capas de mago blancas bajaron del coche.

—¡Oye! —exclamó Ken Chlouber mientras salía para saludarlos—. ¡Los demonios de la velocidad están aquí!

Ken extendió la mano e intentó recordar la transcripción fonética de «bienvenido» que el profesor de español de la secundaria le había enseñado:

—Hmm, bi… en… ben —empezó.

Uno de los tipos con capa sonrió y extendió la mano. Rápidamente, Rick se colocó entre ambos.

—¡No! —dijo Fisher—. No debes tocarlos de una manera que parezca que los estás controlando o lo pagarás caro. En su cultura, eso se considera un asalto criminal.

«¡Qué demonios…!» (Ken pudo sentir cómo la sangre se le agolpaba en la cabeza). «¿Quieres ver un asalto criminal, amigo? Intenta sujetarme el brazo nuevamente.» Seguramente Fisher no había sido tan quisquilloso con un apretón de manos cuando le rogaba a Ken que les encontrara un lugar gratis donde quedarse. ¿Qué ocurre? ¿Ahora que tiene un caballo ganador y el bolsillo lleno del dinero de Rockport todo el mundo debe tratarlo como a un rey?

Ken estaba listo para clavarle la punta de acero de sus botas en el trasero, pero entonces pensó en algo que lo hizo espirar, relajarse y atribuir su actitud a los nervios. «Annie debe de estar poniéndolo realmente tenso —pensó Ken—. Especialmente con la manera en que los medios están montando esto.»

Las historias de los periodistas habían cambiado radicalmente desde que Ann confirmó que estaría en Leadville. En lugar de preguntar si los tarahumaras ganarían, se preguntaban ahora si el equipo de Rick Fisher sería humillado. De nuevo. «Los tarahumaras consideran vergonzoso perder contra una mujer», repetían uno y otro artículo. Era una historia irresistible: la tímida profesora de ciencias dirigiéndose valientemente a las Rocosas para enfrentarse a los machos miembros de una tribu mexicana y a todos los demás, hombres o mujeres, que se interpusieran entre ella y la línea de meta en uno de los mayores eventos deportivos.

Por supuesto, había una forma de que Fisher aliviara la presión sobre el equipo tarahumara: podía mantener la boca cerrada. Nadie había mencionado el machismo tarahumara hasta que Fisher empezó a hablar de él a los reporteros. «Ellos no pierden contra mujeres —dijo—, y no tienen pensado empezar ahora.» Era una revelación fascinante. Especialmente para los tarahumaras, que no hubieran tenido idea de qué estaba hablando.

Los tarahumaras, en realidad, son una sociedad extraordinariamente igualitaria; los hombres son atentos y respetuosos con las mujeres, y se los puede ver llevando a sus hijos a cuestas en la parte baja de la espalda, igual que sus mujeres. Hombres y mujeres corren separadamente, es cierto, pero sobre todo por razones logísticas: las madres con un tropel de críos traviesos que cuidar no son libres de pasarse dos días pateándose las barrancas. Deben quedarse cerca de casa, así que sus carreras suelen ser cortas (para los estándares tarahumara «cortas» significa cuarenta o sesenta millas). De todos modos, las mujeres son respetadas como excelentes corredoras y normalmente hacen las veces de *cho'kéame,* combinación de capitán de equipo y jefe de apuestas, cuando los hombres corren. En comparación con los americanos que adoran la NFL, los hombres tarahumara son como fans del festival Lilith Fair.[8]

Fisher ya había sido humillado una vez cuando su equipo entero abandonó la competición. Ahora, gracias a su propio error, se encontró bajo los reflectores de una Batalla de los Sexos televisada a nivel nacional que, muy probablemente, perdería. El mejor tiempo de Ann en Leadville un par de años atrás había sido solo treinta minutos por detrás de los 20:03 de Victoriano y desde entonces había mejorado enormemente. Bastaba echar un vistazo a lo que había ocurrido en Western States: en solo un año, había rebajado su tiempo en noventa minutos. Quién sabía de lo que era capaz cuando llegara rugiendo a Leadville con un récord que batir.

Además, Ann las tenía todas consigo: Victoriano y Cerrildo no volvían este año (tenían maíz que plantar y ningún tiempo que perder con otra carrera por diversión), así que Fisher había perdido a sus dos mejores corredores. Ann había ganado Leadville dos veces ya, así que, sin importar a qué novatos había reclutado Fisher, ella tenía la enorme ventaja de conocer todos los giros peliagudos del camino. Si te pasas una señal en Leadville, puedes encontrarte deambulando en la oscuridad durante millas antes de retomar la ruta.

Ann también se aclimataba sin esfuerzo a la altura, y sabía mejor que nadie en todo el planeta cómo analizar y atacar los problemas logísticos de una ultramaratón de cien millas. En esencia, una ultra es una ecuación binaria compuesta de centenares de preguntas que hay que responder con sí o no: ¿Comer ahora o esperar? ¿Acelerar en esta cuesta o bajar la velocidad y ahorrar energías para

---

8. Festival de música femenina impulsado por Sarah McLachlan entre los años 1997 y 1999. *(N. del T.)*

las rectas? ¿Ver qué está molestando en la media o seguir adelante? Las distancias extremas magnifican cada problema (una ampolla se convierte en una media encharcada de sangre, no comer una PowerBar a tiempo se transforma en un mareo que te impide seguir las señales del camino), así que solo hace falta tomar la decisión inadecuada para arruinar toda la carrera. Pero no para Ann, la primera de la clase; cuando se trata de ultras, siempre aprueba con facilidad.

En resumen: un aplauso para los tarahumaras por ser unos corredores increíbles, pero en esta ocasión se estaban enfrentando a la profesional número uno del negocio (literalmente; Ann ya era una pistolera a sueldo contratada por Nike). Los tarahumaras tuvieron su minuto de gloria como campeones de Leadville; ahora regresaban sin tantas ventajas a su favor.

Lo que explicaba a los tipos con capas de mago.

Desesperado por reemplazar a sus dos veteranos, Fisher subió con Patrocinio nueve mil pies hasta la cima de una montaña donde se encontraba la aldea Choguita. Ahí encontró a Martimano Cervantes, de cuarenta y cuatro años y maestro del juego de pelota, y su protegido, de veinticinco años, Juan Herrera. Choguita es amargamente fría por las noches mientras que por el día el sol abrasa, así que cuando corren, los tarahumaras de Choguita se protegen con unos ponchos finos de lana que les cuelgan casi hasta los pies. Mientras vuelan por el camino, las capas flotan a su alrededor y parecen magos apareciendo de una nube de humo.

Juan y Martimano tenían dudas. Nunca habían salido de la aldea antes, y esto parecía mucho tiempo entre los Demonios Barbudos. Fisher se abrió paso entre sus objeciones; tenía dinero y estaba listo para hablar claro. Había sido un invierno seco y una primavera aún peor en las tierras altas de Choguita, y él sabía que las reservas de comida eran peligrosamente cortas. «Vengan a correr conmigo —les prometió Fisher—, y le daré a su aldea una tonelada de maíz y media tonelada de frijoles.» Hmm. Cincuenta sacos de maíz no era demasiado para una villa entera… pero al menos era una garantía. Quizá si los acompañara alguien, estarían bien.

Tenemos otros corredores bastante rápidos aquí, le dijeron a Fisher. ¿Podrían venir algunos de ellos?

No, respondió Fisher. Solo ustedes dos.

Secretamente, el Pescador estaba montando un pequeño plan de ingeniería social: al seleccionar corredores de tantas aldeas distintas como fuera posible, esperaba hacerlos competir entre ellos. «Dejando que se piquen entre ellos —pensó—, ganarán Leadville sin problemas.» Era un plan astuto, y completamente equivocado. Si Fisher hubiera sabido más acerca de la cultura tarahumara, podría haber entendido que correr no divide a las aldeas, sino que las une. Es una forma que tienen los hombres de tribus distantes de estrechar los lazos de parentesco y amistad, así como de asegurarse que todos en la barranca se encuentran en suficiente buena forma como para echarse una mano en caso de emergencia. Por supuesto que hay competencia, pero como la hay en un partido familiar de fútbol americano al toque la mañana de Acción de Gracias. Los tarahumaras veían las carreras como un festival de la amistad; Fisher veía un campo de batalla. Hombres contra mujeres, aldea contra aldea, el director de la carrera contra el director del equipo. A los pocos minutos de llegar a Leadville, Fisher lidiaba con tres frentes de combate. Y entonces llegó realmente la hora de los negocios.

—¿Nos hacemos una foto juntos? —preguntó un corredor de Leadville cuando vio a los tarahumaras en la ciudad antes de la carrera.

—Claro —respondió Fisher—. ¿Tienes veinte dólares?

—¿Por qué? —preguntó el corredor.

Por crímenes contra la humanidad. Por el hecho de que los «hombres blancos» se han aprovechado de los tarahumaras y otros indígenas durante siglos, explicó Fisher. Y si no te gusta, peor para ti.

—No podrían importarme menos los ultramaratonistas —diría Fisher—. No me importa la gente blanca. Quiero que los tarahumaras pateen algunos traseros blancos.

¿Traseros blancos? Debía de haber pasado un buen rato sin que Fisher se diera la vuelta para mirarse su propio trasero. Y, de todas formas, ¿para qué había venido aquí: una carrera o una guerra racial?

Nadie podía hablar con los tarahumaras, o siquiera palmearles la espalda y decirles «buena suerte», sin que el Pescador se interpusiera. Incluso Ann Trason debió de enfrentarse ante un muro de hostilidad. «Rick mantuvo a los tarahumaras innecesariamente aislados —se quejaría más tarde Ann—. No nos dejaba ni siquiera hablar con ellos.»

Los ejecutivos de Rockport estaban desconcertados. Acababan de lanzar unas zapatillas para carreras de montaña y toda la campaña de marketing giraba alrededor de Leadville. La zapatilla incluso se llamaba Leadville Racer. Cuando Rick Fisher los llamó para solicitar patrocinio («Piensa en ello, él vino a buscarnos», me dijo después el vicepresidente de Rockport, Tony Post), Rockport había dejado claro que los tarahumaras debían ser una parte esencial de la promoción. Rockport pondría el dinero y, a cambio, los tarahumaras llevarían las zapatillas color plátano, se ganarían a la gente y aparecerían en anuncios. ¿Les gustaba la idea?

Por supuesto, prometió Fisher.

«Después fui a Leadville y conocí a este tipo raro —continuó Tony Post—. Parecía un buscapleitos inconsolable. Ahí estaba la contradicción. Está esta gente tan amable, manejada por lo peor de la cultura americana. Era como…» Post hizo una pausa para pensar, y en el silencio uno casi podía oír cómo aparecía y se formaba la idea en su cabeza. «Como si él estuviera celoso de que fueran ellos los que recibían toda la atención.»

Y así, con todos esos frentes abiertos alrededor, los tarahumaras apagaron sus cigarrillos y se colocaron torpemente junto a los otros corredores enfrente de los juzgados de Leadville, el mismo lugar donde solían colgar a los ladrones de caballos. Entre abrazos y apretones de mano, esa camaradería de quienes saben que van a enfrentarse a la muerte que compartían los otros corredores poco antes de empezar, los tarahumaras se veían aislados y solos. La sonrisa cordial de Manuel Luna desapareció y su rostro se endureció como el roble. Juan Herrera se ajustó su gorra de Rockport y acomodó sus pies en sus nuevas Rockport amarillo chillón con suela gruesa de ciento diez dólares. Martimano Cervantes se acurrucó dentro de su capa en la fría noche de las Montañas Rocosas. Ann Trason se colocó delante de todos ellos, estiró los músculos y miró fijamente hacia la oscuridad que tenía enfrente.

13

A quien ame al mundo como a su propio cuerpo, se le puede confiar el mundo.

LAO TZU, *Tao Te Ching*

El doctor Joe Vigil, un ejército de una sola persona de sesenta y cinco años de edad, calentó sus manos alrededor de la taza de café mientras esperaba que los primeros haces de luz de linterna llegaran cortando los árboles hasta donde estaba él. No había ningún otro entrenador de élite del mundo cerca de Leadville, porque a ningún otro entrenador de élite le importaba un pepino lo que ocurría en ese manicomio gigante al aire libre en las Rocosas. Automutiladores, cabrones bastardos o como fuera que se llamaran a sí mismos. ¿Qué tenía eso que ver con las carreras de verdad? ¿Con el atletismo olímpico? Como deporte, la mayoría de los entrenadores de atletismo colocaban a las ultramaratones en algún lugar entre las competencias de glotones y el sadomasoquismo recreativo.

«Genial —pensaba Vigil, mientras golpeaba sus pies contra el suelo luchando contra el frío—. Váyanse a dormir y déjenme a los dementes a mí.» Porque él sabía que esos dementes sabían por dónde iban los tiros.

El secreto del éxito de Vigil se encontraba justo en su nombre: ningún otro entrenador vigilaba con más atención esos pequeños detalles cruciales que todo el resto pasaba por alto. Había sido así durante toda su vida competitiva, desde que era un enclenque niño latino intentando jugar a fútbol americano en una liga que no tenía demasiados latinos, y ni hablar de enclenques. Joe Vigil no podía ganar en fuerza a esos bloques de músculo que estaban al otro lado de la línea, así que les ganaba con la cabeza; estudió los trucos del efecto palanca, propulsión y coordinación, descubriendo formas de colocar sus pies de manera que, una vez en cuclillas, salía disparado como un yunque propulsado por un resorte. Para cuando se graduó en la universidad, el latino enclenque formaba parte del equipo ideal de su liga. Luego se pasó a la pista de carreras, y esa incansable nariz de sabueso se convirtió en el mayor cerebro que las carreras de larga distancia de Estados Unidos jamás habían visto.

Además de su doctorado y dos maestrías, la búsqueda de Vigil en pos del perdido arte de las carreras de larga distancia lo había llevado a las profundidades de la estepa rusa, a las alturas de los Andes peruanos y más allá de las tierras altas del Valle del Rift en Kenia. Quería saber por qué los velocistas rusos tenían prohibido dar un solo paso hasta que fueran capaces de bajar de un salto y descalzos unas escaleras de seis metros, y cómo unos cabreros de sesenta años en Machu Picchu eran capaces de escalar los Andes con una dieta mísera de yogurt y hierbas, y cómo los corredores japoneses entrenados por Suzuki-san y Koide-san podían misteriosamente convertir caminatas lentas en maratones rápidas. Buscó a los antiguos maestros y se metió en sus cabezas, absorbiendo sus secretos antes de que se los llevaran a la tumba. Su cerebro era algo así como la Biblioteca del Congreso de todo el conocimiento relacionado con las carreras, buena parte del cual había desaparecido de cualquier otra parte del planeta que no fuera su cabeza.

Su investigación dio resultados sensacionales. Vigil se hizo cargo del moribundo programa de cross country de su alma mater, el Adams State College de Alamosa, Colorado, y lo convirtió en una auténtica pesadilla para sus rivales. Los Harriers de Adams State ganaron veintiséis títulos nacionales en treinta y tres años, entre los que se incluye la más asombrosa demostración de poderío jamás vista en una carrera por un campeonato nacional: en 1992, los corredores de Vigil se hicieron con los cinco primeros puestos en el campeonato de la II División de la NCAA, consiguiendo el único pleno de la historia en un torneo nacional. Vigil también llevó a Pat Porter a la consecución de ocho títulos del USA Cross Country (el doble de los conseguidos por el ganador del oro olímpico Frank Shorter, cuatro veces más que el ganador de la plata Meb Keflezighi), y fue nombrado entrenador universitario del año en catorce ocasiones, todo un récord. En 1988, Vigil fue designado entrenador del equipo olímpico de larga distancia norteamericano que compitió en los juegos de Seúl.

Y eso explicaba por qué, en ese momento, el viejo Joe Vigil era el único entrenador de Estados Unidos que tiritaba de frío en un bosque congelado a las cuatro de la mañana, aguardando para ver a una profesora de ciencias de una universidad comunitaria y a siete hombres que llevaban vestido. Visto lo visto, nada en las ultramaratones tenía lógica, y puesto que a Vigil no le cuadraban las cuentas, estaba seguro de que algo importante se le estaba escapando.

Tomemos esta ecuación: ¿cómo es posible que casi todas las mujeres que corrían en Leadville llegaran al final y ni la mitad de los hombres terminaran la carrera? Cada año, más del 90 por ciento de las corredoras se iban a casa con una hebilla, mientras que el 50 por ciento de los hombres regresaban con una excusa. Ni siquiera Ken Chlouber podía explicar el altísimo porcentaje de mujeres que llegaba hasta el final, pero vaya si sabía explotarlo: «Todos mis corredores son mujeres —dice Chlouber—. Hacen su trabajo hasta el final.»

Y qué tal esta: quita a los tarahumaras de la carrera del año pasado y... ¿con qué te encuentras?

Respuesta: con una mujer alcanzando la meta.

Con todo el barullo alrededor de los tarahumaras, casi nadie además de Vigil prestó demasiada atención al llamativo hecho de que Christine Gibbons había perdido el tercer puesto por unos centímetros. Si la banda del ventilador de la camioneta de Rick Fisher se hubiera roto en Arizona, una mujer habría estado a treinta y un segundos de robar el espectáculo.

¿Cómo era posible? Ninguna mujer figura entre los cincuenta más rápidos del mundo cuando de tiempo por milla se trata (los 4:12 del récord mundial femenino fueron alcanzados hace un siglo por los hombres y es superado constantemente por muchachos de secundaria). Cuando se trata de maratones, alguna mujer puede colarse entre los veinte primeros (en 2003, el récord mundial de 2:15:25 conseguido por Paula Radcliffe estaba solo a diez minutos por encima de las 2:04:55 del récord mundial masculino conseguido por Paul Tergat). Pero en las ultramaratones, las mujeres se llevaban el gato al agua. ¿Por qué, se preguntaba Vigil, la brecha entre los campeones masculinos y femeninos se hacía más corta conforme más larga era la carrera? ¿No debería ser al revés?

La ultramaratón parecía ser un universo paralelo donde no se aplica ninguna de las reglas que rigen el planeta Tierra: las mujeres eran más fuertes que los hombres; los más viejos eran más fuertes que los jóvenes; tipos salidos de la Edad de Piedra con sandalias eran más fuertes que cualquiera. Y eso por no hablar del millaje. La tensión cortante sobre sus piernas era extraordinaria. Se supone que correr cien millas a la semana es un pasaje directo a una lesión por sobrecarga, y aun así estos ultradementes hacían cien millas diarias. Algunos de ellos estaban doblando esa cifra semana tras semana mientras entrenaban, pese a lo cual no se lesionaban. ¿Realizaba la ultramaratón un proceso de autoselección, atrayendo únicamente a los corredores con cuerpos indestructibles? ¿O habían descubierto los ultramaratonistas el secreto para aguantar millajes extremos?

Así que Joe Vigil se había despegado de las sábanas, había metido dos termos de café en el coche y había conducido toda la noche para ver a estos artistas del cuerpo realizar su espectáculo. Los mejores ultramaratonistas del mundo, sospechaba, estaban a punto de redescubrir los secretos que los tarahumaras jamás habían olvidado. La teoría de Vigil lo había llevado al borde de una decisión tan importante que podía cambiar su vida y, esperaba, la de millones de personas. Tan solo necesitaba ver a los tarahumaras en persona para verificar algo. No era su velocidad; Vigil probablemente sabía más acerca de sus piernas que ellos mismos. Lo que Vigil ansiaba ver en profundidad era sus cabezas.

De repente, Vigil contuvo la respiración. Algo acababa de salir flotando del bosque. Algo con el aspecto de unos fantasmas… o unos magos, surgiendo de una nube de humo.

Desde el pistoletazo de salida, el equipo tarahumara cogió a todo el mundo por sorpresa. En lugar de quedar rezagados como en los dos últimos años, avanzaron como una oleada, atacando la acera de la Calle Sexta para bordear al pelotón y ponerse al frente desde el inicio. Se estaban moviendo rápido. «Demasiado rápido, al parecer», pensó Don Kardong, maratonista olímpico en 1976 y escritor veterano de la revista *Runner's World,* que miraba desde la barrera lateral.

Pero Manuel Luna había pasado un año reflexionando acerca de la forma en que corrían los gringos, y había hecho un buen trabajo dando instrucciones a sus nuevos compañeros de equipo. El recorrido es bastante amplio bajo los postes de luz, les dijo, luego adelgazaba de repente cuando entrabas en el bosque, convirtiéndose en una oscura pista de un solo carril. Si no estás al frente, te topas con un muro sólido de corredores en pausa que buscan el camino con sus linternas, para luego continuar en una sola fila. Lo mejor es acelerar al comienzo y evitar el atasco, aconsejó Luna, y aligerar el paso después.

Pese a lo peligroso de ese ritmo, Johnny Sandoval, que venía de la vecina ciudad de Gypsum, Colorado, se mantuvo pegado a Martimano Cervantes y Juan Herrera. «Que todos pierdan la cabeza con Ann y los tarahumaras —pensó—, mientras yo me hago con un trofeo.» Tras terminar noveno en la edición anterior con un tiempo de 21:45, Sandoval había entrenado durante un año como nunca antes. Discretamente, había estado viniendo a Leadville a lo largo del verano, corriendo una y otra vez cada tramo del trayecto hasta que hubo memorizado todos los giros, peculiaridades y pasos de agua. Sandoval estimó que si lograba hacer el recorrido en diecinueve horas, ganaría. Y estaba preparado para hacerlo.

Ann Trason tenía previsto encontrarse al frente del pelotón, pero empezar corriendo a razón de ocho minutos por milla era una locura. Así que se contentó con no perder de vista la luz de las linternas de los tarahumaras conforme penetraban el bosque que rodea el lago Turquesa, segura de que les daría el alcance en breve. De aquí en adelante el sendero era oscuro y estaba sembrado de rocas y raíces, lo que, dada la peculiaridad de los puntos fuertes de Ann, jugaba a su favor: Ann adoraba las carreras nocturnas. Ya en la universidad, la medianoche era su momento favorito para coger una linterna y una amiga y trotar a través del campus en silencio, con todo el mundo reducido a unos flashes y destellos en un pequeño globo de luz. Si alguien era capaz de recuperar el tiempo perdido corriendo a ciegas sobre un terreno traicionero, esa sin duda era Ann.

114

Pero cerca del primer puesto de socorro, Sandoval y los tarahumaras habían sacado una ventaja de media milla al resto. Sandoval se registró, revisó su marca hasta el momento —algo así como 13.5 millas en 1:55— y salió disparado nuevamente. Los tarahumaras, por su cuenta, se desviaron a la zona de parking y fueron hasta la camioneta de Rick Fisher, donde se empezaron a quitar las Rockport amarillas como si estuvieran llenas de hormigas coloradas. Rick y Kitty, como estaba planeado, estaban esperándolos con sus huaraches. Hasta aquí llegaba el compromiso publicitario.

Los tarahumaras se arrodillaron para atarse la lengüeta de cuero alrededor de los tobillos y hasta arriba de las pantorrillas, ajustándola con tanto cuidado como quien afina las cuerdas de una guitarra. Es todo un arte calzarse un trozo de caucho a la planta del pie con una sola tira de cuero de manera que no se suelte ni se corra a lo largo de ochenta y siete millas de camino rocoso. Hecho lo cual ya estaban de vuelta en la carrera, pisando los talones de Johnny Sandoval. Para cuando Ann Trason llegó al puesto de socorro, Martimano Cervantes y Juan Herrera se encontraban fuera de su alcance visual.

«Un ritmo enfermizo», pensó Sandoval cuando echó un vistazo por encima del hombro. ¿Alguien le había dicho a estos tipos que había estado lloviendo durante las dos últimas semanas por aquí? Sandoval sabía que estaban dirigiéndose directos a un fangal alrededor de las marismas de Twin Lakes y terreno cubierto de lodo justo detrás de Hope Pass. El río Arkansas iba a ser un clamoroso desastre; iban a tener que arrastrarse paso a paso agarrados a la cuerda de seguridad para cruzarlo, para luego realizar un sufrido ascenso de seiscientos metros hasta la cima de Hope Pass. Luego tendrían que dar la vuelta y realizar el mismo camino de regreso.

«OK, esto es un suicidio», decidió Sandoval cuando llegó a la milla 23,5 en tres horas y veinte minutos. «Voy a reservar energías y batir a estos tipos cuando se queden sin gasolina.» Dejó pasar a Martimano Cervantes y Juan Herrera, e inmediatamente después Ann Trason lo dejó atrás. ¿De dónde demonios había salido? Ann debía de habérselo pensado mejor: esa velocidad conducía al desastre.

Llegados a la marca de las treinta millas en el campamento Half Moon, Martimano y Juan estaban listos para desayunar. Kitty Williams les puso unos delgados burritos de frijoles en las manos. Siguieron corriendo, masticando satisfechos, y en breve fueron engullidos por el espeso bosque que rodeaba el monte Elbert. Ann apareció unos minutos después, molesta y gritando: «¿Dónde está Carl? ¿Dónde demonios está?». Eran las 8:20 de la mañana y estaba lista para soltar lastre quitándose la linterna de cabeza y la chaqueta. Pero estaba corriendo a un ritmo tal que su marido aún no había llegado al puesto de socorro.

Al diablo con él; Ann siguió con su equipo nocturno y desapareció persiguiendo a los invisibles tarahumaras.

En la milla cuarenta, la multitud se amontonaba alrededor de la vieja estación de bomberos de madera de la pequeña aldea de Twin Lakes, comprobando sus relojes. Los primeros corredores no aparecerían sino hasta dentro de, oh, unos… «¡Ahí está ella!».

Ann acababa de aparecer por la colina. El año anterior, Victoriano tardó siete horas y doce minutos en llegar hasta aquí; Ann lo había hecho en menos de seis horas. «Ninguna mujer había liderado la carrera a estas alturas» —dijo un incrédulo Scott Tinley, el dos veces campeón mundial de la triatlón Iron Man, que estaba comentando la carrera para el programa *ABC's Wide World of Sports*—. Estamos siendo testigos de la más increíble demostración de puro coraje deportivo.»

Menos de un minuto después, Martimano y Juan surgieron del bosque siguiéndola a toda prisa montaña abajo. Tony Post, vicepresidente de Rocksport, estaba tan inmerso en el drama que en ese momento no le importó que sus muchachos no solo estuvieran perdiendo sino que además hubieran tirado a la basura las zapatillas que les estaba pagando por llevar. «Era la cosa más increíble —dijo Post, quien había sido un maratonista entre los mejores a nivel nacional, con tiempos de alrededor de 2:20—. Nos estábamos volviendo locos viendo a esta mujer tomando el control.»

Por suerte, el marido de Ann se encontraba en su sitio esta vez. Le puso un plátano en la mano y la guió hasta la pequeña estación de bomberos para su examen médico. Todos los corredores de Leadville deben controlarse el pulso y el peso en el paso de las cuarenta millas, porque la pérdida rápida de peso es una señal peligrosa de deshidratación. Solo con el beneplácito del doctor Perna pueden internarse en la trituradora de carne que tienen delante: sobre la marisma se levantan los ochocientos metros de ascenso hasta la cima del Hope Pass.

Ann masticaba el plátano mientras una enfermera llamada Cindy Corbin ajustaba la báscula. Un momento después, Martimano se colocó sobre la báscula al lado de Ann.

—¿Cómo estás? —le preguntó Kitty Williams a Martimano, colocándole una mano de apoyo sobre su espalda—. ¿Cómo te sientes después de seis horas seguidas corriendo montaña arriba a gran altitud y a una velocidad imposible?

—Pregúntale qué se siente al ser vencido por una mujer —alzó la voz Ann. Una risa nerviosa recorrió la habitación, pero Ann no estaba sonriendo; le lanzó una mirada feroz a Martimano, como la que una karateka cinturón negro dirige a una pila de ladrillos. Kitty le lanzó una mirada de consternación, pero Ann la ignoró y siguió clavando los ojos sobre Martimano. Este se volvió con gesto de interrogación hacia Kitty, pero esta prefirió no traducir. En todos sus años corriendo ultramaratones y asistiendo a su padre, era la primera vez que Kitty oía a un corredor provocando a otro.

Pese a lo que la mayoría de la gente en la habitación oyó, un ví-

117

deo del incidente sugeriría después que lo que Ann dijo en realidad fue: «Pregúntale qué se siente al competir con una mujer». Pero si bien podían discutirse las palabras exactas que pronunció, la actitud de Ann era inequívoca: Ann no ganaba porque corría con fuerza, ganaba porque competía con fuerza. Esto iba a ser un combate a muerte.

Mientras Martimano bajaba de la báscula, Ann pasó junto a él obligándolo a hacerse a un lado y aceleró hacia la puerta. Se ató la riñonera —recién cargada con powergel, guantes y un impermeable, por si se topaba con aguanieve o vientos helados— y empezó a trotar camino abajo hacia la montaña cubierta de nieve. Salió a tal velocidad que Martimano y Juan aún estaban comiendo unos gajos de naranja para cuando Ann ya estaba girando en la esquina y perdiéndose de vista.

¿Cuál era su problema? El lenguaje grosero, la salida apresurada… ni siquiera le había dado tiempo de ponerse una camiseta y unos calcetines secos, o de tomar algunas calorías más. ¿Y por qué se encontraba en la delantera, de todas formas? La milla cuarenta no era más que el primer asalto de una batalla muy larga. Una vez te colocas delante, te vuelves vulnerable; pierdes cualquier posibilidad de sorpresa y te conviertes en prisionero de tu propio ritmo. Incluso los niños de primaria que corren carreras de una milla saben que la táctica inteligente es acomodarse justo detrás del que va en primer lugar, sin acelerar más de lo necesario para luego pisar el acelerador y dejarlo atrás en la última vuelta.

Ejemplo clásico: Steve Prefontaine. Pre aceleró demasiado rápido dos veces en la misma carrera en las olimpiadas de 1972; las dos veces lo alcanzaron. Llegado el último tramo, Pre no había guardado combustible y cayó hasta el cuarto puesto, lo que hizo que se quedase sin medalla. Esa derrota histórica grabó a fuego la lección: nadie pierde el puesto de perseguidor si no se ve obligado a ello. A menos que seas tonto o imprudente, o a menos que seas Gari Kasparov.

En el Campeonato Mundial de Ajedrez de 1990, Kasparov hizo un movimiento terrible y perdió a su reina al comienzo de una partida decisiva. Los grandes maestros del ajedrez alrededor del mundo soltaron un quejido de dolor; el chico malo de los tableros moría atropellado en la carretera (un periodista del *New York Times* menos elegante dejó ver una sonrisa sarcástica). Pero no había sido un error; Kasparov había sacrificado deliberadamente su pieza más poderosa a cambio de una ventaja psicológica aún más poderosa. Cuando se encontraba acorralado y la situación necesitaba una acción desesperada, Kasparov era letal. Su oponente, Anatoly Karpov, un jugador que seguía el manual al pie de la letra, era demasiado conservador para presionarlo al comienzo de la partida, así que Kasparov se había tirado la presión encima él mismo, abriendo con un Gambito de Dama. Y ganó.

Eso era lo que Ann estaba haciendo. En lugar de perseguir a los tarahumaras, decidió apostar por la peligrosa e inspirada estrategia de dejar que los tarahumaras la persiguieran a ella. ¿Quién está más comprometido con la victoria al final: el depredador o la presa? El león puede perder y volver a cazar al día siguiente, pero el antílope solo puede equivocarse una vez. Para vencer a los tarahumaras, Ann sabía que necesitaba más que fuerza de voluntad: necesitaba sentir miedo. Una vez que se colocó delante, cada ramita quebrada la empujaría hasta la meta. «Colocarse al frente implica realizar un maniobra que requiere ferocidad y confianza —anotó una vez Roger Bannister—. Pero el miedo debe jugar una parte... no es posible relajarse y cualquier miramiento debe lanzarse por la ventana.»

Ann tenía ferocidad y confianza de sobra. Ahora estaba ahogando los miramientos y dejando que el miedo cumpliera su labor. La ultramaratón estaba por presenciar su primer Gambito de Dama.

14

¡Es una loca! Es... asombrosa.

El entrenador Vigil es un adicto a la información, pero mientras veía a Ann internarse en las Rocosas con su atrevida estrategia de todo o nada, no pudo sino admirar el que en la ultramaratón no existiera ciencia, guión, manual ni sentido común. Ese tipo de reinvención insensata era lo que hacía posible los grandes saltos cualitativos, como bien sabía Vigil (y Colón, los Beatles y Bill Gates estarían de acuerdo). Ann Trason y sus compadres eran como científicos locos jugando con tubos de ensayo en el laboratorio del sótano, ignorados por el resto de sus colegas, libres para desafiar todos los principios conocidos relativos al calzado deportivo, la alimentación, la biomecánica, la intensidad de entrenamiento... todo.

Y fueran cuales fueran los descubrimientos que realizaran, serían de fiar. Con los ultramaratonistas, Vigil tenía la refrescante tranquilidad de saber que estaba lidiando con especímenes de laboratorio puros. No estaba siendo engañado por falsos superrendimientos como la «milagrosa» resistencia de los ciclistas del Tour de Francia, o el poderío elefantiásico de los súbitamente cabezones bateadores de béisbol o la humeante rapidez de velocistas femeninas que ganan cinco medallas en una olimpiada antes de ir a la cárcel por mentir a los federales acerca del uso de esteroides. «Incluso la sonrisa más reluciente —diría un observador de Marion Jones, la mujer maravilla caída en desgracia— puede esconder una mentira.»

Así que, ¿en quién podías confiar? Muy sencillo; los dementes al bosque.

Los ultramaratonistas no tienen razones para hacer trampas, porque no tienen nada que ganar: ni fama, ni riqueza, ni medallas. Nadie sabía quiénes eran, y a nadie le importaba quién ganaba esas extrañas excursiones en el bosque. Ni siquiera había un premio en metálico; todo lo que uno consigue al ganar un ultra es la misma hebilla de cinturón que recibe el tipo que llega en el último lugar. Así que, como científico, Vigil podía fiarse de la información recabada en una ultramaratón, y como aficionado, podía disfrutar del espectáculo sin desdén ni escepticismo alguno. La sangre de Ann Trason no tiene EPO (eritropoyetina), ni hay sangre de contrabando en su frigorífico, no hay ampollas de anabólicos venidas de Europa del Este en su cuenta de FedEx.

Vigil sabía que si lograba comprender a Ann Trason, podría saber de lo que era capaz una corredora excepcional. Pero si lograba comprender a los tarahumaras, sabría de lo que todo el mundo era capaz.

Ann respiraba con bocanadas profundas, violentas. El ascenso final a Hope Pass era una agonía, pero ella seguía recordándose que desde que Carl la insultó, nadie había conseguido vencerla en una gran escalada. Unos dos años atrás, ella y Carl estaban corriendo un día lluvioso cuando Ann empezó a quejarse de la interminable y resbaladiza colina que tenían delante. Carl se cansó de escuchar sus lamentos, así que la atacó con el insulto más obsceno que se le ocurrió. «¡Llorica! —diría tiempo después Ann—. ¡Me llamó llorica! Justo ahí decidí que iba a trabajar para ser mejor montañera que él.» No solo fue mejor que Carl, sino mejor que todo el mundo; Ann se convirtió en algo así como una implacable cabra de montaña, hasta el punto de que las cuestas se convirtieron en su lugar favorito para apretar el acelerador y dejar a la competencia atrás.

Pero ahora, conforme se acercaba a la cima de Hope Pass, Ann podía echar un vistazo atrás y encontrarse con que Martimano y Juan recortaban distancias a paso seguro, y además parecían tan ligeros y frescos como las capas que bailaban a su alrededor.

«Dios —resolló Ann. Estaba tan encorvada que casi podía subir la cuesta a gatas—. No sé cómo lo hacen.»

Un poco más atrás, Manuel Luna y el resto del equipo tarahumara también empezaba a darle alcance. Se habían separado en las primeras millas debido al ritmo desenfrenado del principio, pero ahora —como un protoplasma alienígena que se reagrupa y hace más fuerte cada vez que lo haces volar en pedazos— se estaban reuniendo nuevamente en un pequeño pelotón detrás de Manuel Luna.

«¡Dios!», exclamó de nuevo Ann.

Finalmente alcanzó la cima. La vista era espectacular; si Ann se hubiera vuelto podría haber visto las cuarenta y cinco millas de naturaleza salvaje que había entre ella y Leadville. Pero no se detuvo ni para dar un sorbo de agua. Tenía un as en la manga y era el momento de jugarlo. Estaba algo mareada debido a la falta de aire y sus tendones aullaban de dolor, pero Ann apuró la cima y empezó a bajar dando saltitos.

Esta era una especialidad de la casa: Ann usaba el terreno para recargar energías sobre la marcha. Después de una primera caída empinada, el descenso se suavizaba rápidamente, convirtiendo el camino en una serie de largas bajadas en zigzag, de modo que Ann podía reclinarse, dejar las piernas sueltas y dejar que la gravedad hiciera su trabajo. Después de un rato, podía sentir cómo los nudos de las pantorrillas se relajaban y sus muslos recobraban fuerzas. Para cuando llegó al pie de la montaña, su cabeza estaba alta y el brillo había vuelto a posarse en sus ojos de puma.

Era el momento de disparar las turbinas. Ann se alejó del camino fangoso y puso pie en terreno firme, donde sus piernas empezaron a galopar, rápidas y sueltas desde la cadera, conforme aceleraba y se internaba en las tres últimas millas antes de la media vuelta.

Juan y Martimano, mientras tanto, se habían distraído un poco. Tan pronto como dejaron atrás la línea de árboles, se vieron sobresaltados por una manada de bestias peludas, entre las cuales había también algunos animales. «La sopa está servida, camaradas», gritó una voz ronca hacia unos tarahumaras incapaces de entenderle desde algún lugar de la manada. Los tarahumaras acababan de entrar en contacto con otra tribu salvaje: el equipo Hopeless.[9]

Doce años antes, Ken Chlouber había logrado reunir a un número suficiente de sus vecinos para montar doce puestos de socorro, pero se negó a enviar a nadie a la cima de Hope Pass; incluso el rudo minero que hablaba con regocijo del alto número de hospitalizaciones de su competición consideraba esto inhumano. Los voluntarios para atender ese puesto tendrían que transportar montaña arriba suficientes provisiones de alimentos, agua y vendajes para atender a un interminable desfile de maltrechos corredores, y luego tendrían que acampar dos noches seguidas en una cima nevada azotada por vendavales. No había nada que hacer; si Ken enviaba alguien allá arriba, tendría que enfrentarse a graves consecuencias cuando no pudieran bajar.

Por suerte, un grupo de criadores de llamas se encogieron de hombros y dijeron. «Bueno, qué demonios. Suena divertido.» Así que cargaron sus llamas con comida y alcohol suficiente para sobrevivir el fin de semana, y montaron sus tiendas a tres mil ochocientos metros de altura. Desde entonces, el equipo Hopeless había crecido hasta formar un ejército de unos ochenta rudos criadores

9. Juego de palabras que alude al nombre de la montaña, Hope Pass, y a la condición de desesperados de sus miembros. *(N. del T.)*

de llamas y amigos suyos. Durante dos días, soportaban vientos feroces y dedos al borde de la congelación para ofrecer primeros auxilios y sopa caliente, haciéndose cargo de los corredores lesionados a lomo de llama y festejando entre medio, como una tribu de yetis afables. «Incluso los días buenos en Hope Pass son cabrones como ellos solos —dice Ken—. Si no fuera por esas llamas, habríamos perdido un buen número de vidas.»

Juan y Martimano chocaron los cinco con timidez mientras atravesaban el callejón de bulliciosos miembros de Hopeless. Se detuvieron por algo de beber en medio de ese extraño campamento gitano (y también tomaron unas tazas de una sopa de fideos realmente sabrosa que alguien les puso en la mano), luego continuaron con paso marcial colina abajo por el lado oculto de la montaña. No se veía a Ann por ningún sitio.

Ann llegó a la marca de las cincuenta millas a las 12:05 de la noche, casi dos horas por debajo del tiempo conseguido por Victoriano el año anterior. Carl la hizo recargar fuerzas con una bebida energética y gel Cytomax de carbohidratos, luego se ató su propia riñonera a la cintura y se ajustó los pasadores. Según las reglas de Leadville, una «mula» puede acompañar a un corredor durante las últimas cincuenta millas, lo que significaba que Ann tendría ahora un equipo de asistencia hasta el final de la carrera.

Un buen asistente es una ayuda enorme durante una ultramaratón, y Ann tenía a uno de los mejores: Carl no era solo lo suficientemente rápido como para apretarla, sino que tenía la experiencia suficiente para asumir el mando si el cerebro de Ann empezaba a fallar. Tras veinte o más horas de correr sin descanso, la cabeza de un ultramaratonista puede aturdirse hasta el punto de ser incapaz de cambiar las pilas de la linterna, o comprender las señales del camino, o incluso, como en el desafortunado caso de un corredor de Badwater en 2005, de distinguir entre una defecación inminente y una que está teniendo lugar.

Y esos son los corredores que consiguen mantener la cabeza en su lugar. Las alucinaciones no son infrecuentes entre el resto; un ultramaratonista no dejaba de gritar y dar saltos cada vez que veía la luz de una linterna, convencido de que se trataba de un tren que venía hacia él. Un corredor disfrutó de la compañía de una preciosa jovencita vestida con un biquini plateado que patinó a su lado durante millas por el Valle de la Muerte hasta que, muy a su pesar, se disolvió en un espejismo. Seis de cada veinte corredores de Badwater afirmaron sufrir alucinaciones ese año, incluido uno que vio cadáveres en descomposición al lado del camino y «monstruosos ratones mutantes» arrastrándose por el asfalto. Una asistente se puso un poco nerviosa cuando vio a su corredor mirar fijamente al vacío y luego decirle a la nada: «Sé que no eres real».

Un asistente duro, en consecuencia, puede salvarte la carrera; uno astuto puede salvarte la vida. Por desgracia para Martimano, lo mejor que podía esperar era que ese memo greñudo que había conocido en la ciudad se presentara y pudiera correr de verdad.

La noche anterior, Rick Fisher había llevado a los tarahumaras a una cena de espaguetis que la asociación de Veteranos de Guerra de Leadville ofrecía para ver si podían reclutar a algunos corredores asistentes. No iba a ser fácil; asistir a un corredor es tan extenuante y desagradecido que por lo general solo familiares, idiotas o amigos del alma se dejan convencer. El trabajo significa pasar horas temblando de frío en el medio de la nada hasta que tu corredor aparece, para luego ponerse a correr una vez que cae el sol durante toda la noche a través de una montaña sacudida por el viento. Te caerá sangre en las canillas, vómito en las zapatillas y ni siquiera te darán una camiseta por completar dos maratones en una noche. Otros requisitos del empleo pueden incluir permanecer despierto mientras tu corredor echa una siesta en el barro; reventarle una ampolla de sangre entre las nalgas con las uñas; y renunciar a tu chaqueta, incluso si los dientes te castañetean, porque sus labios se están poniendo azules.

Durante la cena, Martimano clavó la vista sobre los ojos de un greñudo local que, por alguna extraña razón, inmediatamente rompió a reír. Martimano empezó a reírse también, Shaggy le parecía un tipo estupendo y divertidísimo.

—Somos tú y yo, hermano —dijo Shaggy—. ¿Me sigues? Tú y yo. Si te hace falta una mula, yo soy tu hombre.

—A ver, a ver, para el carro —se interpuso Fisher—. ¿Estás seguro de que eres lo suficientemente rápido como para seguir a estos tipos?

—No es que me estés haciendo precisamente un favor —se encogió de hombros Shaggy—. ¿Quién más está en la lista de espera?

—Ok —dijo Fisher—. Bien, entonces.

Y justo como había prometido, Shaggy estaba gritando y agitando los brazos en el puesto de socorro a la mañana siguiente cuando Juan y Martimano llegaron a la media vuelta de la milla cincuenta. Tomaron un largo y refrescante trago de agua, y se zamparon un puñado de pinole y unos delgados burritos, cortesía de Kitty Williams. Fisher también había conseguido enganchar a otro asistente, un ultramaratonista de élite venido de San Diego, que llevaba largo tiempo estudiando las tradiciones tarahumara. Los cuatro corredores intercambiaron saludos tarahumara —ese suave toque con la punta de los dedos— y se dirigieron hacia Hope Pass. Ya le habían perdido la pista a Ann.

—Ensillemos los caballos, muchacho —dijo Shaggy—. Vamos a dar caza a la bruja.

Juan y Martimano casi no entendían nada de lo que el tipo decía, pero esto lo entendieron bien: Shaggy estaba llamando a Ann «bruja». Lo observaron con atención para saber si lo decía en serio, concluyeron que no y empezaron a reír. Este tipo iba a ser una fiesta.

126

—Sí, es una bruja, pero no importa —continuó Shaggy—. Nosotros tenemos un *mojo*[10] más fuerte. ¿Saben lo que es eso? ¿Mojo? ¿No? No importa. Vamos a cazar a esa bruja como a un venado. Sí, como a un venado. ¿Me siguen? Vamos a cazar a la bruja como a un venado. Poco a poco.

Pero la bruja no aminoraba el paso. Para cuando alcanzó la cumbre de Hope Pass por segunda vez, Ann había aumentado su ventaja de cuatro a siete minutos. «¡Yo estaba llegando a la cima de Hope Pass y me pasó volando en la otra dirección, brrrrrooooo-oooooooom! —dijo después un corredor llamado Glen Vaassen a *Runner's World*—. Iba a velocidad de crucero.»

Prosiguió su marcha en zigzag hasta el pie de la montaña y volvió a internarse en el río Arkansas, luchando para que la corriente, que le llegaba a la cintura, no la arrastrara. Eran las 14:31, cuando ella y Carl llegaron por segunda vez a la estación de bomberos de Twin Lakes, en la milla sesenta. Ann se registró, consiguió la autorización médica y avanzó con dificultad por la cuesta de tierra que conducía al comienzo del sendero. Para cuando llegaron los tarahumaras y Shaggy, Ann iba doce minutos por delante.

Al mismo tiempo, Ken Chlouber llegaba a la estación de Twin Lakes, justo cuando Juan y Martimano salían de vuelta a su camino de regreso. Todo el mundo en la estación estaba entusiasmado con el ritmo de récord y la creciente distancia que tomaba Ann, pero cuando Ken vio a Juan y Martimano salir de la estación, otra cosa le llamó la atención: cuando tomaron la cuesta de tierra, iban riéndose. «Todos los demás suben esa cuesta andando —pensó Chlouber, mientras Juan y Martimano revoloteaban cuesta arriba como niños jugando en una pila de hojas secas—. Todos los demás. Y con casi toda seguridad no lo hacen riéndose.»

10. Poderes tan fuertes como para parecer mágicos. *(N. del T.)*

15

Sentía la carne de todo mi cuerpo blanda y re-
lajada, como un experimento de música am-
biental.

RICHARD BRAUTIGAN,
La pesca de la trucha en América

«¡Menudo regocijo! —se maravilló el entrenador Vigil, que tampoco había visto nunca nada igual—. Era bastante sorprendente.»
El regocijo y la determinación son habitualmente emociones anta-
gónicas, pese a lo cual los tarahumaras se hallaban hasta los límites
de ambas al mismo tiempo, como si correr hasta morir los hiciera
sentirse más vivos.

Vigil había estado tomando notas obsesivamente. *(Mira cómo
dirigen sus dedos hacia abajo, no hacia arriba, como las gimnastas que realizan un ejercicio de suelo. ¡Y sus espaldas! ¡Podrían llevar baldes de agua
sobre la cabeza sin derramar una gota! ¿Cuántos años llevo diciéndoles a
mis alumnos que se enderecen y corran así, instintivamente?)* Pero eran
las sonrisas lo que verdaderamente lo perturbaba. «¡Eso es! —pensó Vigil, extático—. ¡Lo encontré!»

Excepto que no estaba seguro qué había encontrado. La revelación que había estado esperando se encontraba justo delante de sus

ojos, pero no podía comprenderla del todo; tan solo podía atrapar el halo de luz alrededor de los bordes, como quien atisba la portada de un libro extraño en una biblioteca a la luz de las velas. Pero fuera lo que fuera, sabía que era exactamente lo que estaba buscando.

Durante los años anteriores, Vigil se había convencido de que el gran salto en lo que a resistencia humana se refiere vendría desde una dimensión a la que tenía miedo asomarse: el carácter. No el «carácter» sobre el que los otros entrenadores están siempre entonando hurras; Vigil no estaba hablando de «agallas» o «hambre de triunfo». En realidad, se refería exactamente a lo contrario. La noción de carácter de Vigil no pasaba por la fortaleza. Sino por la compasión. La amabilidad. El amor.

Así es: amor.

Vigil sabía que sonaba a tonterías de hippie chiflado, y no se equivoquen, hubiera sido mucho más feliz ciñéndose a razones buenas, sólidas y cuantificables como el VO_2 máx (consumo máximo de oxígeno) y los programas de entrenamiento periodizado. Pero tras pasar casi cincuenta años investigando la fisiología del rendimiento, Vigil había llegado a la incómoda conclusión de que todas las preguntas sencillas habían sido respondidas; ahora estaba aprendiendo más y más acerca de menos y menos. Podía decirte exactamente qué ventaja de salida tenían los adolescentes keniatas sobre los americanos (dieciocho mil millas de entrenamiento). Había descubierto por qué los velocistas rusos bajaban escaleras saltando (además de fortalecer los músculos, el trauma enseña a los nervios a actuar con mayor rapidez, lo que disminuye el riesgo de lesiones durante el entrenamiento). Había analizado los secretos de la dieta de los campesinos peruanos (las alturas extremas tienen un efecto curioso en el metabolismo), y podía hablar durante horas acerca del impacto de un único punto porcentual en la eficiencia del consumo de oxígeno.

Había comprendido el cuerpo, así que ahora se concentraba en

129

el cerebro. En concreto: ¿Cómo se consigue que alguien quiera en realidad hacer todo esto? ¿Cómo se activa el interruptor interno que nos convierte de nuevo en los Corredores Por Naturaleza que alguna vez fuimos? No solo históricamente hablando, sino en nuestras propias vidas. ¿Se acuerdan? ¿Cuando éramos niños y tenían que gritarnos para que bajáramos la velocidad? Jugando siempre a máxima velocidad, corriendo como locos mientras jugábamos a policías y ladrones, liberando a nuestros compañeros y atacando la base enemiga en el patio de los vecinos. La mitad de la diversión a la hora de hacer cualquier cosa pasaba por hacerla a velocidad récord, y fue probablemente entonces la última vez en nuestras vidas en que alguien nos echó la bronca por correr demasiado rápido.

Ese era el verdadero secreto de los tarahumaras: no habían olvidado nunca cuánto amaban correr. Recordaban que correr era la primera forma de arte de la humanidad, nuestro acto original de creación inspirada. Mucho antes de empezar a rayar paredes con dibujos o golpear rítmicamente troncos huecos de árboles, estábamos perfeccionando el arte de combinar nuestro aliento, nuestra mente y nuestros músculos en un fluido movimiento de autopropulsión sobre terreno salvaje. Y cuando nuestros ancestros finalmente realizaron sus primeras pinturas rupestres, ¿cuáles fueron las primeras imágenes? Un rayo cortante caía del cielo y atravesaba la imagen por debajo y, en el medio, el Hombre Corredor.

Reverenciábamos las carreras de larga distancia porque eran indispensables; fue así como logramos sobrevivir y prosperar y extendernos por todo el planeta. Corríamos para comer y para evitar ser comidos, corríamos para encontrar una pareja e impresionarla, y corríamos junto a ella para empezar una nueva vida. Teníamos que amar correr porque, de lo contrario, no hubiéramos vivido lo suficiente para amar nada más. Y como todo lo demás que amamos en esta vida —todo aquello que, sentimentalmente, llamamos nuestras «pasiones» y «deseos»—, es realmente una necesidad ancestral codificada. Todos nacimos para correr; todos nacimos porque podemos correr. Todos somos La Gente Que Corre, como siempre han sabido los tarahumaras.

Pero en lo que al enfoque americano respecta, uff. Podrido hasta la médula. Demasiado artificial y codicioso, según pensaba Vigil, demasiado preocupado por conseguir cosas y conseguirlas ya: medallas, contratos con Nike, un trasero bonito. No era arte; era un negocio, un toma y daca agresivo. No es de extrañar que tanta gente odie correr. Si uno piensa que no es más que un medio para alcanzar un objetivo —una inversión para ser más rápido, delgado, rico—, ¿entonces por qué seguir haciéndolo cuando se está recibiendo tan poco «toma» por su «daca»?

No siempre había sido así. Y cuando no fue así, éramos increíbles. Allá por los años setenta, los maratonistas americanos se parecían bastante a los tarahumaras; había una tribu de marginados, que corrían por amor y no contaban más que con su instinto y un equipo rudimentario. Corta la parte superior de una zapatilla de carrera de los setenta y obtendrás una sandalia: las viejas Adidas y las Onitsuka Tiger no eran más que una suela plana y pasadores, sin control de movimiento, sin soporte de arco, sin talonera. Los tipos de esos años no sabían lo suficiente como para preocuparse por la «pronación» y la «supinación»; la elaborada jerga de tienda de calzado para correr ni siquiera había sido inventada.

Sus entrenamientos eran tan primitivos como sus zapatillas. Corrían mucho más de la cuenta: «Corríamos dos veces al día, algunas veces tres —recordaría Frank Shorter—. Todo lo que hacíamos era correr. Correr, comer y dormir». Corrían con demasiada fuerza: «El modus operandi consistía en dejar a un grupo de tipos competitivos atacándose entre ellos un día sí y otro también, en una especie de carrera furiosa», en palabras de un observador. Y eran *demasiaaado* amigos entre ellos para ser supuestamente contrincantes: «Nos gustaba correr juntos —recuerda Bill Rodgers, jefe de la tribu del setenta y cuatro veces ganador de la maratón de Boston—. Nos divertíamos corriendo. No era una lata».

Eran tan ignorantes que ni siquiera habían descubierto que deberían estar quemados, sobreentrenados y lesionados. Por el contrario, se habían hecho rápidos, realmente rápidos. Frank Shorter ganó la medalla de oro en la maratón olímpica del 72 y se llevó la de plata en los juegos del 76; Bill Rodgers fue el maratonista número uno del mundo durante tres años, y Alberto Salazar ganó Boston, Nueva York y la ultramaratón de Comrades. A principios de los ochenta, el Greater Boston Track tenía media docena de tipos que podían correr una maratón en 2:12. Eso es seis tipos en un club *amateur,* en una sola ciudad. Veinte años después no podía encontrarse un solo maratonista que pudiera hacer eso en todo el país. Estados Unidos no consiguió ni un solo corredor que lograra la marca de 2:14 necesaria para clasificarse para las Olimpiadas de 2000; solo Rod DeHaven se coló en los Juegos con una marca de 2:15. Terminó en el puesto sesenta y nueve.

¿Qué ocurrió? ¿Cómo pasamos de liderar el pelotón a perdernos en la cola hasta desaparecer? Es difícil dar con una sola causa para cualquier acontecimiento en este mundo complejo, pero puestos a elegir, la respuesta puede resumirse de la siguiente manera:

$$\$$$

Claro, un montón de gente soltará excusas sobre los keniatas y sus fibras musculares mutantes, pero aquí no se trata de averiguar por qué los otros se hicieron más rápidos, sino por qué nosotros nos hicimos más lentos. Y la cuestión es que las carreras de larga distancia en Estados Unidos cayeron en una espiral mortal precisamente cuando el dinero pasó a formar parte de la ecuación. Las Olimpiadas dejaron la puerta abierta a los deportistas profesionales después de los juegos de 1984, lo que significó que las compañías de calzado deportivo pudieron sacar de los bosques a los salvajes que corrían largas distancias para encerrarlos y darles un sueldo.

Vigil pudo oler el comienzo del Apocalipsis, e hizo esfuerzos por advertir a sus corredores. «Hay dos diosas en tu corazón —les dijo—. La diosa de la Sabiduría y la diosa de la Riqueza. Todos creen que necesitan hacerse ricos primero, y que la sabiduría llegará después. Así que se preocupan por conseguir dinero. Pero es al revés. Lo que tienes que hacer es darle tu corazón a la diosa de la Sabiduría, darle todo tu amor y tu atención, y la diosa de la Riqueza se pondrá celosa y te seguirá.» En otras palabras, no corras como un medio para llegar a un fin, y recibirás más de lo que nunca imaginaste.

Vigil no estaba dándose golpes de pecho proclamando cuán pura era la pobreza, ni fantaseaba con una orden monástica de maratonistas pobres. ¡Qué demonios! Ni siquiera estaba seguro de entender realmente el problema, ni hablar de la solución. Todo lo que quería era encontrar un verdadero Nacido Para Correr —alguien que corriera por puro placer, como un artista poseído por la inspiración— y estudiar cómo entrenaba, vivía y pensaba. Fuera cual fuera esa forma de pensar, quizá Vigil podría transplantarla de vuelta a la cultura americana, como si se tratara de una planta de semillero *heirloom*,[11] para verla crecer en libertad.

Vigil tenía ya el prototipo perfecto. Estaba este soldado checo, un bobo desgarbado que corría de una forma tan horrenda que «parecía que acababa de recibir una puñalada en el corazón», en palabras de un periodista deportivo. Pero Emil Zatopek amaba tanto correr que incluso cuando todavía era un soldado raso en un

---

11. Las semillas *heirloom* son variedades antiguas que se han catalogado y conservado con el fin de que no se extingan. *(N. del T.)*

campamento de reclutas solía coger una linterna y salir a correr veinte millas a través del bosque en plena noche.

Con sus botas militares.

En invierno.

Después de un día entero de ejercicios de adiestramiento militar.

Cuando había demasiada nieve, Zatopek corría dentro de una tina llena de su propia ropa sucia, haciendo ejercicio a la vez que lavaba sus calzoncillos. Cuando el tiempo mejoraba lo suficiente como para poder salir a correr, se volvía loco: corría los cuatrocientos metros tan rápido como podía, una y otra vez, noventa veces, trotando doscientos metros para descansar entre carreras. Para cuando terminaba, había hecho treinta y tres millas a toda velocidad. Si le preguntabas por su ritmo de carrera, se encogía de hombros; nunca se había cronometrado. Para desarrollar explosividad, Zatopek y su esposa Dana solían jugar a tirarse una jabalina, corrían adelante y atrás a través de un campo de fútbol lanzándosela como si fuera un frisbee alargado y mortal. Uno de los ejercicios favoritos de Zatopek combinaba todos sus amores en uno: corría a través del bosque con sus botas militares puestas y cargando a su adorada esposa en la espalda.

Todo esto era una pérdida de tiempo, claro. Los atletas checos eran como el equipo de bobsleigh de Zimbabwe; no tenían tradición, ni entrenadores, ni talentos locales, ni oportunidad alguna de ganar. Pero ser excluido de las quinielas era liberador; dado que no tenía nada que perder, Zatopek era libre de intentar cualquier forma de ganar. Echemos un vistazo a su primera maratón: todo el mundo sabe que la mejor manera de conseguir llegar a las 26,2 millas es corriendo despacio distancias largas. Todos, exacto, excepto Emil Zatopek; él hacía sprints de cien metros, en cambio. «Ir lento ya sé —razonaba—. Pensaba que de lo que se trataba era de ir rápido.» Su espantoso estilo, como si estuviera muriendo en-

134

tre espasmos, era una mina inagotable de líneas con gancho para los escribas del atletismo («El más aterrador espectáculo de terror desde Frankenstein», «Corre como si su próximo paso fuera a ser el último», «Parece un hombre luchando con un pulpo sobre una cinta de transporte»), pero Zatopek se lo tomaba con humor. «No soy lo suficientemente talentoso como para correr y sonreír al mismo tiempo —decía—. Lo bueno es que esto no es patinaje artístico. Los puntos se ganan por velocidad, no por estilo.»

¡Y vaya por Dios si le gustaba hablar! Zatopek se enfrentaba a la competición como a un juego de citas rápidas. Incluso en plena carrera, parloteaba con los otros corredores, practicando sus chapurreos en francés, inglés o alemán, hasta el punto de que un británico gruñón se quejó de la «incesante cháchara» de Zatopek. En los encuentros en el extranjero, a veces metía tantos nuevos amigos en su habitación que terminaba por renunciar a su cama y dormía bajo un árbol en la calle. Una vez, justo antes de una carrera internacional, se hizo amigo de un corredor australiano que soñaba con romper el récord de los cinco mil metros de Australia. Zatopek estaba inscrito únicamente en la carrera de diez mil metros, pero se le ocurrió un plan: le dijo al australiano que abandonara su carrera y, en su lugar, corriera junto a él. Zatopek se pasó la primera mitad de los diez mil metros marcándole el ritmo a su nuevo amigo para que consiguiera su récord, luego aceleró para ocuparse de sus propios asuntos y ganó.

Era una escena típica de Zatopek. Las carreras para él eran como una especie de tour por bares. Adoraba tanto competir que, en lugar de dosificarse, se inscribía en tantas carreras como era capaz de encontrar. Durante un periodo frenético a finales de los años cuarenta, Zatopek corrió casi cada dos semanas a lo largo de tres años y nunca perdió, alcanzando una racha de 69-0. Incluso con una agenda como esa, seguía promediando 165 millas a la semana de entrenamiento. Zatopek era un autodidacta calvo de treinta años, a punto de ser echado de su apartamento en algún pueblo perdido y decrépito de Europa del Este cuando llegó a las Olimpiadas de Helsinki en 1952. Dado que el equipo checo era tan corto, Zatopek pudo elegir entre las distintas carreras de larga distancia, así que las eligió todas. Se presentó a los cinco mil metros y ganó estableciendo un nuevo récord olímpico. Se presentó a los diez mil metros y obtuvo su segunda medalla de oro con otro récord. Nunca había corrido una maratón antes, pero qué demonios; con los dos oros colgándole del cuello, no tenía nada que perder, así que ¿por qué no terminar el trabajo e intentarlo?

La inexperiencia de Zatopek se hizo evidente con rapidez. Era un día caluroso, así que el inglés Jim Peters, que en ese momento ostentaba el récord mundial, decidió usar el calor para hacer sufrir a Zatopek. Hacia la milla diez, Peters ya estaba diez minutos por debajo de su propia marca y había dejado atrás al resto del pelotón. Zatopek no estaba seguro de que alguien fuera realmente capaz de mantener un ritmo así de devastador.

—Perdone —dijo poniéndose al lado de Peters—. Esta es mi primera maratón. ¿Estamos yendo demasiado rápido?

—No —dijo Peters—. Demasiado lento más bien.

Si Zatopek era lo suficientemente tonto como para preguntar algo así, se merecía una respuesta similar.

Zatopek estaba sorprendido.

—¿Ha dicho demasiado lento? —preguntó de vuelta—. ¿Está seguro de que este ritmo es demasiado lento?

—Sí — respondió Peters. Luego él recibió una sorpresa.

—Ok. Gracias.

Zatopek le tomó la palabra y despegó. Cuando atravesó el túnel para entrar en el estadio, fue recibido con una ovación: no eran solo fans, sino atletas de todos los países que habían atiborrado la pista para animarlo. Zatopek cruzó la línea de meta y obtuvo su tercer récord olímpico, pero cuando sus compañeros del equipo checo se acercaron a felicitarlo, ya era tarde: los velocistas jamaicanos lo llevaban ya alzado en hombros por la pista. «Propongámonos vivir de tal manera que cuando nos toque morir hasta el enterrador lo lamente», solía decir Mark Twain. Zatopek dio con una forma de correr que hacía que cuando ganaba, incluso los otros equipos estuvieran encantados. No se le puede pagar a alguien para que corra con esa alegría contagiosa. Tampoco se lo puede intimidar para que lo haga, como desafortunadamente comprobaría Zatopek. Cuando el Ejército Rojo invadió Praga en 1968 para aplastar al movimiento pro democracia, a Zatopek le dieron a elegir: podía unirse a los soviéticos y hacer las veces de embajador deportivo, o podía pasarse el resto de su vida limpiando retretes en una mina de uranio. Zatopek eligió los retretes. Y de esa manera, uno de los atletas más queridos del mundo desapareció.

Por la misma época, su rival por el título de mejor corredor de distancia del mundo también estaba recibiendo una paliza. Ron Clarke, un corredor australiano tremendamente talentoso y poseedor de una belleza morena tipo Johnny Depp, era exactamente la clase de hombre que, sin lugar a dudas, Zatopek tenía que odiar. Mientras Zatopek había tenido que aprender por sí mismo a correr a través de la nieve en plena noche después de cumplir sus deberes como centinela de guardia, el niño bonito australiano había disfrutado de correr por las mañanas, bajo el sol de las playas de la península Mornington, así como de un entrenador experto. Clarke tenía de sobra todo aquello que Zatopek podía desear. Libertad. Dinero. Elegancia. Pelo.

Ron Clarke era una estrella, pero aun así era un perdedor a los ojos de sus compatriotas. Pese a haber batido diecinueve récords en todas las distancias desde la media milla hasta las seis, «el tipo que se ahoga»[12] nunca había conseguido ganar las carreras más im-

12. Juego de palabras en inglés: «the bloke who choked». *(N. del T.)*

137

portantes. En el verano de 1968, desperdició su última oportunidad: durante la final de los diez mil metros de los Juegos Olímpicos de Ciudad de México, Clarke fue noqueado por el mal de altura. Previendo la tormenta de insultos que lo esperaba en casa, Clarke retrasó su regreso y se detuvo en Praga para realizar una visita de cortesía al tipo que nunca perdía. Hacia el final de la visita, Clarke alcanzó a ver a Zatopek escondiendo algo en su maleta.

«Pensé que estaba llevando de contrabando algún mensaje suyo para alguien en el mundo exterior, así que no me atreví a abrir el paquete hasta que el avión se había alejado lo suficiente», contaría Clarke. Zatopek se había despedido con un fuerte abrazo. «Porque te lo mereces», le dijo, lo que Clarke encontró bonito y muy conmovedor; el viejo maestro tenía problemas mucho peores con que lidiar, pero pese a ello tenía el suficiente espíritu deportivo para ofrecer un abrazo victorioso al joven gamberro que había perdido la oportunidad de subirse al podio. Solo después Clarke descubriría que Zatopek no se refería al abrazo: en su maleta, encontró la medalla de oro que Zatopek había ganado en los diez mil metros en las Olimpiadas de 1952. Dársela al hombre que lo sucedería en los libros de récords era extremadamente noble por parte de Zatopek; dársela en ese preciso momento, cuando él mismo estaba perdiendo todo lo demás, fue un acto de una compasión casi inimaginable.

«Su entusiasmo, su amabilidad y su amor por la vida, alumbraban cada momento —diría un abrumado Ron Clarke después—. No ha habido, ni nunca habrá, un hombre más grande que Emil Zatopek.»

Así que esto era lo que el entrenador Vigil intentaba averiguar: ¿Zatopek era un gran hombre que daba la casualidad que corría, o era un gran hombre porque corría? Vigil no acababa de dar en el clavo, pero su instinto le decía que había algún tipo de conexión entre la capacidad de amar y la capacidad de amar correr. La ingeniería era ciertamente la misma: ambas suponían ceder el control de tus propios deseos, poner a un lado lo que deseas y apreciar lo que te dan, y ser paciente y comprensivo y poco exigente. ¿No habían estado ligados el sexo y la velocidad durante casi toda nuestra existencia, entrelazados como las cadenas de nuestro ADN? No estaríamos vivos si no existiera el amor, no hubiéramos sobrevivido si no pudiéramos correr; quizá no debería sorprendernos tanto que mejorar en uno de los campos pudiera hacernos mejores en el otro.

Vigil era un científico, no un místico. Odiaba internarse en estos asuntos de «Buda bajo el árbol de loto», pero no iba a ignorarlo tampoco. Se había ganado sus galones encontrando conexiones donde todos los demás veían coincidencias, y mientras más examinaba lo relacionado con la compasión, más fascinante lo encontraba. ¿Era posible que el panteón dedicado a los grandes corredores también incluyera a Abraham Lincoln («Podía vencer a todos los otros chicos en una carrera») y Nelson Mandela (un talento del cross country en su época universitaria que, incluso estando en prisión, continuó corriendo sin moverse del sitio seis millas al día en su celda)? Quizá Ron Clarke no estaba siendo poético al describir a Zatopek, quizá su ojo experto estaba siendo clínicamente preciso: «Su amor por la vida alumbraba cada movimiento». ¡Sí! ¡Amor por la vida! ¡Exactamente! Fue por eso por lo que el corazón de Vigil se aceleró cuando vio a Juan y Martimano corriendo cuesta arriba felices de la vida por esa ladera polvorienta. Había encontrado a sus Corredores Por Naturaleza. Había encontrado una tribu entera de ellos y, por lo que había visto hasta ahora, eran tan alegres y magníficos como había esperado.

Vigil, un hombre viejo solo en el bosque, sintió de pronto una ráfaga de inmortalidad. Estaba cerca de descubrir algo. Algo enorme. No se trataba solo de cómo correr; se trataba de cómo vivir, la esencia de lo que somos como especie y cómo deberíamos ser. Vigil había leído a Lumholtz, y en ese momento las palabras del gran explorador revelaron su secreto oculto: así que a esto se refería Lumholtz cuando llamaba a los tarahumaras «los fundadores y autores de la historia de la humanidad». Quizá todos nuestros problemas —toda la violencia, obesidad, enfermedades, depresión y avaricia que no somos capaces de superar— empezaron cuando dejamos de vivir como la Gente Que Corre. Niega tu propia naturaleza, y esta saldrá por algún lado, de una manera más fea. La misión de Vigil estaba clara. Tenía que trazar el camino de vuelta que nos llevara desde esto en lo que nos habíamos convertido hasta lo que los tarahumaras siempre habían sido, y descubrir en qué momento nos habíamos perdido. Todas las películas de acción retratan la destrucción de una civilización como una especie de gran explosión producida por una guerra nuclear, un cometa que se estrella o el levantamiento de unos ciborgs con conciencia propia, pero el verdadero cataclismo podría estar forjándose ya sigilosamente justo debajo de nuestras narices: debido a la obesidad galopante, uno de cada tres niños nacidos en Estados Unidos tiene el riesgo de contraer diabetes; lo que significa que podríamos ser la primera generación de americanos que viva más que sus propios hijos. Quizá los antiguos hindúes manejaban sus bolas de cristal mejor que los estudios de Hollywood cuando predijeron que el mundo no terminaría con una gran explosión sino con un gran bostezo. Shiva el Destructor nos extinguiría haciendo... nada. Holgazaneando. Retirando su fuerza vital de nuestros cuerpos. Dejando que nos convirtamos en babosas.

El entrenador Vigil no era un maníaco, sin embargo. No estaba proponiendo que todos saliéramos disparados hacia las barrancas para vivir en cuevas y comer ratones con los tarahumaras. Pero debía haber habilidades transferibles, ¿cierto? ¿Algunos principios básicos de los tarahumaras que pudieran sobrevivir y echar raíces en suelo americano?

Porque, cielo santo, imaginemos los beneficios. ¿Qué tal si pudiéramos correr durante décadas sin lesionarnos… y sumar cientos de millas a la semana y disfrutarlas todas y cada una de ellas… y ver cómo desciende tu ritmo cardíaco, y el estrés y la ira desaparecen mientras tu energía se dispara? Imaginemos que el crimen, el colesterol y la avaricia se esfuman conforme un país de Gente Que Corre finalmente redescubre su paso perdido. Este podría ser el legado de Joe Vigil, uno más importante que sus atletas olímpicos, que sus triunfos y récords. No tenía todas las respuestas aún, pero viendo a los tarahumaras pasar a toda velocidad en sus capas de magos, supo dónde podía encontrarlas.

16

Era curioso, porque Shaggy estaba mirando lo mismo y todo lo que veía era un tipo con una rodilla demoníaca.

El oído de Shaggy había notado el problema antes. Durante horas, había estado oyendo el débil *ffiu… ffiu… ffiu* de las sandalias de Juan y Martimano, que sonaba como un rítmico redoble de tambor con las escobillas. Más que golpear el suelo, las plantas de sus pies lo acariciaban, rascándolo ligeramente conforme cada pie pateaba hacia atrás y daba la vuelta para la siguiente zancada. Hora tras hora: *ffiu… ffiu… ffiu…*

Pero mientras bajaban el monte Elbert por un sendero de una sola vía hacia la milla setenta, Shaggy detectó un problema en el ritmo. Martimano parecía estar cuidando uno de sus pies, apoyándolo con cuidado en lugar de machacándolo. Juan también lo notó y le echó una mirada de incertidumbre.

—¿Qué pasa?—preguntó Shaggy.

Martimano tardó en responder, principalmente porque estaba repasando mentalmente las doce horas previas para ver si podía encontrar la causa de su dolor: ¿Era por haber corrido esas primeras trece millas llevando zapatillas por primera vez en su vida? ¿Porque había pivotado esos accidentados tramos del camino en zigzag en la oscuridad? ¿O se había resbalado sobre piedras afiladas en el río bravo? O era que…

—La bruja —dijo Martimano; tenía que ser la bruja. La escena en la estación de bomberos ahora cobraba sentido. La mirada feroz de Ann, toda esa palabrería incomprensible que le echó encima, las miradas de estupor en las caras de los presentes, la negativa de Kitty a traducir, el comentario de Shaggy. Era obvio. Ann le había lanzado una maldición. «La pasé —diría después Martimano—, pero le lanzó un hechizo a mi rodilla.»

Martimano había temido que pasase algo desde que el Pescador se había negado a traer con ellos a su chamán. En las barrancas, los chamanes protegen el *iskiate* y el pinole de la brujería, y combaten cualquier hechizo lanzado contra las caderas o rodillas o traseros de los corredores, masajeándolos con piedras lisas y hierbas medicinales molidas. Los tarahumaras no contaban con ningún chamán a su lado en Leadville, y mira lo que había pasado: por primera vez en cuarenta y dos años, la rodilla de Martimano estaba fallando.

Cuando Shaggy tomó conciencia de lo que ocurría, sintió una punzada repentina de afecto. «No son Dios —comprendió—. Son solo unos muchachos.» Y como le ocurría a cualquier otro, aquello que más amaban podía sumirlos en la mayor miseria y confusión. Correr centenares de millas no era indoloro para ellos tampoco; debían enfrentarse a sus propias dudas, y acallar al pequeño demonio sobre sus hombros que no dejaba de susurrarles al oído excelentes razones para que abandonaran.

Shaggy echó un vistazo a Juan, que no sabía si debía seguir adelante o quedarse al lado de su mentor.

—Sigan —les dijo Shaggy a Juan y su asistente—. Yo me encargo de tu amigo. ¡Vayan a dar caza a esa bruja como si fuera un venado!

Juan asintió y rápidamente desapareció en una curva del camino. Shaggy le guiñó un ojo a Martimano.

—Ahora somos tú y yo, amigo.

—*Guadajuko* —dijo Martimano. Bien por mi parte.

El aroma de la línea de meta cosquilleaba la nariz de Ann. Para cuando Juan llegó al puesto de socorro de Halfmoon en la milla setenta y dos, Ann casi había doblado su ventaja; estaba veintidós minutos por delante a falta de tan solo veintiocho millas.

Para alcanzarla, Juan tendría que recuperar casi un minuto por milla, y se encontraba a punto de adentrarse en el peor terreno posible para empezar a intentarlo: un trecho de siete millas de asfalto. Ann, con su experiencia de carrera en pista y sus Nike con inyección de aire, podría desenrollar sus largas piernas y empezar a volar. Juan, que nunca había pisado el asfalto hasta ese mismo día, tendría que arreglárselas en esa extraña superficie con unas sandalias caseras.

«Sus pies van a sufrir de verdad», dijo el asistente de Juan a un equipo de televisión al borde de la pista.

Tan pronto como dejó atrás el camino de tierra y alcanzó la superficie de asfalto, Juan dobló las rodillas y acortó su zancada, y así la compresión del movimiento de sus piernas le suministró toda la absorción del golpe que necesitaba. Se adaptó tan bien que, de hecho, su estupefacto asistente empezó a retroceder, incapaz de seguirle el ritmo.

Juan persiguió a Ann por su cuenta. Hizo las siete millas hasta el criadero de peces en casi el mismo tiempo que le había tomado esa mañana, luego giró a la izquierda y siguió adelante por el camino barroso que llevaba a la temida subida Powerline Climb. Muchos de los corredores de Leadville temían a Powerline casi tanto como temían a Hope Pass. «He visto a gente sentada a un lado del camino, llorando», recuerda un veterano corredor de Leadville. Pero Juan se aproximó a ella como si hubiera estado esperándola todo el día, corriendo a través de esas inclinaciones de terreno casi verticales que llevan a la mayoría de los corredores a subir empujando las rodillas con las manos.

144

Delante, Ann se estaba acercando a la cima, pero sus ojos estaban casi cerrados por el cansancio, como si no pudiera soportar ver siquiera el último tramo inclinado. De tramo en zigzag en tramo en zigzag, Juan había acortado distancias a paso firme. Hasta que, repentinamente, se detuvo un poco y empezó a dar saltitos en un pie. El desastre se había cernido sobre él: la lengüeta de una de sus sandalias se había roto y no tenía nada con qué reemplazarla. Mientras Ann recorría la cima, Juan se sentó sobre una roca y examinó lo que quedaba de la correa. Se quitó la sandalia y descubrió que había un trozo de lengüeta suficiente para mantener la suela atada a la planta del pie. Ató cuidadosamente el trozo que quedaba y dio un par de pasos de prueba. Servía. Ann, mientras tanto, había alcanzado el último tramo. Todo lo que tenía por delante eran diez millas de pista de tierra asentada alrededor del lago Turquesa antes de que los gritos de los fiesteros de la Calle Sexta la llevaran cuesta arriba hasta la línea de meta. Eran poco más de las ocho de la tarde y el bosque a su alrededor se estaba sumiendo en la oscuridad, y fue entonces cuando algo salió de pronto a toda prisa de entre los árboles a su espalda. Venía tan rápido que Ann apenas pudo reaccionar. Se quedó de piedra en medio del camino, demasiado sorprendida para moverse, mientras Juan aparecía como una flecha, se ponía a su lado de una zancada y con otra la dejaba atrás, con su capa blanca flotando alrededor conforme pasaba a toda velocidad y desaparecía por el camino.

¡Ni siquiera parecía cansado! ¡Era como si estuviera tan solo… pasándoselo bien! Ann estaba tan destrozada que decidió abandonar. Estaba a menos de una hora de la meta, pero el júbilo tarahumara que tanto excitaba a Joe Vigil la había desanimado por completo. Aquí estaba ella, matándose para mantener el liderato, y este tipo parecía poder arrebatárselo en cuanto se lo propusiera. Era humillante; en ese momento comprendió que desde que lanzó su Gambito de Dama, Juan la había puesto en la mira. Su marido, finalmente, logró que siguiera adelante. Justo en ese momento, Martimano y el resto de los tarahumaras se acercaban a toda velocidad. Juan cruzó la meta en 17:30, mejorando la marca anterior por veinticinco minutos (también fue el primero en pasar tímidamente por debajo de la cinta en lugar de romperla con el pecho, algo nunca antes visto). Ann llegó casi media hora después, en 18:06. Justo detrás, Martimano y su rodilla embrujada llegaron terceros, seguidos de Manuel Luna y el resto de los tarahumaras, que se hicieron con el cuarto, quinto, séptimo, décimo y undécimo puesto.

«¡Wow, qué carrera!», comentaba entusiasmado para los televidentes Scott Tinley mientras ponía un micrófono delante de Ann Trason, que parpadeaba ante las luces de la cámara, como si fuera a desmayarse en cualquier momento, pero se las arregló para lanzar una última pulla:

—A veces —dijo—, hace falta una mujer para sacar lo mejor de un hombre.

«Lo mismo para ti», podrían haber respondido los tarahumaras; gracias a su heroico intento de vencer ella sola a un equipo entero de maestros corredores de larga distancia, Ann había hecho pedazos su mejor marca en Leadville por más de dos horas, estableciendo un récord femenino que todavía no ha sido superado.

Pero los tarahumaras, incluso si hubieran estado dispuestos, no eran libres de decir nada en ese momento. Dejaron atrás la pista de carreras para internarse en una tormenta de mierda.

Este debía haber sido su momento. Finalmente, tras siglos de horror y miedo, de haber sido cazados por su cuero cabelludo, esclavizados por su resistencia y amedrentados por sus tierras, los tarahumaras eran respetados. Habían demostrado ser, indiscutiblemente, los mejores corredores sobre el planeta Tierra. El mundo vería que tenían cualidades fantásticas que merecían ser estudiadas, que tenían un modo de vida que merecía ser conservado, un territorio que merecía ser protegido.

146

Joe Vigil ya estaba vendiendo su casa y renunciando a su empleo, así de excitado estaba. Ahora que Leadville había tendido un puente entre la cultura americana y la tarahumara, estaba listo para llevar a cabo el plan al que venía dándole vueltas hace tiempo. Total, a los sesenta y cinco años ya estaba listo para retirarse de Adams State. Él y su mujer, Carolina, se mudarían a Arizona, cerca de la frontera con México, donde instalarían un campamento base para el estudio de los tarahumaras. Quizá tomaría unos años, pero mientras tanto, vendría a Leadville cada verano para estrechar su relación con los corredores tarahumara. Empezaría aprendiendo su idioma… colocándolos sobre una cinta de correr, controlando su ritmo cardíaco y capacidad aeróbica… ¡quizá incluso podría organizar talleres con sus atletas olímpicos! Porque esa era la mejor parte. Ann había estado ahí corriendo con ellos, lo que significaba que fuera lo que fuera lo que los tarahumaras hacían, ¡el resto de nosotros podía aprenderlo!

Era hermoso. Y lo fue durante más o menos un minuto.

«Si piensan que van a usar una sola imagen de mis tarahumaras —soltó Rick Fisher cuando Tony Post y el resto de los ejecutivos de Rockport se apresuraron a felicitarlos—, será mejor que vengan con algo de dinero.»

Tony Post estaba consternado. «Se volvió realmente loco. Vino hacia nosotros como si estuviera completamente enfadado, como la clase de tipo capaz de darte caza y matarte. No literalmente. —Post se apuró en añadir—: Sencillamente parecía el típico fanático que discute eternamente y no puede admitir que está equivocado.»

«Era un grano en el culo —añadió Ken Chlouber—. No lo fue hasta que tuvimos grandes patrocinadores y equipos de televisión, y luego solo permitió a los de Rockport usar imágenes de los indios. Dado que yo era el presidente de la carrera, intentó hacerme la vida imposible; no velaba más que por su propio interés y los tarahumaras no le importaban en absoluto.»

La reacción de Fisher fue volverse un poco loco, justo como había hecho esa vez en que se encontró rodeado por matones narcotraficantes y sobrevivió porque se puso como una fiera. «¡La carrera estaba amañada! —aseguró Fisher—. Tenían a esta chica rubia y de ojos azules que querían que ganara, pero no ganó.» Fisher dijo que todos los periodistas habían sido sobornados con una bacanal secreta de tres días en un resort de lujo de Aspen, pagado por los directores de Leadville. Un periodista incluso intentó sobornarlo a él, según me dijo Fisher, ofreciéndole dinero para que Juan bajara el ritmo y empatara con Trason. «Este periodista, un tipo muy reputado, me dijo que iba a ser un desastre si él ganaba, y lo cierto es que, desde el punto de vista de los corredores blancos, era un absoluto desastre que un tarahumara hubiera ganado.» ¿Por qué? «Por esa enfermiza idea americana de que las mujeres pueden competir contra los hombres.» (Cuando le pregunté por el nombre del periodista, Fisher se negó a responder.)

Acusar a Ken Chlouber y a «la élite del sistema mediático» de conspirar contra el atractivo principal del evento no tenía ningún sentido, pero Fisher solo estaba empezando a calentar. Aseguró que alguien le había dado a uno de sus corredores una Coca-Cola dopada que hizo que «sufriera un colapso y cayera gravemente enfermo», mientras que otro de sus corredores había sido agredido sexualmente por una «persona blanca» que, con el pretexto de darle un masaje relajante, había deslizado su mano bajo el taparrabos del tarahumara y había «masajeado su pene y su escroto». Y en lo que a Rockport respecta, Fisher aseguró que el patrocinio de la empresa era ambiguo en el mejor de los casos y criminal en el peor. «Prometieron poner una fábrica de calzado en las Barrancas del Cobre… todo el asunto estaba corrupto… cuando la gente de Rockport echó un vistazo a sus cuentas, descubrieron que habían sido timados y el presidente de la compañía fue despedido…»

Los tarahumaras veían a los *chabochis* gritarse unos a otros.

Oían las palabras enojadas y veían los brazos enojados agitándose hacia ellos. No entendían lo que decían, pero captaron el mensaje. Enfrentados a la rabia y hostilidad, los mejores atletas clandestinos del mundo reaccionaron como lo habían hecho siempre: enfilaron de vuelta a las barrancas, desvaneciéndose como un sueño y llevándose sus secretos con ellos. Tras su victoria en 1994, los tarahumaras nunca regresaron a Leadville.

Un hombre los siguió. Tampoco volvió a ser visto en Leadville. Era el extraño nuevo amigo de los tarahumaras, Shaggy, quien pronto sería conocido como Caballo Blanco, el vagabundo solitario de las Sierras Altas.

17

¿Y qué será ahora de nosotros sin bárbaros? Tal
vez ellos fueran una solución, después de todo.

CONSTANTINE CAVAFY,
«Esperando a los bárbaros»

—Eso fue hace diez años —me dijo Caballo, terminando su
relato—. Y desde entonces he estado aquí.

Mamá nos había echado de su sala-restaurante hacía horas y se
había ido a dormir. Caballo, todavía hablando, me había guiado a
través de las calles desérticas de Creel hasta una bodega en un callejón. También cerramos ese sitio. Para cuando Caballo me había
llevado desde 1994 hasta el presente, eran las dos de la madrugada
y la cabeza me daba vueltas. Me había contado más de lo que podía haber esperado acerca del fugaz paso de los tarahumaras por la
escena de las ultramaratones americanas (y me aconsejó que encontrara a Rick Fisher, Joe Vigil y compañía para conocer el resto), pero en todas esas historias, nunca respondió la única pregunta que yo le había hecho:

—¿Quién eres?

Era como si no hubiera hecho nada en su vida antes de correr
por el bosque con Martimano, o como si hubiera un montón de co-

sas de las que no quería hablar. Cada vez que lo interrogué al respecto, se escapó por la tangente con una broma o una no-respuesta que cerraba el asunto como la puerta de un calabozo («¿Cómo gano dinero? Hago cosas para gente rica que no quiere hacerlas por su cuenta»). Luego continuaba con otra historia. La situación estaba clara: o bien podía ser un pesado y hacerle enfadar, o podía reclinarme y escuchar algunas historias geniales.

Me enteré de que tras la carrera de Leadville del 94, Rick Fisher fue más allá. Había otras carreras y otros corredores tarahumara, y no pasó mucho tiempo antes de que Fisher formara nuevos equipos y fuera dando tumbos de carrera en carrera, como un universitario borracho viajando con sus amigos. Primero, el equipo tarahumara fue expulsado del Ángeles Crest 100-Mile Endurance Run en California porque Fisher no dejaba de colarse en la zona «solo para corredores» de la pista, en medio de la carrera. «Lo último que quiero hacer es descalificar a un corredor —diría el director de la carrera—, pero Rick no me dejó opción.»

Luego, tres corredores tarahumara fueron descalificados de la Utah's Wasatch Front 100, tras obtener el primer, segundo y cuarto lugar, porque Fisher se negó a pagar el coste de inscripción. Después, en la Western States, Fisher tuvo otro berrinche en la meta y acusó a los voluntarios de la carrera de cambiar secretamente las señales del camino para confundir a los tarahumaras y de —no es broma— robarles la sangre. (A todos los corredores de la Western States se les pide una muestra de sangre como parte de un estudio científico sobre la resistencia, pero Fisher, no se sabe por qué, olió algo extraño y explotó. «La sangre de los tarahumaras es muy, muy rara —dijo según los presentes—. El mundo médico quiere hacerse con ella para realizar pruebas genéticas.»)

Para entonces, incluso los tarahumaras parecían hartos de lidiar con el Pescador. También habían notado que seguía cambiando de camioneta todoterreno, cada vez a una más bonita y mejor, mientras que todo lo que ellos recibían después de semanas solitarias lejos de casa y de correr centenares de millas a través de las montañas eran unos pocos sacos de maíz. Una vez más, los negocios con los *chabochis* habían dejado a lós tarahumaras sintiéndose como unos esclavos. Ese fue el fin del equipo tarahumara. Se disolvió para siempre.

Micah True (fuera cual fuera su verdadero nombre) se sentía tan unido a los tarahumaras y tan molesto por la manera de comportarse de sus compatriotas americanos que se sintió obligado a compensarlos. Inmediatamente después de haber corrido con Martimano en Leadville 1994, fue hasta una estación de radio en Boulder, Colorado, y pidió a todos aquellos que tuvieran un abrigo viejo que se acercaran a donarlo. Una vez que tuvo bastantes, hizo un buen fardo y se marchó a las Barrancas del Cobre.

No tenía ni idea de adónde estaba yendo. La probabilidad de encontrar realmente a su amigo Martimano era equiparable a la que tenía Shackleton de regresar de la Antártida. Vagó a través del desierto y las barrancas, repitiendo el nombre de Martimano a todo aquel con quien se topó, hasta que se asombró a sí mismo y a Martimano cuando, tras escalar una montaña de dos mil setecientos metros, llegó a la aldea de Martimano. Los tarahumaras le dieron la bienvenida a su manera: casi no le hablaron, pero cuando Caballo despertó al día siguiente, encontró un montoncito de tortillas y pinole fresco en su campamento.

—Los rarámuris no tienen dinero, pero nadie es pobre —me dijo Caballo—. En Estados Unidos pides un vaso de agua y te llevan a un refugio para los sin techo. Aquí, te dejan pasar y te dan de comer. Pides permiso para acampar y te dicen: «Claro, pero ¿no preferirías dormir aquí dentro con nosotros?».

Aun así, Choguita es un sitio frío por las noches, demasiado frío para un tipo flacucho de California (o de donde sea que fuera realmente), así que después de entregarles todos los abrigos, Micah dijo adiós con la mano a Juan y Martimano y se fue por su lado, internándose en las ardientes profundidades de las barrancas. Deambuló ciegamente por guaridas de narcotraficantes y fugitivos, evitó distintas enfermedades, evitó la fiebre del cañón y, finalmente, descubrió un lugar cerca de un recodo del río. Arrastró unas rocas para construir una choza y se hizo a sí mismo un hogar.

—Decidí que iba a encontrar el mejor lugar del mundo para correr, y así fue —me dijo mientras caminábamos de vuelta al hotel esa noche—. La primera vez que lo vi me quedé boquiabierto. Me excité tanto que no podía esperar a salir a correr. Estaba tan sobrecogido que no sabía por dónde empezar. Pero es un terreno salvaje este. Así que tuve que esperar un poco.

No tenía otra opción. La razón por la que hacía de asistente en Leadville en lugar de competir, era que sus rodillas habían empezado a traicionarlo tras cumplir cuarenta años.

—Solía tener problemas de lesiones, sobre todo en los tendones del tobillo —me dijo Micah.

A lo largo de los años, había probado todos los remedios posibles —vendas, masajes, zapatillas más caras que ofrecían un mejor apoyo— pero nada había ayudado demasiado. Cuando llegó a las barrancas, decidió dejar la lógica a un lado y confiar en que los tarahumaras sabían lo que hacían. No se iba a tomar el tiempo de comprender sus secretos; sencillamente iba a afrontarlo tirándose a la piscina y esperando que todo fuera bien.

Se deshizo de sus zapatillas para correr y empezó a llevar únicamente sandalias. Empezó a comer pinole para el desayuno (después de aprender cómo cocinarlo, de manera similar a la avena con agua y miel) y a llevarlo seco en su riñonera en sus paseos por las barrancas. Tuvo algunas caídas duras y en alguna ocasión por poco no consiguió regresar a su choza andando, pero apretó los dientes, se lavó las heridas en el agua helada del río y se tomó el accidente como una inversión.

—El sufrimiento te hace humilde. Vale la pena saber cómo recibir una paliza —me dijo Caballo—. Yo aprendí rápidamente que más te vale respetar a la Sierra Madre, porque si no, te masticará y escupirá.

Para su tercer año, Caballo recorría caminos invisibles para los no tarahumaras. Con mariposas en la barriga, se lanzaba cuesta abajo por el borde de caminos empedrados que eran más largos, empinados y serpenteantes que cualquier pista de esquí nivel diamante negro. Bajaba corriendo pendientes durante millas, casi fuera de control, confiando en sus reflejos afilados por las barrancas, pero aun así temiendo que en cualquier momento se le quebrara un cartílago de la rodilla, se le desgarrara un tendón o le quemara ferozmente la rotura del tendón de Aquiles.

Pero nunca ocurrió. No se lesionó nunca más. Después de unos años en las barrancas, Caballo se había hecho más fuerte, estaba más sano y corría más rápido que nunca en su vida.

—Todo mi enfoque hacia el hecho de correr ha cambiado desde que estoy aquí —me dijo.

A modo de prueba, intentó correr por un camino entre las montañas que normalmente dura tres días a caballo; lo completó en siete horas. No está seguro de cuál es la fórmula exacta, qué proporción es atribuible a las sandalias, al pinole y al korima, pero...

—Oye —lo interrumpí—. ¿Puedes enseñarme?

—¿Enseñarte qué?

—A correr así.

Algo en su sonrisa hizo que me arrepintiera de inmediato.

—Claro, te llevaré a correr conmigo —me dijo—. Nos encontramos aquí al amanecer.

—¡Ah! ¡Ah!

Estaba intentando gritar, pero no dejaba de resoplar.

—Caballo —dije finalmente, justo antes de que Caballo Blanco desapareciera en un desvío sobre la colina. Habíamos partido de las colinas detrás de Creel, tomando un camino empedrado, afilado y empinado en dirección al bosque. Llevábamos corriendo menos de diez minutos y yo ya estaba casi sin aire. No es que Caballo sea tan rápido, es que parece tan ligero, como si lo que lo transportara colina arriba no fueran sus músculos sino el poder de la mente.

Se volvió y corrió hacia mí.

—Ok, amigo, primera lección: quédate justo detrás de mí.

Empezó a trotar, algo menos rápido esta vez, y yo intenté copiar todo lo que hacía. Mis brazos flotaban hasta que mis manos quedaban por encima de mis costillas; recorté mi paso hasta que parecía dar saltitos; enderecé tanto la espalda que casi podía oír cómo mis vértebras crujían.

—No luches con el camino —lanzó Caballo por encima de su hombro—. Coge lo que te ofrece. Si puedes elegir entre dar uno o dos pasos entre las rocas, da tres.

Caballo había pasado tantos años navegando estos caminos que tenía apodos para las piedras que encontraba bajo sus pies: algunas eran «ayudantes», porque te permitían dar el paso con potencia hacia delante; otras eran «embusteras», porque parecían ayudantes pero rodaban a traición cuando despegabas; y algunas eran «chingoncitos», pequeños cabrones listos para hacerte caer.

—Segunda lección —dijo Caballo—. Piensa *fácil, ligera, suave y rápidamente*. Empieza con el *fácilmente* porque si no llegas a más, ya será bastante. Luego prosigue con *ligeramente*. Hazlo sin esfuerzo, como si no te importara una mierda cuán alto o cuán lejos llegas. Cuando hayas practicado esto tanto que olvides que estás practicando, deberás trabajar en el *suaaaaaaaave*. No tendrás que preocuparte por lo último. Una vez tengas los tres primeros, correrás rápidamente.

Fijé mis ojos en las sandalias de Caballo, intentando duplicar el extraño movimiento de sus pies, esos pasos como en las puntas de los dedos. Tuve la cabeza gacha tanto tiempo que al principio no me di cuenta de que habíamos dejado atrás el bosque.

—¡Wow! —exclamé.

El sol estaba justo asomando por encima de la sierra. El humo de la madera de pino perfumaba el aire, elevándose al cielo desde las abolladas chimeneas de las casuchas de madera al final del pueblo. En la distancia, piedras gigantes como las estatuas de la Isla de Pascua se elevaban sobre la meseta, con montañas nevadas de fondo. Incluso si no hubiera estado muerto por la carrera, me hubiera quedado sin aliento.

—Te lo dije —se regodeó Micah.

Llegamos hasta el punto donde debíamos dar la vuelta, e incluso sabiendo que sería una tontería para mí correr más de ocho millas, era tan increíble recorrer esos caminos que odié tener que regresar. Caballo sabía exactamente a lo que me refería.

—Yo me sentí así durante diez años —me dijo—. Y aún estoy acostumbrándome a todo esto.

Pero debía apurarse; estaba regresando a su choza y casi no le quedaba tiempo para ir hasta allí antes de que anocheciera. Y ahí fue cuando empezó a explicarme qué estaba haciendo en Creel para empezar.

—Ya sabes —empezó Caballo—, han pasado muchas cosas desde esa carrera en Leadville.

Las ultramaratones solían ser para un puñado de bichos raros con linternas por los bosques, pero en los últimos años han sido transformadas por la irrupción de los Pistoleros Jóvenes. Como

156

Karl Meltzer, que escuchaba «Strangelove» en su iPod mientras ganaba la Hard Rock 100 tres veces seguidas; y «Dirt Diva», Catra Corbett, una preciosa y caleidoscópicamente tatuada gótica que en una ocasión, solo por diversión, corrió las 211 millas del John Muir Trail a través del Parque Nacional de Yosemite y luego giró y corrió todo el camino de vuelta; y Tony «Naked Guy» Krupicka, que no suele llevar más que unos shorts muy cortos y pasó un año durmiendo en el armario de un amigo mientras entrenaba para ganar la Leadville 100; y los Fabulosos Hermanos Voladores Skaggs, Eric y Kyle, que cruzaron el Gran Cañón haciendo autostop antes de establecer un nuevo récord del viaje más rápido de punta a punta.

Estos Jóvenes Pistoleros buscaban algo fresco, duro y exótico, y estaban yendo a las carreras de montaña en un número tan grande que, para 2002, se convirtió en el deporte al aire libre de mayor crecimiento en el país. No era solo que amasen correr; era la excitación de explorar todo un mundo nuevo con sus propios cuerpos. El dios de las ultras Scott Jurek resumió el credo no oficial de los Jóvenes Pistoleros con una cita de William James que usaba para cerrar todos los emails que enviaba: «Más allá de lo extremo de la fatiga y el sufrimiento, encontramos cantidades de alivio y poder que nunca habíamos soñado con poseer; fuentes de fortaleza nunca antes puestas a prueba porque nunca habíamos empujado la puerta de oclusión».

Conforme los Jóvenes Pistoleros tomaban los bosques, traían consigo todo los avances en ciencia deportiva de la última década. Matt Carpenter, un corredor de montaña de Colorado Springs, empezó a pasar cientos de horas en la cinta de correr para medir las variaciones en las oscilaciones de su cuerpo cuando, por ejemplo, tomaba un sorbo de agua (la manera biomecánicamente más eficiente de llevar una botella de agua era metida en el sobaco, no sujetándola con la mano). Carpenter usó una lijadora de banda y una

157

navaja de afeitar para rasurar algunas microondas de sus zapatillas y las sumergió en agua una y otra vez para medir la cantidad de agua que absorbían y el tiempo que tardaban en secarse. En 2005, utilizó su obsesivo conocimiento para destrozar el récord de Leadville: terminó en unas asombrosas 15:42, casi dos horas menos que el tarahumara más rápido. Pero ¿de qué sería capaz un tarahumara si lo presionabas? Pues bien, eso es lo que quería averiguar Caballo. Victoriano y Juan corrían como cazadores, que era la forma en que les habían enseñado: suficientemente rápido para dar caza a su presa, y nada más. ¿Quién sabía cuán rápidos podían llegar a ser compitiendo contra un tipo como Carpenter? Y nadie sabía de lo que serían capaces en su propio terreno. Dada su condición de campeones vigentes, ¿no merecían ventaja de campo al menos una vez?

Si los tarahumaras no podían ir de vuelta a Estados Unidos, pensaba Caballo, entonces los americanos tendrían que venir a los tarahumaras. Pero sabía que los extremadamente tímidos moradores de las barrancas desaparecerían en las colinas si se vieran rodeados por un grupo de corredores americanos preguntones y listos para disparar sus cámaras.

Sin embargo, y esta era la lluvia de ideas de Caballo, ¿qué pasaría si él organizaba una carrera a la usanza tarahumara? Sería como una batalla de viejos guitarristas: una semana de entrenamientos y secretos compartidos, todos los asistentes estudiando sus diferentes técnicas y estilos. Y el último día, los corredores se verían las caras en una lucha de campeones de 50 millas.

Era una gran idea, y por supuesto, una completa broma. Ningún corredor de élite correría ese riesgo; no era solo un suicidio profesional, era realmente un suicidio. Solo para alcanzar la línea de salida, deberían atravesar tierras llenas de bandidos sin ser vistos, escalar las tierras baldías, mantener un ojo de águila sobre cada sorbo de agua y cada bocado de comida. Si se lastimaban o enfermaban, eran hombres muertos; quizá no de inmediato, pero morirían inevitablemente. La carretera más cercana podía encontrarse a días de distancia, el agua fresca a horas de camino, no había posibilidad alguna de que un helicóptero de rescate se abriera paso entre esos muros de piedra tan apretados.

No importaba: Caballo había empezado ya a trabajar en su plan. Esa era la razón que lo había llevado a Creel. Había dejado su choza al pie de las barrancas y viajado un buen trecho hasta ese pueblo que odiaba porque había oído que había un ordenador con un módem de marcación en la trastienda de un negocio de caramelos. Había aprendido lo básico de informática, se había creado una cuenta de email y había empezado a enviar mensajes al mundo exterior. Y aquí es donde entro yo: la única razón por que «el indio gringo» se había interesado en mí cuando lo embosqué en el hotel era porque le había dicho que era escritor. Quizá una nota sobre su carrera conseguiría atraer a algunos corredores.

—¿A quién estás invitando? —pregunté.

—De momento solo a un tipo —me dijo—. Solo quiero corredores con el espíritu adecuado, campeones de verdad. Así que le he estado enviando mensajes a Scott Jurek.

¿Scott Jurek? ¿El Scott Jurek que había ganado siete veces la Western States y sido elegido Ultramaratonista del Año tres veces? Caballo debía de haber perdido realmente el juicio si pensaba que Scott Jurek iba a venir a competir con un puñado de don nadies en medio de la nada. Scott era el ultramaratonista número uno del país, probablemente del mundo, podría decirse que de todos los tiempos. Cuando Jurek no estaba corriendo, estaba ayudando a la empresa de calzado Brooks a diseñar sus zapatillas estrella, las Cascadia, u organizando campamentos para corredores llenos hasta los topes, o tomando decisiones acerca de la siguiente gran competición que correría en Japón, Suiza, Grecia o Francia. Scott Jurek era una empresa de negocios que vivía y moría por la salud de Scott

159

Jurek; lo que significaba que la última cosa que el jefe de la empresa necesitaba hacer era arriesgarse a caer enfermo, muerto por una bala o derrotado en una carrera de medio pelo en un rincón patrullado por francotiradores del interior de México.

Pero en algún lugar, Caballo había leído una entrevista con Jurek y había sentido un instantáneo lazo de hermandad. A su manera, Scott era casi tan misterioso como Caballo. Mientras que estrellas bastante menores de la ultramaratón como Dean Karnazes y Pam Reed se vendían en televisión, escribían memorias a la mayor gloria de sí mismos y (en el caso de Dean) promocionaban una bebida deportiva corriendo con el pecho desnudo en una cinta de correr sobre Times Square mientras una cámara desde el cielo inmortalizaba la carrera, el mayor ultramaratonista americano era virtualmente invisible. Parecía ser una bestia de carrera pura, lo que explicaría dos de sus hábitos peculiares: al inicio de cada carrera, soltaba un alarido desgarrador, y después de ganar, se echaba a rodar por la tierra como un sabueso hiperactivo. Luego se levantaba, se pasaba un cepillo por encima y desaparecía de regreso en Seattle hasta que llegaba el momento de que su grito de guerra atravesara nuevamente la oscuridad.

Esa era la clase de campeón que Caballo estaba buscando, no un farolero que usara a los tarahumaras para darse publicidad a sí mismo, sino un verdadero estudioso del deporte que apreciara la calidad artística y esfuerzo presentes incluso en la actuación del corredor más lento. Caballo no necesitaba ninguna prueba más del valor de Scott Jurek, pero aun así obtuvo una muestra más: al final de una entrevista, cuando le pidieron que hiciera una lista de sus ídolos, Jurek mencionó a los tarahumaras. «A modo de inspiración —señalaba el artículo—, Jurek repite un dicho de los indios tarahumara: "Cuando corres sobre la tierra y corres con la tierra, puedes correr para siempre".»

—¡Lo ves! —insistió Caballo—. Tiene alma de rarámuri.

Pero espera un segundo…

—Incluso si Scott Jurek accede a venir, ¿qué hay de los tarahumaras? —pregunté—. ¿Aceptarán ellos?

—Quizá —dijo Caballo encogiéndose de hombros—. A quien quiero es a Arnulfo Quimare.

Eso no iba a pasar jamás. Sabía por experiencia personal que Arnulfo a duras penas hablaría con un extraño, y menos aún aceptaría pasar el tiempo con todo un grupo de ellos durante una semana y guiarlos a través de los caminos ocultos de su patria. Admiraba el buen gusto y la ambición de Caballo, pero tenía serias dudas acerca de su contacto con la realidad. Ningún corredor americano tenía idea de quién era, y la mayoría de los tarahumaras no estaban seguros de qué era. ¿Aun así esperaba que todos confiaran en él?

—Estoy bastante seguro de que Manuel Luna vendrá —continuó Caballo—. Quizá con su hijo.

—¿Marcelino? —pregunté

—Sí —dijo Caballo—. Es bueno.

—¡Es increíble!

Todavía conservaba en mi retina una imagen de la versión adolescente de la Antorcha Humana elevándose sobre la pista de tierra como una llama emergiendo de su mecha. Bueno, en ese caso, ¿a quién le importaba si Scott Jurek o cualquiera de los otros peces gordos no aparecían? Solo por la oportunidad de ver correr juntos a Manuel y Marcelino y Caballo de nuevo valdría la pena. La forma en que Caballo y Marcelino corrían era lo más cercano que un hombre tenía de poder llegar a volar. Había saboreado una muestra en los caminos de Creel, y quería más; era como si agitando los brazos con fuerza hubiera conseguido levantarme unos centímetros del suelo. Después de eso, ¿cómo podías pensar en algo más que en volver a intentarlo?

«Puedo hacerlo», me dije a mí mismo. Caballo había estado en la misma posición en que me encontraba yo ahora cuando había llegado aquí; era un tipo de cuarenta años con las piernas destrozadas y, en el plazo de un año, se encontraba flotando por las cimas de las montañas. Si funcionó con él, ¿por qué no iba a hacerlo conmigo? Si realmente aplicaba las técnicas que me iba a enseñar, ¿me haría lo suficientemente fuerte para correr cincuenta millas a través de las Barrancas del Cobre? Las posibilidades de que su carrera tuviera lugar eran bastante… bueno, en realidad, no había posibilidad alguna. No iba a suceder. Pero si por obra de algún milagro se las arreglaba para organizar la carrera y contar con los mejores corredores tarahumara de su generación, yo quería estar ahí. Cuando regresamos a Creel, Caballo y yo nos estrechamos la mano.

—Gracias por las lecciones —le dije—. He aprendido bastante.

—Hasta luego, *norawa* —respondió Caballo. Y luego partió.

Lo vi marcharse. Había algo terriblemente triste, y aun así estimulante, en ver a este profeta del antiguo arte de correr largas distancias dándole la espalda a todo menos a su sueño, enfilando de vuelta al «mejor lugar del mundo para correr».

Solo.

18

—¿Has oído hablar alguna vez de Caballo Blanco?

Cuando volví de México, llamé a Don Allison, el viejo editor de la revista *UltraRunning*. Caballo había deslizado un par de detalles acerca de su pasado que valía la pena explorar: había sido luchador profesional de alguna clase y había ganado unas cuantas ultramaratones. Lo de la lucha era extremadamente difícil de comprobar, debido a su intrincada red de disciplinas y categorías, pero en lo que a ultramaratones se refiere, todos los caminos llevan a Don Allison en Weymouth, Massachusetts. Como centro depositario de cada rumor, resultado y estrella incipiente del deporte, Don Allison conocía todo sobre todos, y eso fue lo que hizo que la primera palabra salida de su boca fuera doblemente decepcionante:

—¿Quién?

—Creo que también se hace llamar Micah True —dije—. Pero no estoy seguro de que ese sea su verdadero apellido o el nombre de su perro.

Silencio.

—¿Aló?

—Sí, espera —finalmente respondió Allison—. Estaba buscando una cosa. ¿Así que es de verdad?

—¿Quieres decir si es serio?

—No, si existe de verdad. ¿Existe?

—Sí, existe. Lo encontré en México.

—Ok —dijo Allison—. Entonces, ¿está loco?

—No… —Sabía que era mi turno de hacer una pausa—. No creo.

—Porque un tipo con ese nombre me envió un par de artículos. Eso es lo que estaba buscando. Tengo que decirte algo, eran simplemente impublicables.

Bueno, eso ya era un dato. *UltraRunning* era menos como una verdadera revista y más como esas cartas simpáticas y llenas de noticias que alguna gente envía en lugar de postales de Navidad. Quizá el 80 por ciento se compone de listas de nombres y tiempos, resultados de carreras sobre las que nadie ha oído en lugares que poca gente fuera de los ultramaratonistas encontraría jamás. Además de los reportes de carreras, cada número tenía unos pocos ensayos escritos voluntariamente por corredores que hablaban de sus últimas obsesiones, como «Usar la báscula para determinar tu necesidad óptima de hidratación» o «Combinaciones de lámparas de cabeza y linternas». No hace falta decir que uno debe empeñarse mucho para recibir una nota de rechazo de *UltraRunning,* por lo que me daba miedo incluso preguntar acerca de qué había escrito Caballo, aislado en su choza como el Unabomber.

—¿Soltó una amenaza o algo así?

—Bah, no —dijo Allison—. Tan solo que ni escribió acerca de correr. Era algo así como un discurso sobre la hermandad y el karma y los gringos avariciosos.

—¿Mencionó la carrera que está planeando?

—Sí, habló de alguna carrera con los tarahumaras. Pero hasta donde pude saber, no había nadie más que él metido. Él y tres indios.

El entrenador Vigil tampoco había oído hablar sobre Caballo. Yo tenía la esperanza de que se hubieran conocido ese día épico en

Leadville, o luego en las barrancas. Pero justo después de la carrera de Leadville, la vida del entrenador Vigil había dado un giro inesperado y dramático. Todo empezó con una llamada de teléfono: una mujer joven estaba preguntando si el entrenador Vigil podría ayudarla a clasificarse para las olimpiadas. Había sido un talento en la universidad, pero se había hartado tanto de correr que estaba a punto de dejarlo y pensaba abrir un café con pastelería. A menos que el entrenador Vigil pensara que debía seguir intentándolo…

Vigil era un maestro de la motivación, así que sabía justo lo que tenía que decir: olvídalo. Ve a hacer mocaccinos. Deena Kastor (luego Drossin) sonaba como una chica dulce pero no sabía lo que significaba trabajar con Vigil. Deena era una chica de la playa de California, acostumbrada a salir por la puerta de casa y correr a lo largo de las pistas de Santa Mónica bajo el templado sol del Pacífico. Lo que Vigil tenía entre manos era cosa de guerreros espartanos de verdad. Un programa diseñado para la supervivencia de los más aptos que combinaba una carga de trabajo asesina con las heladas y ventosas montañas de Colorado.

«Intenté desanimarla porque Alamosa no es una ciudad californiana —diría después Vigil—. Está un poco apartada, en medio de las montañas, y puede llegar a ser muy fría, hasta treinta grados bajo cero. Cuando se trata de correr, solo los más duros resisten ahí.» Cuando Deena apareció de todas formas, Vigil fue lo suficientemente amable para premiar su persistencia con pruebas básicas de su estado físico y potencial de entrenamiento. Los resultados no hicieron sino confirmar lo que Vigil pensaba: era mediocre.

Pero cuanto más la rechazaba el entrenador Vigil, más intrigada estaba Deena. En una de las paredes de la oficina de Vigil había colgada una fórmula para correr más rápido que, hasta donde Deena entendía, no tenía absolutamente nada que ver con correr. Decía cosas como: «Practica la abundancia mediante la generosi-

165

dad», y «Mejora tus relaciones personales», y «Demuestra que posees un sistema de valores íntegro». La dieta recomendada por Vigil era igual de escueta, deportiva o científicamente hablando. Su estrategia de nutrición para un aspirante a maratonista olímpico era: «Come como si fueras una persona pobre». Vigil estaba construyendo su propia versión en miniatura del mundo tarahumara. Hasta que pudiera cumplir sus obligaciones y escaparse a las Barrancas del Cobre, haría lo posible por recrear las Barrancas del Cobre en Colorado. Así que si Deena seguía pensando en entrenar bajo las órdenes de Vigil, sería mejor que estuviese preparada para entrenar como los tarahumaras. Lo que significaba vivir sencillamente y concentrándose en modelar su alma tanto como su fortaleza física.

Deena lo entendió y quiso empezar cuanto antes. El entrenador Vigil creía que uno debe convertirse en una persona fuerte antes de convertirse en un corredor fuerte. Así que, ¿cómo iba a ser posible que Deena perdiera? A regañadientes, Vigil decidió darle una oportunidad. En 1996, la sometió a su programa de entrenamiento con un toque tarahumara. Un año después, la aspirante a pastelera estaba camino de convertirse en una de las más grandes corredoras de larga distancia de la historia de Estados Unidos.

Resultó tan aplastante en la pista que ganó el campeonato nacional de *cross-country* y rompió los récords americanos de las distintas categorías que van de las tres millas hasta la maratón. En los Juegos Olímpicos de Atenas 2004, Deena superó a la actual poseedora del récord mundial, Paula Radcliffe, y se llevó la medalla de bronce, la primera medalla olímpica ganada por un maratonista americano en veinte años. Sin embargo, si preguntan a Joe Vigil acerca de los logros alcanzados por Deena, muy arriba siempre se encontrará el premio a la Atleta Humanitaria del Año que ganó en 2002.

Poco a poco, el entrenador Vigil estaba siendo atraído con más fuerza por las carreras de distancia americanas y veía cómo se alejaban sus planes de ir a las Barrancas del Cobre. Antes de los Juegos de 2004, le propusieron abrir un campo de entrenamiento para aspirantes olímpicos en lo alto de las montañas de California, en la ciudad de Mammoth Lakes. Era muchísimo trabajo para un hombre de setenta y cinco años, y Vigil lo pagó: un año antes de las Olimpiadas, sufrió un ataque cardíaco que hizo que necesitara un triple bypass. Su última oportunidad de aprender sobre los tarahumaras se había ido para siempre.

Esto dejaba solo un investigador en todo el mundo persiguiendo aún el secreto arte tarahumara de correr: Caballo Blanco, quien conservaba todos sus descubrimientos en su memoria muscular.

Cuando mi artículo apareció en *Runner's World,* levantó una buena oleada de interés en los tarahumaras, pero no supuso precisamente una estampida de corredores de élite deseosos de apuntarse a la carrera de Caballo. Para ser exactos, no hubo casi ninguno.

Lo que, en parte, podía haber sido culpa mía; se me había hecho imposible describirlo fielmente sin usar la palabra «cadavérico», o dejando de mencionar que los tarahumaras se referían a él como «un tanto extraño». Sin importar cuán excitado uno pudiera estar por la carrera, debía pensárselo dos veces antes de poner su vida en las manos de un misántropo misterioso con un nombre falso a quien sus amigos más cercanos, que vivían en cuevas y comían ratones, seguían considerando algo raro. Tampoco ayudaba mucho que fuera tan difícil averiguar dónde y cuándo tendría lugar la carrera. Caballo tenía su página web, pero intercambiar emails con él era como esperar que un mensaje dentro de una botella apareciera en la playa. Para revisar su email, Caballo tenía que correr más de treinta millas sobre las montañas y cruzar un río

167

hasta el pequeño pueblo de Urique, donde había convencido al profesor de la escuela de que le dejara usar el ruidoso ordenador con que contaba y su conexión por vía telefónica. Caballo podía recorrer las sesenta y tantas millas solo cuando hacía buen tiempo; de lo contrario se arriesgaba a morir cayendo por alguna pendiente resbaladiza debido a la lluvia o a quedar varado gracias a la crecida del río. El teléfono acababa de llegar a Urique en 2002, así que el mantenimiento de las líneas era, en el mejor de los casos, desigual; Caballo podía llegar agotado tras hacer el largo camino hasta Urique para encontrarse con que la línea estaba caída desde hacía días. Una vez, no llegó a revisar su correo porque fue atacado por perros salvajes y debió abandonar su viaje para ir en busca de vacunas para la rabia.

Tan solo encontrarme con las palabras «Caballo Blanco» en mi bandeja de entrada suponía un enorme alivio. Por muy despreocupado que pareciera a la hora de asumir riesgos, Caballo llevaba una vida extremadamente peligrosa. Cada vez que salía a correr, podía ser la última. A él le gustaba creer que los esbirros de los narcotraficantes lo habían catalogado como un inofensivo «indio gringo», pero ¿quién sabía lo que estos personajes pensaban? Además estaban esos extraños desvanecimientos que le daban: de tanto en tanto, Caballo sufría un inesperado mareo que lo tiraba al suelo. Sufrir desmayos ocasionales es ya bastante peligroso si uno vive en una zona donde puede llamar al 911, pero allá afuera, en la enormidad solitaria de las barrancas, si Caballo caía inconsciente podía no volver a ser visto, o echado en falta, llegado el caso. Una vez tuvo un pequeño aviso de esto, cuando se desmayó después de llegar corriendo a una aldea. Cuando volvió en sí, se encontró un grueso vendaje en la parte posterior de la cabeza, así como una costra de sangre en el cabello. Si se hubiera desvanecido media hora antes, habría quedado tirado en medio de la nada con la cabeza rota.

Aun cuando hubiese sobrevivido a los francotiradores y a su

propia y traidora presión sanguínea, la muerte acechaba bajo sus pies; todo lo que hacía falta era confundir uno de esos chingoncitos en los estrechísimos caminos tarahumara para que no quedara de Caballo más que el eco de sus alaridos según desaparecía por el desfiladero.

Nada lo detenía. Correr parecía ser el único placer sensual con que contaba su vida, y como tal, lo disfrutaba menos como ejercicio que como una comida gourmet. Incluso cuando su choza casi se vino abajo debido a un alud, Caballo se lanzó a una carrera antes de reparar el techo sobre su cabeza.

Pero la primavera trajo consigo el desastre. Y recibí este email:

Amigo, me encuentro en Urique tras una carrera agitada y cojeando. ¡Me he jodido el tobillo izquierdo por primera vez en muchos años! Ya no estoy acostumbrado a correr con suelas gruesas. ¡Esto es lo que me pasa por hacerme el fanfarrón y ponerme zapatillas con la intención de guardar mis sandalias para alguna carrera rápida o carreras de verdad! Estaba a diez millas de Urique en La Sierra y supe que ese crac no era nada bueno, tuve que arrastrarme con dolor hasta Urique, no tenía más opción que llegar aquí, ¡y mi pie se veía como si tuviera elefantiasis!

Mierda. Tenía la incómoda sospecha de que el accidente había sido culpa mía. Justo antes de despedirnos en Creel, me di cuenta de que teníamos la misma talla de pie, así que saqué de mi mochila un par de zapatillas Nike y se las di como regalo de agradecimiento. Caballo ató los pasadores entre sí y se las lanzó sobre el hombro, pensando que podrían sacarlo de un apuro si sus sandalias se rompían. Era demasiado educado como para acusarme, pero yo estaba casi seguro de que se estaba refiriendo a esas zapatillas cuando hablaba de las suelas gruesas sobre las que corría al machacarse el tobillo.

Llegado a este punto, el sentimiento de culpa me estaba matando. Hiciera lo que hiciera no paraba de joder a Caballo. Primero había colocado accidentalmente una bomba de relojería en sus pies dándole esas zapatillas y, luego, había escrito un artículo que quizá hacía demasiado públicas sus excentricidades, si de lo que se trataba era de promocionar su carrera. Caballo se estaba matando para llevar a cabo su proyecto, y ahora, tras meses de esfuerzo, parecía que el único que iba a asistir era yo: el mismo pésimo y medio cojo corredor que no hacía sino traerle los peores sufrimientos.

Caballo había sido capaz de cegarse a la verdad con el placer de sus carreras errantes, pero ahora que yacía dolorido y desvalido en Urique, la realidad lo golpeó con fuerza. Uno no puede vivir de la manera en que Caballo vivía sin parecer un bicho raro, y ahora estaba pagando el precio: nadie lo tomaría en serio. Ni siquiera estaba seguro de poder convencer a los tarahumaras de que confiaran en él, y ellos eran casi las únicas personas que lo conocían realmente a estas alturas. Así que ¿cuál era el propósito de todo esto? ¿Para qué perseguía un sueño que a todos los demás les parecía una broma?

Si no se hubiera jodido el tobillo, hubiera tenido que esperar largo tiempo para que la respuesta llegara. Pero en la situación en que se encontraba, todavía recuperándose en Urique, recibió un mensaje de Dios. El único dios al que le había dedicado unas plegarias, al menos.

19

Siempre comienzo estas competiciones con unos objetivos elevados, pensando en hacer algo especial. Y después de cierto punto de deterioro físico, los objetivos son reevaluados a la baja, hasta el punto en que me encuentro ahora, donde lo más que puedo esperar es no terminar vomitando sobre mis zapatillas.

EPHRAIM ROMESBERG,
ingeniero nuclear y ultramaratonista,
después de correr las sesenta y cinco millas
de la ultramaratón de Badwater

Unos días antes, en el pequeño apartamento de Seattle que comparte con su mujer y una montaña de trofeos, el mejor ultramaratonista de Estados Unidos también estaba haciendo frente a los límites de su propio cuerpo.

Y ese cuerpo seguía luciendo estupendo; lo suficiente como para atraer las miradas femeninas cada vez que Scott Jurek y su delgada y rubia mujer, Leah, daban vueltas pedaleando por su barrio de Capitol Hill, yendo en bicicleta hasta librerías y cafeterías y sus restaurantes tailandeses veganos favoritos. Era una pareja joven y a la moda que se movía en bicicleta de montaña en lugar de en auto. Scott era alto y grácilmente musculoso, con una mirada profunda de color castaño y la sonrisa de un cantante pop. No se había cortado el pelo desde que Leah se lo rapara con la máquina antes de su primera victoria en la Western States, así que, seis años después, tenía una frondosa cabellera de dios griego, con rizos rubios que bailaban cuando corría.

El que ese *geek* al que sus amigos llamaban *Jerker*[13] se convirtiera en una estrella de ultramaratón continúa desconcertando a aquellos que lo conocieron de niño en Proctor, Minnesota. «Vaya si lo hostigábamos», dice Dusty Olson, quien fuera la estrella deportiva de Proctor cuando él y Scott eran adolescentes. Cuando corrían por la montaña, Dusty y sus amigos lanzaban barro a Scott y continuaban corriendo. «Nunca podía alcanzarnos —diría Dusty—. Nadie podía entender por qué era tan lento, porque Jerker entrenaba más duro que cualquiera.»

Y no es que a Scott le sobrara el tiempo para entrenar. Cuando estaba en la escuela primaria, su madre contrajo esclerosis múltiple. Dado que era el mayor de tres hermanos, era responsabilidad de Scott cuidar de su madre después de clases, limpiar la casa y recoger troncos de leña para la chimenea mientras su padre estaba en el trabajo. Años después, los veteranos ultramaratonistas mirarían con desdén los gritos que Scott lanzaba en la línea de salida y los golpes de kung-fu que practicaba en los puestos de socorro, pero cuando has pasado tu infancia trabajando como un grumete a bordo y viendo cómo tu madre se hunde en un dolor de pesadilla, quizá nunca te sobrepones a la alegría de dejarlo todo atrás y correr por las montañas.

Después de que su madre tuviera que ser internada en una casa de reposo, Scott se encontró de pronto con que tenía las tardes vacías y el corazón atribulado. Por suerte, justo cuando Scott necesitaba un amigo, Dusty necesitaba un escudero. Eran una pareja ex-

13. *Jerk* en inglés significa «pendejo». *(N. del T.)*

172

traña, que encajaba de una manera peculiar. Dusty tenía hambre de aventuras, Scott estaba deseoso de escapar. El gusto de Dusty por competir era insaciable; poco después de ganar el campeonato nacional juvenil de esquí de fondo y el campeonato regional de *cross-country,* convenció a Scott de que corriera con él las cincuenta millas de la Minnesota Voyageur Trail Ultra. «Sí, logré engañarlo para que corriera», diría Dusty. Scott nunca había corrido ni siquiera la mitad de esa distancia, pero veneraba demasiado a Dusty para decirle que no.

A mitad de carrera, una de las zapatillas de Dusty se quedó atrapada en el barro. Antes de que pudiera volver a ponérsela, Scott lo dejó atrás. Avanzó como una flecha por el bosque y llegó segundo en su primera ultramaratón, venciendo a Dusty por más de cinco minutos. «¿Qué demonios está ocurriendo?», se preguntó Dusty. Esa noche su teléfono no dejó de sonar. «Todos los chicos se estaban burlando de mí, "¡Perdedor! ¡Te ganó Jerker!".» Scott estaba igual de sorprendido. «Así que todo ese sufrimiento había servido para algo después de todo», pensó. Toda la desesperación que había sentido cuando cuidaba a su madre, quien nunca mejoraba; toda la frustración que había supuesto perseguir a esos tarados burlones a los que nunca lograba alcanzar; todo eso había florecido calladamente hasta convertirse en la habilidad de exigirse más y más a medida que las cosas se iban poniendo cada vez peor. El entrenador Vigil se hubiera emocionado; Scott no le pedía nada a su resistencia y obtenía mucho más de lo que podía haber esperado. Estrictamente por casualidad, Scott se había tropezado con el arma más avanzada del arsenal del ultramaratonista: en lugar de dejarse dominar por la fatiga, uno la asimila. No la deja escapar. Llega a conocerla tan bien, que no la teme más. Lisa Smith-Batchen, la increíblemente alegre y espabilada ultramaratonista de Idaho que entrenó en tormentas de nieve para ganar una carrera de seis días en el Sahara, habla del agotamiento como si fuera su mascota juguetona. «Adoro a la Bestia —dice—. Miro a los ojos a la Bestia cuando se aproxima porque así cada vez la manejo mejor, la pongo bajo mi control.» Una vez que la Bestia llega, Lisa sabe cómo tratarla y pone manos a la obra. ¿Y no es esa la razón por la que corre por el desierto, para empezar? ¿Para poner su entrenamiento a prueba? Uno no puede odiar a la Bestia y esperar y vencerla, la única forma de conquistar realmente algo, como cualquier gran filósofo o genetista te dirá, es amándolo.

Scott no volvería a permanecer a la sombra de Dusty, ni de ningún otro corredor. «Cualquiera que lo haya visto correr a toda velocidad en terreno montañoso durante las últimas millas de una carrera de cien sufrirá una metamorfosis», declaró un sobrecogido corredor en Letsrun.com, el foro de Internet número uno para todo lo relacionado con el hecho de correr, después de ver a Scott destrozar el récord de Western States. Scott era un héroe para los últimos del pelotón, aquellos que eran demasiado lentos para poder verlo en acción, por una razón completamente distinta. Después de ganar una carrera de cien millas, Scott mataría por una ducha caliente y sábanas limpias. Pero en lugar de marcharse, se envolvía en su saco de dormir y permanecía en vigilia en la línea de meta. Cuando el sol empezaba a salir al día siguiente, ahí seguía, animando con la voz ronca hasta al último corredor, haciéndole saber que no estaba solo.

Para cuando Scott cumplió treinta y un años, era prácticamente invencible. Cada mes de junio, un montón de pistoleros a sueldo llegaban a Western States deseosos de quitarle el título, y cada año, cuando llegaban a la meta, se lo encontraban envuelto en su saco de dormir. «¿Y ahora qué?», se preguntaba Scott. Ahora que había convertido su cuerpo en un Ferrari, ¿qué se suponía que debía hacer? ¿Seguir corriendo contrarreloj y contra los pistoleros hasta que empezaran a ganarle? Correr no se reducía a ganar. Scott lo sabía ya desde aquellos días solitarios en que era conocido como Jerker, cuando se quedaba jadeando con la cara llena de barro lejos de Dusty. La verdadera belleza de correr estaba en... estaba en...

Bueno, Scott ya no estaba tan seguro. Pero, cuando selló su séptima victoria en la Western States en 2005, sabía bien dónde debía empezar a buscar.

Dos semanas después de la Western States, Scott bajó de las montañas y condujo un buen trecho a través del desierto de Mojave hasta llegar a la línea de salida de la tristemente célebre ultramaratón de Badwater. Cuando Ann Trason corrió dos ultramaratones en un mes, por lo menos se limitó al planeta Tierra; Scott, por su parte, iba a correr la segunda sobre la superficie solar. El Valle de la Muerte es la barbacoa perfecta, la Foreman Grill en la cocina de la madre naturaleza. Un reluciente mar de sal rodeado de montañas que encapsulan el calor y lo concentran directamente sobre tu cabeza. La sensación térmica ronda los cincuenta y un grados, pero una vez que sale el sol y comienza a encender el suelo del desierto, la tierra bajo los pies de Scott podía alcanzar unos estupendos y achicharrantes noventa y tres grados. Exactamente la temperatura que hace falta para asar lentamente un buen filete. Además, el aire es tan seco que para cuando empiezas a sentir sed, quizá estés muerto ya: el sudor es extraído de tu cuerpo con tanta velocidad que puedes estar peligrosamente deshidratado antes de que se entere tu garganta. Si intentas conservar líquidos, puedes convertirte en un hombre condenado.

Pero cada mes de julio, noventa corredores provenientes de todo el planeta marchan durante más de sesenta horas a lo largo del ardiente lazo de la carretera 190, asegurándose de pisar siempre sobre las líneas blancas para que no se les derritan las suelas de las zapatillas. En la milla 17, pasarán por Furnace Creek, el lugar donde se ha registrado la temperatura más alta de la historia en Estados

175

Unidos (cincuenta y seis grados). A partir de ahí, las cosas solo irán a peor: aún tendrán que escalar tres montañas y lidiar con posibles alucinaciones, estómagos rebeldes y, por lo menos, una larga noche corriendo en la oscuridad antes de llegar a la meta. Si llegas a la meta: Lisa Smith-Batchen es la única americana que ha ganado la Maratón de las Arenas, que recorre el Sahara, pero incluso ella tuvo que abandonar Badwater en 1999 y ser rehidratada vía terapia intravenosa para evitar que sus riñones desecados se pararan. «Este es el paisaje de la catástrofe», escribió un cronista sobre el Valle de la Muerte. Es una experiencia extraña y algo *transilvanesca* correr a través del corazón de un terreno asesino donde los excursionistas perdidos se clavan las uñas en su lengua ennegrecida antes de morir de sed, como puede contarnos por experiencia el doctor Ben Jones. El doctor Jones estaba corriendo Badwater en 1991 cuando fue reclamado a toda prisa para que examinara el cuerpo de un expedicionario que había sido encontrado en la arena.

«Hasta donde sé, soy el único médico que ha realizado una autopsia en medio de una carrera», me dijo. Y no es que fuera un extraño en lo que a espectáculos morbosos se refiere. Badwater Ben era también famoso por hacer que su equipo arrastrara un ataúd lleno de agua helada por la autopista para ayudarlo a mantenerse fresco. Cuando los corredores más lentos lo alcanzaban, se sobresaltaban al ver al atleta más experimentado sobre el terreno tumbado en un ataúd al lado del camino, con los ojos cerrados y los brazos cruzados sobre el pecho.

¿En qué estaba pensando Scott? Había sido criado en las colinas para *cross-country* de Minnesota. ¿Qué sabía él de zapatillas que se derretían y ataúdes helados? Incluso el director de Badwater, Chris Kostman, sabía que Scott estaría fuera de su elemento: «Esta carrera iba treinta y cinco millas más allá que la más larga que había corrido hasta ahora —comentaría Kostman—, y era el doble de larga que cualquiera que hubiese corrido en pavimento, esto sin

176

mencionar que hacía significativamente más calor del que jamás había experimentado».

Kostman no sabía ni la mitad. Ese año, Scott había estado tan concentrado en perfeccionar sus habilidades en tierra para la Western States, que no había corrido más de diez millas seguidas sobre asfalto. Y en lo concerniente a la aclimatación... bueno, no es que lloviera a diario en Seattle, pero podría haberlo hecho perfectamente. El Valle de la Muerte estaba en medio de uno de sus veranos más calurosos de la historia, con temperaturas alrededor de los cincuenta y cuatro grados. En el lugar más fresco en el día más fresco hacía muchísimo más calor que el día más caluroso de todo el verano en Seattle.

La única esperanza de sobrevivir a Badwater pasaba por tener un equipo experimentado monitoreando sus constantes vitales y suministrándole calorías digestibles y bebidas isotónicas. Uno de los rivales de Scott ese año había llevado consigo un nutricionista y cuatro furgonetas equipadas con todo lo necesario para ayudarle en su tarea. Por su parte, Scott tenía a su mujer, dos amigos de Seattle y Dusty, esto siempre y cuando Dusty se recuperase de la resaca que todavía tenía cuando apareció poco antes de que empezara la carrera.

La competencia de Scott iba a ser tan fiera como el calor. Iba a correr contra Mike Sweeney, dos veces ganador de la sofocante H.U.R.T. 100 en Hawái, y Ferg Hawke, un canadiense sumamente preparado que acabó segundo, muy cerca del primero, el año anterior en Badwater. La doble ganadora de Badwater Pam Reed estaba de vuelta, al igual que el mismísimo Mr. Badwater: Marshall Ulrich, el ultramaratonista que se extirpa las uñas de los pies. Marshall no solo ha ganado Badwater cuatro veces, sino que ha hecho el recorrido las cuatro veces sin detenerse. Una vez, tan solo por el placer de hacerlo, Marshall corrió solo a través del Valle de la Muerte, empujando él mismo sus provisiones de agua y comida en un carrito con ruedas de bicicleta. Y si Marshall era algo además de resistente, era astuto. Una de sus estrategias favoritas consistía en hacer que, una vez oscurecía, su equipo cubriera gradualmente las luces traseras de la camioneta. Los corredores que intentaban darle alcance se daban por vencidos, creyendo que Marshall había desaparecido en la distancia cuando en realidad estaba tan solo a media milla.

Unos segundos antes de que dieran las diez de la mañana, alguien le dio al play de un estéreo. Las manos se posaron sobre el pecho mientras el himno nacional sonaba a duras penas. Ya solo estar ahí de pie bajo el resplandor del sol de la mañana resultaba insoportable para cualquiera excepto para los verdaderos veteranos de Badwater, cuya experiencia podía verse en su indumentaria: Pam y Ferg y Mike Sweeney, vestidos con shorts sedosos y camisetas sin mangas, parecían completamente despreocupados ante el sol que ardía sobre sus cabezas. Scott, por otra parte, bien podría estar a punto de ingresar en una sala de riesgo biológico: estaba cubierto desde la barbilla hasta la punta de los pies por una especie de traje de baño de cuerpo entero color blanco, como un pueblerino de Minnesota, con el cabello largo atado dentro de una estúpida gorra de la legión extranjera francesa.

¡Vamos! Scott salió disparado emulando a Braveheart. Pero por una vez, sus alaridos sonaron débiles y lastimeros; la asombrosa enormidad del Mojave se los tragó como un pozo profundo se traga el eco. También Mike Sweeney tenía su propio plan para acallar a Scott: por si el Chico Maravilla tenía intenciones de colgarse de su hombro para luego ponerse juguetón en las millas finales, Sweeney salió decidido a establecer una ventaja invencible desde el principio. Y era muy capaz de hacerlo. En un deporte nada famoso por su agresividad, Sweeney era uno de los tipos duros de verdad. Cuando tenía veinte años había sido clavadista en Acapulco («Debí de darme unos cuantos golpes en la cabeza para hacerla más

178

dura»), para luego convertirse en piloto práctico en la bahía de San Francisco, comandando un equipo de marinos que guiaba enormes buques de carga. Mientras Scott disfrutaba a lo largo del verano de la fresca brisa con olor a pino de las montañas, Sweeney estaba luchando con el timón de un barco en medio de un vendaval y corriendo dos horas al día en una sauna hirviente.

Mike Sweeney lideraba el pelotón cuando llegó a Furnace Creek poco antes del mediodía. Los termómetros marcaban cincuenta y dos grados, pero Sweeney seguía imperturbable, acrecentando su ventaja. Hacia la milla setenta y dos, iba unas buenas diez millas por delante de Ferg Hawke, que iba segundo. El equipo de Sweeney funcionaba de maravilla. Como asistentes tenía a tres ultramaratonistas de élite, entre los que se contaba Luis Escobar, ganador de la H.U.R.T. 100. Como nutricionista tenía a Sunny Blende, una preciosa especialista en resistencia deportiva que no solo controlaba sus calorías, sino que se levantaba la camiseta y le mostraba las tetas a Sweeney cada vez que necesitaba un poco de ánimo.

El equipo de Jerker no estaba tan bien engrasado. Uno de los asistentes de Scott iba por detrás abanicándolo con una sudadera, sin caer en la cuenta de que Scott estaba demasiado cansado para quejarse de que el cierre estaba rasgándole la espalda. Mientras tanto, la mujer y el mejor amigo de Scott estaban peleándose. Dusty estaba molesto porque Leah insistía en darle falsos parciales para animarlo, mientras que ella tampoco estaba demasiado contenta con el hábito de Dusty de llamar a su marido «jodido mariquita».

Llegado a la milla sesenta, Scott estaba vomitando y temblando. Sus manos cayeron sobre sus rodillas, y después sus rodillas cayeron al pavimento. Se desplomó a un lado del camino, tumbado sobre su propio sudor y su saliva. Leah y el resto ni siquiera se molestaron en intentar animarlo, sabían bien que no había en el mundo voz más persuasiva que la que Scott tenía dentro de su cabeza.

Scott permaneció tumbado pensando en cuán pocas esperanzas le quedaban. No había llegado ni siquiera a la mitad del trayecto y ya había perdido de vista, literalmente, a Sweeney. Ferg Hawke había escalado ya la mitad de la cuesta hacia el mirador de Father Crowley, mientras que Scott ni siquiera había empezado la escalada. ¡Y el viento! Era como correr dentro del chorro de una turbina de avión. Un par de millas antes, Scott había intentado refrescarse sumergiendo la cabeza y el torso dentro de un congelador gigante repleto de hielo, manteniéndose ahí dentro hasta que sus pulmones empezaron a gritar. Tan pronto como salió, se estaba asando de nuevo.

No hay manera, se dijo Scott. *Estás acabado. Tendrías que hacer algo completamente descabellado para ganar esto a estas alturas.*

¿Descabellado como qué?

Como empezar de nuevo. Como pretender que acabas de despertarte de una noche de sueño espléndido y que la carrera ni siquiera ha empezado. Tendrías que correr las próximas ochenta millas más rápido de lo que nunca has corrido ochenta millas.

Ni hablar, Jerker.

Ya, lo sé.

Scott se quedó tumbado como un cadáver durante diez minutos. Luego se levantó y lo hizo, destrozando el récord de Badwater con un tiempo de 24:36.

Rey del sendero, rey de la pista. Esos dos títulos seguidos en 2005 supusieron una de las más grandes actuaciones en la historia de las ultramaratones, y no podían haber llegado en mejor momento: justo cuando Scott se convertía en la mayor estrella del deporte, las ultramaratones empezaban a ser sexis. Por un lado estaba Dean Karnazes, arrancándose la camiseta en las portadas de las revistas y contándole a David Letterman cómo había pedido unas pizzas usando su móvil en medio de una carrera de doscientas cincuenta millas. Y estaba también Pam Reed: cuando Dean anunció que se preparaba para correr trescientas millas, Pam se lanzó a correr e hizo trescientas una, para conseguir luego una aparición en el programa de Letterman, un contrato para un libro y uno de los mayores titulares de revista jamás escritos: AMA DE CASA DESESPERADA SIGUE LOS PASOS DE SUPERMODELO MASCULINO EN UNA MARCHA DEPORTIVA MORTAL.

Así queeeeeee… ¿dónde estaba la autobiografía de Scott Jurek? ¿La campaña publicitaria? ¿La carrera en la cinta de correr sobre Times Square, al estilo Karnazes? «Si estamos hablando de carreras de cien millas, o más, en tierra, no hay nadie en la historia que se le acerque siquiera. Si queremos decir que es el mejor ultramaratonista de todos los tiempos, habría suficientes argumentos para defender esa afirmación —dictaminaría el editor de *UltraRunning,* Don Allison—. Tiene el talento suficiente para enfrentarse a cualquiera.»

Así que, ¿dónde estaba?

Muy lejos. En lugar de autopromocionarse después de ese glorioso verano, Scott y Leah desaparecieron inmediatamente en la profundidad del bosque para celebrarlo en soledad. A Scott le importaban un bledo los programas de entrevistas, ni siquiera tenía televisor. Había leído los libros de Dean y Pam, y todos los artículos en las revistas, y le habían revuelto el estómago. «Payasos», masculló. Estaban hablando de este deporte hermoso, este regalo de los dioses, y lo estaban convirtiendo en un circo.

Cuando él y Leah finalmente regresaron a su pequeño apartamento, Scott encontró otro de esos emails descabellados esperándolo. Habían estado llegando irregularmente a lo largo de dos años, enviados por un tipo que firmaba de un modo distinto cada vez: Caballo Loco… Caballo Confuso… Caballo Blanco. Decía algo acerca de una carrera, de si podría venir, el poder de la gen-

181

te, bla bla bla… Normalmente, Scott les echaba un vistazo rápido y los borraba, pero esta vez una palabra le llamó la atención: *Chingón*.

Espera. ¿No era esa una palabrota? Scott no sabía casi nada de español pero reconocía las palabrotas cuando las veía. ¿Estaba insultándolo este Caballo Loco? Scott volvió a leer el email, esta vez con más atención:

> He estado diciéndoles a los rarámuris que mi amigo apache, Ramón Chingón, dice que va a ganarles a todos. Los tarahumaras son más o menos buenos corredores comparados con los apaches, y los Quimares un poco más que menos. Pero la pregunta es: ¿quién es más chingón que Ramón?

Descifrar la prosa de Caballo no era fácil, pero hasta donde Scott podía entender, parecía que él —Scott— era Ramón Chingón, el Gran Cabrón que debía ir hasta allá y patear el trasero de los tarahumaras. Así que ¿este tipo al que nunca había visto estaba intentando azuzar la rencilla entre los tarahumaras y sus antiguos enemigos los apaches, y quería que Scott hiciera el papel del villano enmascarado? ¿Estaba loco o qué?

Scott puso el dedo sobre la tecla de borrar, pero se detuvo. Por otra parte… ¿no era precisamente eso lo que Scott se había propuesto hacer? ¿Encontrar a los mejores corredores y los terrenos más duros en el mundo y vencerlos a todos? Llegaría un día en que nadie, ni siquiera los ultramaratonistas, recordarían los nombres de Pam Reed o Dean Karnazes. Pero si Scott era tan bueno como él pensaba que era —si era tan bueno como se atrevía a ser— tenía que correr como nadie había corrido jamás. Para Scott no se trataba de ser el mejor del mundo, se trataba de ser el mejor de la historia.

Pero como todo campeón, pendía sobre él la Maldición de Ali:

182

podía vencer a todos los competidores vivos y aun así perder contra los muertos (o aquellos retirados hacía ya tiempo, al menos). Todos los boxeadores de peso pesado tenían que oír: «Sí, eres bueno, pero nunca hubieras vencido a Ali en su plenitud». De la misma manera, no importaba cuántos récords batiera Scott, siempre quedaría una pregunta sin responder: ¿Qué hubiera pasado si hubiera corrido en Leadville 1994? ¿Podría haber vencido a Juan Herrera y el equipo tarahumara o le hubieran dado caza como a un venado, como hicieron con la Bruja?

Los héroes del pasado son intocables, están protegidos para siempre por la pesada puerta del tiempo, a menos que un extraño misterioso aparezca mágicamente con una llave. Quizá Scott, gracias a este tal Caballo, podía convertirse en el atleta que viajara en el tiempo y se midiera con los inmortales.

¿Quién es más chingón que Ramón?

20

Nueve meses después, me encontré de vuelta en la frontera mexicana con el cronómetro en cuenta atrás y ningún margen de error. Era la tarde del sábado 25 de febrero de 2006, y tenía veinticuatro horas para encontrar nuevamente a Caballo.

Tan pronto como obtuvo respuesta de Scott Jurek, Caballo empezó a montar un acto de malabarismo logístico. Tenía una pequeña ventana de oportunidad, ya que la carrera no podía realizarse ni durante la cosecha de otoño, la temporada de lluvias de invierno, ni bajo el sol abrasador del verano, cuando los tarahumaras emigraban a las cuevas más frescas de la parte alta de las barrancas. También debía evitar Navidad, Semana Santa, la Fiesta Guadalupana y por lo menos media docena de fines de semana en los que tenían lugar bodas tradicionales. Finalmente, Caballo decidió que podía encajar la carrera el domingo 5 de marzo. Y aquí comenzaba el trabajo difícil: ya que casi no tenía tiempo para ir de pueblo en pueblo a lo Paul Revere anunciando las coordenadas de la carrera, Caballo tenía que explicar exactamente cuándo y dónde debían encontrarnos los corredores tarahumara camino de la pista de carreras. Si calculaba mal, sería el fin. Era ya una gran apuesta suponer que siquiera un tarahumara aparecería, y si encima alguno llegaba al punto de encuentro y no veía a nadie, se marcharía de inmediato.

Caballo hizo los cálculos lo mejor que pudo, luego partió rumbo a las barrancas a contar la buena nueva, como me escribió unas semanas después:

> Hoy he corrido treinta y tantas millas hasta territorio tarahumara y he vuelto, como el mensajero que soy. Mi mensaje me da más energía que la bolsa de pinole que llevo en el bolsillo. Tuve la inmensa suerte de ver a Manuel Luna y Felipe Quimare en la misma vuelta, el mismo día. Cuando hablé con ellos pude sentir la excitación que los recorría, incluso en el rostro solemne tipo Jerónimo de Manuel.

Pero mientras las cosas estaban funcionado para Caballo, mi parte de la operación era desquiciadamente difícil. Una vez que se corrió el rumor de que Jurek podría enfrentarse codo a codo con los tarahumaras, de repente otras estrellas de la ultramaratón querían formar parte de la acción. Pero no había certeza alguna acerca de cuántos se presentarían realmente, ni siquiera se sabía a ciencia cierta si la estrella principal acudiría.

Fiel a su estilo, Scott no le había dicho a casi nadie lo que se traía entre manos, así que las noticias acerca de sus planes acabaron de empezar a correr cuando faltaba poco más de un mes para la carrera. Incluso a mí me tenía en vilo, y yo era algo así como su contacto clave. Scott me había escrito unos cuantos emails pidiendo indicaciones para llegar, pero conforme se acercaba el día, de pronto le perdí la pista. Dos semanas antes de la carrera, me vi sorprendido por un mensaje en el foro de *Runner's World* dejado por un corredor en Texas que se había quedado de piedra esa misma mañana en la línea de salida de la maratón de Austin cuando vio a su lado al ultramaratonista más grande (además de candidato al puesto del más ermitaño) de Estados Unidos. ¿Austin? Según lo último que había sabido de él, en ese momento Scott debía de encontrarse a unas dos mil millas de Austin, cruzando Baja con su mujer para coger el tren Chihuahua-Pacífico hasta Creel. ¿Y cuál era el propósito de correr una maratón urbana? ¿Por qué estaba volando a través del país para participar en una carrera de nivel universitario cuando debería estar afinando para el enfrentamiento de su vida sobre tierra? Algo tenía en mente, sin lugar a dudas. Y como de costumbre, fuera cual fuera la estrategia que estaba llevando a cabo, permanecía guardada bajo llave dentro de su cabeza.

Así que hasta que llegué a El Paso, Texas, ese sábado, no tenía idea de si estaba liderando un pelotón o me las iba a tener que arreglar solo. Me registré en el hotel Hilton del aeropuerto, organicé un viaje para cruzar la frontera para las cinco de la mañana del día siguiente, y regresé al aeropuerto. Estaba bastante seguro de que estaba perdiendo el tiempo, pero existía la posibilidad de que reclutara a Jenn «Cachorra» Shelton y Billy «Cabeza de Chorlito» Barnett, un par de cracks de veintiún años que habían estado arrasando en los circuitos de la Costa Este, al menos cuando no estaban ocupados surfeando, saliendo de juerga o pagando fianzas por una agresión menor (Jenn), alteración del orden público (Billy) o ultraje contra la moral pública (ambos, debido a un arranque de pasión al lado de un camino que terminó en arresto y servicios a la comunidad). Jenn y Billy habían empezado a correr dos años atrás, pero Billy ya estaba ganando algunas de las carreras de cincuenta kilómetros más duras de la Costa Este, mientras que «la joven y hermosa Jenn Shelton», como la llamaba el blogger Joey Anderson, acababa de conseguir completar una de las cien millas más rápidas del país. «Si esta jovencita blandiera una raqueta de tenis de la manera en que corre —escribía Anderson—, sería una de las mujeres más ricas en el mundo deportivo, gracias a todos los patrocinadores que podría atraer.» Yo había hablado una vez por teléfono con Jenn, y si bien ella y Billy estaban muertos de ganas de unirse a la expedición hasta las Barrancas del Cobre, yo no veía la

186

forma en que pudiesen hacerlo. Ni ella ni Cabeza de Chorlito tenían dinero, ni tarjetas de crédito, ni tiempo libre de la universidad: ambos estaban todavía estudiando y la carrera de Caballo era justo en medio de los exámenes parciales, lo que significaba que perderían el semestre si se escapaban. Pero dos días antes de mi viaje a El Paso, me llegó este email desesperado:

¡Espéranos! Podemos llegar a eso de las ocho de la tarde.
El Paso está en Texas, ¿cierto?

Después de eso, silencio. Confiando en la remota posibilidad de que Jenn y Billy hubieran dado con la ciudad correcta y se las hubieran ingeniado para colarse en algún vuelo, me acerqué a echar un vistazo al aeropuerto. No los había visto en persona antes, pero su reputación de prófugos de la ley me había ayudado a crear una imagen vívida. Cuando llegué a la zona de recogida de equipaje, mis ojos se clavaron en un par de adolescentes con pinta de estar haciendo autostop camino de Lollapalooza.

—¿Jenn? —pregunté.

—¡Así es!

Jenn llevaba sandalias, shorts de surf y una camiseta teñida al estilo hippie. Llevaba el cabello claro en trenzas, lo que le daba la apariencia de una Pippi Calzaslargas rubia. Era lo suficientemente bonita y pequeña como para pasar por una patinadora artística, imagen contra la que se había revelado en el pasado rapándose la cabeza y tatuándose un vampiro negro y grande en su antebrazo derecho, para luego darse cuenta de que había copiado sin querer el logo del ron Bacardi. «Da igual —decía Jenn, encogiéndose de hombros—. Publicidad veraz.»

Billy tenía esa misma belleza salvaje y compartía también el atuendo de vago que pasa mucho tiempo en la playa. Tenía un tatuaje tribal que le cruzaba el cuello por detrás y unas gruesas patillas que se mezclaban con su cabellera enmarañada, decolorada por el sol. Con sus bermudas floreadas y la pinta de surfista perjudicado, Billy parecía —al menos para Jenn— «un pequeño yeti que acababa de atacar tu cajón de ropa interior».

—No puedo creer que hayan conseguido venir, chicos —les dije—. Pero hay cambio de planes. No nos encontraremos con Scott Jurek en México.

—Oh, demonios —dijo Jenn—. Sabía que esto era demasiado bueno para ser verdad.

—En lugar de eso, ha venido aquí.

Cuando me dirigía al aeropuerto, había visto a dos tipos corriendo en el estacionamiento. Estaba demasiado lejos para ver sus caras, pero sus zancadas despreocupadas los delataron. Tras unas presentaciones rápidas, ellos se dirigieron al bar y yo continué mi camino al aeropuerto.

—¿Scott está aquí?

—Así es. Acabo de verlo cuando estaba viniendo para aquí. Está en el bar del hotel con Luis Escobar.

—¿Scott bebe?

—Eso parece.

—¡Geeeeeeenial!

Jenn y Billy cogieron sus cosas —una bolsa de compras de la marca Nike de la que sobresalía una barra de ejercicios quiroprácticos y un petate que tenía un trozo de saco de dormir atascado en el cierre— y emprendimos nuestro camino hacia el estacionamiento.

—¿Y cómo es Scott? —preguntó Jenn.

Al igual que el ambiente de rap, el mundo de las ultramaratones estaba partido por la geografía. Al ser chicos de la Costa Este, Jenn y Billy habían corrido principalmente cerca de casa y todavía no habían cruzado caminos (o espadas) con muchos de los miembros de la élite de la Costa Oeste. Para ellos —para casi todos los

188

ultramaratonistas, en realidad— Scott no era sino una figura mítica, al igual que los tarahumaras.

—Solo alcancé a echarle un vistazo —dije—. Un tipo bastante difícil, hasta donde pude ver.

Y justo ahí, debí callar mi estúpida boca. Pero ¿quién podía predecir que un detalle trivial devendría en trágico? ¿Cómo podía haber sabido que un gesto amistoso, como regalarle mis zapatillas a Caballo, estaría a punto de costarle la vida? De la misma manera, nunca sospeché que mis próximas diez palabras nos conducirían al desastre:

—Quizá —sugerí—, podrían emborracharlo un poco y hacer que se relaje.

21

—Prepárense para conocer a su dios —dije conforme entrábamos al bar del hotel—, apurando una cerveza bien helada.

Scott estaba en un taburete, sorbiendo una Fat Tire Ale. Billy soltó su petate y le extendió la mano, mientras que Jenn se quedaba detrás de él. Casi no lo había dejado hablar durante el trayecto, pero ahora, en presencia de Scott, la joven se había quedado sin palabras. Al menos eso pensaba yo, hasta que vi la mirada en sus ojos. No es que tuviese un ataque de timidez, estaba escudriñándolo. Scott quizá fuera a dar caza a los tarahumaras, pero tendría que mantener un ojo puesto sobre su posible cazadora.

—¿Ya estamos todos? —preguntó Scott.

Eché un vistazo alrededor y conté cabezas. Jenn y Billy estaban pidiendo cervezas. Detrás de ellos estaba Eric Orton, un entrenador de deportes de aventura de Wyoming que llevaba un buen tiempo estudiando a los tarahumaras y me había convertido en su proyecto personal de recuperación tras la catástrofe. Durante los últimos nueve meses habíamos estado en contacto todas las semanas, a veces a diario, sumidos en el intento de Eric por hacer de mí, una ruina astillada, un ultramaratonista irrompible. Su presencia era la única con la que contaba al cien por cien; aun cuando tuviera que dejar a su mujer y su hija recién nacida en medio del feroz invierno de Wyoming, no había posibilidad alguna de que se quedara sentado en su sofá mientras yo ponía a prueba su trabajo. Yo le había dicho directamente que estaba equivocado y no había forma de que pudiera correr cincuenta millas; ahora, ambos íbamos a tener la oportunidad de saber quién tenía razón. Alrededor de Scott se encontraban Luis Escobar y su padre, Joe Ramírez.

Luis no era solo un ultramaratonista que había ganado la H.U.R.T. 100 y había corrido ya en Badwater, sino que era uno de los mejores fotógrafos deportivos del medio (su arte, por supuesto, se beneficiaba del hecho de que sus piernas podían llevarlo a lugares donde ningún otro fotógrafo llegaba). Por casualidad, Luis había llamado a Scott recientemente para asegurarse de que se verían en Coyote Fourplay, una fiesta semisecreta a la que se accede solo por invitación, descrita como «cuatro días de orgía imbécil que incluyen cabezas de coyotes amputadas, aperitivos envenenados, ropa interior colgada de los árboles y ciento veinte millas de camino que desearás haberte perdido».

Fourplay tiene lugar cada año en febrero, en una apartada región de Oxnard, California, y tiene como objeto dar a un pequeño grupo de ultramaratonistas la oportunidad de darse azotes en los traseros y luego pegar con cola esos mismos traseros a la taza del retrete. Cada día, los asistentes a Fourplay corren entre treinta y cincuenta millas por rutas señaladas con calaveras de coyotes y ropa interior femenina. Cada noche, se enfrentan en torneos de bolos, concursos de talentos e interminables bromas, como reemplazar barritas energéticas ProBar por comida para gato congelada y echar pegamento en la parte interna de los envoltorios. Fourplay era una batalla campal para amateurs que adoraban correr duro y el juego brusco; no era para profesionales preocupados por sus cronogramas de carreras y compromisos publicitarios. Naturalmente, Scott nunca se la perdía.

Hasta el año 2006. «Lo siento, ha surgido algo», le dijo Scott a Luis. Cuando Luis oyó de qué se trataba, el corazón le dio un brinco. Nadie había conseguido fotografiar a los corredores tarahumara volando en su propio terreno y había una buena razón para ello: los tarahumaras corrían por diversión y tener demonios blancos por ahí no era su idea de diversión. Sus carreras eran espontáneas y privadas y absolutamente ocultas para el ojo foráneo. Pero si Caballo se salía con la suya, entonces unos pocos y afortunados demonios tendrían la oportunidad de cruzar la frontera tarahumara. Por primera vez, serían todos la Gente Que Corre juntos.

El padre de Luis, Joe, tenía el rostro de roble cincelado, la cola de caballo canosa y los anillos de turquesa de un sabio indio nativo americano, pero en realidad es un antiguo trabajador inmigrante, que a lo largo de sus sesenta y tantos años de trabajo duro había sido policía de carreteras de California, luego chef y finalmente se había convertido en un pintor con cierta debilidad por los colores y cultura de su México natal. Cuando Joe oyó que su chico estaba yendo a su patria para ver a esos héroes ancestrales en acción, se mantuvo en sus trece e insistió en que él también iría. Solo el camino podría, casi literalmente, matarlo, pero esto no preocupaba a Joe. Este hijo de los campos de frutas era un superviviente, más aún que los ultrasementales que tenía alrededor.

—¿Y qué hay de ese tipo «descalzo»? —pregunté—. ¿Va a venir?

Unos meses antes, un tipo que se llamaba a sí mismo Ted Descalzo empezó a bombardear a Caballo con una riada de mensajes. El tipo parecía ser algo así como el Bruce Wayne de las carreras descalzas, el rico heredero de una fortuna californiana labrada en un parque de atracciones, dedicado en cuerpo y alma a luchar contra el mayor crimen cometido contra el pie humano: la invención de la zapatilla de deporte. Ted Descalzo (Barefoot Ted) creía que podíamos eliminar para siempre las lesiones del pie deshaciéndonos de nuestras Nike y estaba siempre dispuesto a dar ejemplo: había corrido las maratones de Los Ángeles y Santa Clarita descalzo

192

y había sido lo suficientemente rápido para clasificarse para la elitista maratón de Boston. Se rumoreaba que entrenaba corriendo descalzo en las montañas de San Gabriel y tirando de un coche con su mujer e hija montadas encima por las calles de Burbank. Ahora, iba a venir a México para conversar con los tarahumaras e investigar si la clave de su asombrosa resistencia se encontraba en sus pies casi descalzos.

—Me dejó un mensaje diciendo que llegaría más tarde —dijo Luis—. Así que creo que ya estamos todos. Caballo va a alucinar.

—¿Cuál es la historia de este tipo? —preguntó Scott.

Yo me encogí de hombros.

—Realmente no sé demasiado. Solo lo he visto una vez.

Scott frunció el ceño. Billy y Jenn se volvieron hacia mí y ladearon las cabezas, más interesados ahora en lo que yo iba a decir que en sus cervezas. La atmósfera del grupo entero cambió de pronto. Segundos antes, todos bebían y charlaban, ahora de repente, el silencio cayó y se notaba cierta tensión.

—¿Qué? —pregunté.

—Pensaba que eran muy buenos amigos —dijo Scott.

—¿Amigos? Ni por asomo —dije—. El tipo es todo un misterio. No sé ni siquiera dónde vive. Ni su verdadero nombre.

—¿Y cómo sabes entonces que es un tipo legal? —preguntó Joe Ramírez—. Mierda, a lo mejor ni siquiera conocía a los tarahumaras.

—Ellos lo conocen —dije—. Todo lo que puedo decirle está en el mensaje que les envié. Es un poco raro, es un corredor increíble y lleva mucho tiempo allá abajo. Esa es toda la información que tengo.

Todos nos sentamos y digerimos lo que acababa de decir, incluido yo. Entonces, ¿por qué estábamos confiando en Caballo? Me había dedicado tanto a entrenar para la carrera, que había olvidado que el verdadero reto era sobrevivir al viaje. No tenía ni idea de dónde

193

estaba realmente Caballo, o adónde nos estaba llevando. Podía estar completamente loco o ser un feliz inepto, y el resultado hubiera sido el mismo: metidos en las barrancas, estaríamos muertos.

—¡Oye!—soltó Jenn—. ¿Qué planes tienen para esta noche, chicos? Le he prometido a Billy unas buenas margaritas.

Si el resto del grupo albergaba algún tipo de duda, decidieron dejarlas a un lado. Scott y Luis y Eric y Joe estuvieron de acuerdo en meterse junto a Jenn y Billy en la camioneta de cortesía que nos daba el hotel y partir hacia el centro en busca de unos tragos. Yo no. Tenía un montón de millas por delante y quería descansar todo lo que fuera posible. A diferencia de ellos, yo ya había estado allá abajo. Y sabía lo que nos esperaba.

En algún momento a mitad de la noche, unos gritos cercanos me despertaron. Muy cercanos… como dentro de mi habitación. Y entonces resonó un bang en el baño.

—¡Billy, levántate! —gritó alguien.

—Déjame aquí, estoy bien.

—¡Tienes que levantarte!

Encendí las luces y vi a Eric Orton, el entrenador de deportes de aventura, de pie en el pasillo.

—Los chicos —dijo, agitando la cabeza—. No sé, colega.

—¿Están todos bien?

—No lo sé.

Me incorporé, todavía grogui, y caminé hasta la puerta del baño. Billy estaba tumbado dentro de la bañera con los ojos cerrados. Había vómito color rosa por toda su camiseta… y en el váter… y en el suelo. Jenn había perdido su ropa y lucía un moretón en el ojo; no llevaba más que unos shorts y un sujetador morado, y tenía el ojo izquierdo casi cerrado de la inflamación. Tenía a Billy sujeto de un brazo y estaba intentando ponerlo en pie.

—¿Puedes ayudarme a levantarlo? —preguntó Jenn.

—¿Qué le ha pasado a tu ojo?

—¿Qué quieres decir?

—¡Tan solo déjenme aquí! —gritaba Billy, mientras se reía como un villano para luego desmayarse.

Jesús. Me puse en cuclillas encima de él y busqué algún lugar no pegajoso de donde agarrarme. Lo levanté por las axilas pero no encontré una zona de carne blanda para agarrarlo. Billy era tan musculoso que intentar levantarlo era como alzar un trozo de carne magra. Eric y yo teníamos planeado compartir habitación, pero cuando Billy y Jenn aparecieron sin reserva ni, por lo que parecía, dinero para una habitación, optamos porque aterrizaran en nuestro cuarto. Y vaya si lo hicieron. Tan pronto como Eric logró montar el sofá cama, Jenn cayó encima como una bolsa de ropa sucia. Yo extendí a Billy a su lado, con la cabeza que le colgaba de un borde. Y alcancé a colocarle un cubo de basura debajo de la cara justo antes de que un nuevo río rosado empezara a manar. Cuando apagué las luces, seguía luchando con las arcadas.

De vuelta en el dormitorio adjunto, Eric me puso al tanto de lo ocurrido. Habían ido a un restaurante Tex-Mex, y mientras el resto comía, Jenn y Billy competían a ver quién bebía más margaritas tamaño pecera. En algún momento, Billy se alejó en busca del baño y nunca volvió. Jenn, mientras tanto, se divertía robándole el móvil a Scott cuando este intentaba despedirse de su mujer y gritando: «¡Socorro! ¡Estoy rodeada de penes!».

Por suerte, aquí fue cuando apareció Ted Descalzo. Una vez que llegó al hotel y oyó que sus compañeros de viaje habían salido de copas, se dirigió a la furgoneta de cortesía del hotel y convenció al chofer de que lo llevara a buscarlos. En la primera parada, el chofer divisó a Billy durmiendo en el estacionamiento, así que lo arrastró hasta la furgoneta mientras Ted Descalzo iba en busca del resto. Jenn tenía toda la vitalidad que le faltaba a Billy. Durante el camino de vuelta al hotel, estuvo todo el rato saltando de asiento en asiento hasta que el chofer pegó un frenazo y amenazó con echarla del coche si no se quedaba quieta de una vez.

La jurisdicción del chofer, de todas formas, se limitaba a lo que ocurría dentro de la furgoneta. Cuando los dejó en la puerta del hotel, Jenn volvió a desatarse. Salió disparada hacia el hotel, una vez dentro derrapó por todo el lobby y se estrelló contra una fuente gigante llena de plantas acuáticas, golpeándose la cara contra el mármol y ganándose un ojo morado. Salió empapada agitando los puños repletos de follaje por encima de su cabeza, como si acabara de ganar el Derby de Kentucky.

«¡Señorita! ¡Señorita!», suplicaba una recepcionista consternada, antes de recordar que suplicar no suele funcionar con borrachos que caen en fuentes. «Contrólenla —advirtió al resto—, o se largan todos de aquí.» Ahí lo tienes. Luis y Ted Descalzo redujeron a Jenn con un placaje y la llevaron a la fuerza hasta el ascensor. Jenn intentaba escabullirse, mientras que Scott y Eric arrastraban a Billy dentro. «¡Déjenme ir!», el personal del hotel podía oír a Jenn gimoteando mientras las puertas se cerraban. «¡Seré buena! Lo prometo...»

—Diablos —dije y comprobé la hora—. Tendremos que arrastrarlos y ponernos en marcha en cinco horas.

—Yo me encargo de Billy —dijo Eric—. Jenn es toda tuya.

Alrededor de las tres de la mañana sonó el teléfono.

—¿Señor McDougall?

—¿Hmm?

—Soy Terry, de recepción. Su amiguita necesita que alguien la ayude a volver a la habitación. De nuevo.

—¿Eh? No, no es ella esta vez —dije mientras buscaba la luz—. Ella está justo... —Eché un vistazo a la habitación. Ni rastro de Jenn—. Bueno, ahora bajo.

Cuando llegué al lobby me encontré con Jenn en sujetador y

196

shorts. Me lanzó una mirada de alegría, como diciendo: «¡Qué coincidencia!». A su lado se encontraba un muchachote con botas vaqueras y un cinturón con hebilla de rodeo. Echó un vistazo al ojo morado de Jenn, luego uno a mí, luego de vuelta al ojo de Jenn, como intentando decidir el momento justo de darme una paliza.

Aparentemente, Jenn se había levantado para ir al baño, pero se lo pasó de largo y terminó en medio del pasillo. Tras desahogarse al lado de la máquina de gaseosas, escuchó música y decidió ir a explorar. Había un banquete de bodas al final del pasillo. «Hey!», gritó todo el mundo cuando Jenn metió la cabeza. «Hey!», gritó Jenn de vuelta, mientras entraba bailando a conseguir un trago. Le hizo un baile sexy al novio, apuró una cerveza y esquivó a los chicos, que supusieron que la nena medio desnuda que había aparecido bamboleándose mágicamente a las tres de la mañana era su regalito sorpresa. Al final, Jenn logró escapar y terminó en la recepción del hotel.

—Cariño, no deberías beber así allá donde estás yendo —le dijo la recepcionista mientras Jenn se tambaleaba camino del ascensor—. De lo contrario te van a violar y dejar muerta en el camino.

La recepcionista sabía bien de lo que hablaba; nuestra primera parada camino de las barrancas era Ciudad Juárez, un pueblo fronterizo donde no rige ley alguna, al punto de que cientos de jovencitas de la edad de Jenn habían sido asesinadas y abandonadas en el desierto en los últimos años. Otras quinientas personas habían sido asesinadas en solo un año. Cualquier duda sobre quién manda en Juárez quedó resuelta cuando varias docenas de oficiales de policía renunciaron o fueron asesinados después de que los capos de la droga colgaran una lista con sus nombres en los postes de teléfono.

—Bueno —dijo Jenn, despidiéndose con la mano—. Siento lo de las plantas.

197

La subí de vuelta al sofá cama, y luego eché doble llave a la puerta para evitar cualquier posible escapada. Después comprobé la hora. Diablos, las 3:30. Teníamos que salir en noventa minutos o no alcanzaríamos a reunirnos con Caballo. En ese momento estaba yendo desde las barrancas hasta Creel. Desde ahí nos guiaría hasta las Barrancas del Cobre. Dos días después, todos teníamos que llegar a un punto específico en el camino de la cordillera de Batopilas, donde los tarahumaras estarían esperándonos. El problema eran los horarios de los autobuses a Creel; si salíamos tarde, no habría forma de saber a qué hora llegaríamos. Y sabía que Caballo no nos esperaría; no tenía que pensárselo siquiera entre dejarnos tirados o hacer esperar a los tarahumaras.

—Mira, ustedes tendrán que adelantarse —le dije a Eric cuando volví a la habitación—. El padre de Luis habla español, así que con él podrán llegar hasta Creel. Yo emprenderé el camino con estos dos tan pronto como sean capaces de caminar.

—¿Cómo vamos a encontrar a Caballo?

—Lo reconocerán. Es único en su especie.

Eric lo pensó.

—¿Estás seguro de que no quieres que meta a estos dos en vereda con un cubo de agua helada?

—Suena tentador —dije—. Pero llegados a este punto los prefiero dormidos.

Alrededor de una hora después, oímos ruido en el baño.

—No hay nada que hacer —masculló, levantándome para ver quién estaba vomitando.

Pero me encontré con Billy enjabonándose en la ducha y Jenn cepillándose los dientes.

—Buenos días —dijo Jenn—. ¿Qué le ha pasado a mi ojo?

Media hora después, los seis estábamos en la furgoneta del hotel atravesando a toda prisa las húmedas calles de la mañana de El Paso, en dirección a la frontera mexicana. Teníamos que cruzar hasta Juárez, luego saltar de bus en bus atravesando el desierto de Chihuahua hasta el borde de las barrancas. Aun con la suerte de nuestro lado, teníamos por delante por lo menos quince horas de destartalados autobuses mexicanos hasta llegar a Creel.

—El hombre que me dé una Mountain Dew puede poseer mi cuerpo —dijo Jenn con la voz ronca, los ojos cerrados y la cara frente a la brisa que entraba por la ventana de la furgoneta—. Y el de Billy.

—Si corren de la misma manera que salen de juerga, los tarahumaras no tienen ninguna oportunidad —me dijo entre dientes Eric—. ¿Dónde encontraste a estos dos?

22

Jenn y Billy se conocieron en el verano de 2002, después de que Billy terminara el primer año en la Universidad Virginia Commonwealth y volviera a casa para trabajar como socorrista en Virginia Beach. Una mañana llegó a su caseta y se encontró con que la Suerte del Tonto lo había tocado de nuevo. Su nueva compañera parecía un comercial de cerveza Corona que había cobrado vida, una preciosidad que alcanzaba notas altas en todas las categorías que puntuaban para Cabeza de Chorlito: era una surfista, una rata de biblioteca camuflada y una fiestera de armas tomar, cuyo viejo Mitsubishi tenía una silueta tamaño natural de Hunter S. Thompson apuntando una Magnum 44 dibujada sobre el capó. Pero, casi instantáneamente, Jenn comenzó a fastidiarlo. Se había fijado en la gorra de béisbol de la Universidad de Carolina del Norte que llevaba Billy y no iba a dejarlo en paz.

—¡Colega! —dijo Jenn—. Necesito esa gorra.

Jenn había ido a la Universidad de Carolina del Norte durante un año hasta que abandonó y se mudó a San Francisco para escribir poesía, así que si existía justicia kármica en esta playa era ella quien debía llevar una prenda de los Tar Heels y no un surfista niño bonito como él, que solo llevaba la gorra para evitar que sus mechones de niño bonito le cayeran sobre los ojos…

—¡Está bien! —estalló Billy—. Es tuya.

—¡Genial!

—Sí —continuó Billy—, corres hasta la playa en pelotas.

Jenn se rió.

—¡Hecho! En cuanto acabe el turno.

Billy negó con la cabeza.

—No. Ahora mismo.

Momentos después, ovaciones y silbidos brotaron desde el paseo marítimo mientras Jenn salía de un baño portátil con su traje de baño tirado en el suelo detrás de ella. ¡Así se hace, nena! Llegó hasta la siguiente caseta, a una manzana de distancia, se dio la vuelta y regresó atropellando a la multitud de madres y niños que ella misma debía proteger de, entre otras cosas, la desnudez total de universitarios fracasados haciéndose los locos. Increíblemente, Jenn no fue despedida (eso pasó después, cuando jodió la camioneta del capitán de los socorristas metiendo un cangrejo vivo bajo el capó).

Durante momentos más tranquilos, Jenn y Billy hablaron largo rato de olas enormes y libros. Jenn adoraba tanto a los poetas beatniks que estaba planeando estudiar escritura creativa en la Escuela Jack Kerouac de Poética Incorpórea, siempre y cuando volviera a la universidad y obtuviera un título antes. Tiempo después leyó la autobiografía de Lance Armstrong, *Mi vuelta a la vida,* y se enamoró de un nuevo tipo de poeta guerrero.

Descubrió que Lance no era tan solo una bestia sobre una bicicleta. Era un filósofo, un beatnik tardío, un vagabundo del Dharma navegando por los mares de asfalto en busca de inspiración y experiencias puras. Sabía que Armstrong había superado un cáncer, pero no tenía ni idea de cuán cerca de la muerte había estado realmente. Para cuando Armstrong entró en quirófano, el tumor se había expandido por todo su cerebro, sus pulmones y testículos. Después de la quimioterapia, quedó demasiado débil para siquiera caminar pero tenía que tomar una decisión urgente:

¿debía cobrar la póliza de seguro de un millón y medio de dólares o rechazarla e intentar reconstruirse a sí mismo y volver a ser un deportista de resistencia? Si cobraba la póliza, tenía la vida resuelta. Si la rechazaba y sufría una recaída, era hombre muerto; no tendría dinero, ni seguro médico, ni oportunidad alguna de llegar a los treinta años.

—A la mierda con el surf —soltó Billy. Había descubierto que lo importante de vivir al límite no era el peligro, sino la curiosidad. Una curiosidad audaz, como la que había tenido Lance cuando se le daba por perdido, pese a lo cual había decidido comprobar si era capaz de reconstruir su cuerpo destrozado y volver a ser un campeón mundial. Como había hecho Kerouac cuando se lanzó a la carretera para luego escribir en una descarga despreocupada sin pensar en que su trabajo fuera a ver la luz de la imprenta. De esa forma, Jenn y Billy podían trazar una línea de ascendencia que pasaba por un escritor beatnik, un ciclista campeón y llegaba hasta una pareja de socorristas de Virginia Beach adictos a la cerveza Pabst Blue Ribbon. No esperaban conseguir nada, así que podían intentarlo todo. Llamaban a la puerta de la audacia.

—¿Has oído alguna vez hablar acerca de Mountain Masochist? —le preguntó Billy a Jenn.

—No, ¿quién es?

—Es una carrera, cabeza hueca. Cincuenta millas a través de las montañas.

Ninguno de los dos había corrido una maratón antes. Habían sido chicos de playa toda su vida, así que casi no habían visto las montañas, y ni hablar de correr por ellas. Ni siquiera iban a poder entrenar adecuadamente, la cima más alta cerca de Virginia Beach era una duna de arena. Una carrera de cincuenta millas por las montañas estaba *muuuy* por encima de sus posibilidades.

—Colega, suena genial —dijo Jenn—. Cuenta conmigo.

Necesitaban ayuda de la buena, así que Jenn buscó donde siempre miraba cuando necesitaba consejo. Y como de costumbre, sus borrachos fumadores favoritos aparecieron cuando más falta le hacían. Primero, ella y Billy se sumergieron en *Los vagabundos del Dharma* y empezaron a memorizar las descripciones que Jack Kerouac había hecho de la escalada a las montañas Cascadia.

«Intenta meditar mientras caminas. Limítate a andar mirando al suelo y sin mirar a los lados, y abandónate mientras el suelo desfila a tus pies —escribió Kerouac—. Las sendas son así: uno se siente flotar en el paraíso shakespeariano de Arden y cree que va a ver ninfas y pastores tocando el caramillo, cuando de repente se encuentra bajo un sol abrasador en un infierno de polvo y espinos y ortigas..., exactamente igual que la vida.» «Todo nuestro enfoque de las carreras de montaña viene de *Los vagabundos del Dharma*», me diría después Billy. Y a la hora de buscar inspiración, Charles Bukowski hacía su entrada: «Si vas a intentarlo, ve hasta el final —escribió el autor de *Barfly*—. No hay sensación parecida / Estarás a solas con los dioses / y las noches arderán en llamas... Llevarás las riendas de la vida hasta / la risa perfecta, es / la única lucha digna que hay».

Poco después, los pescadores de la orilla empezaron a notar cosas raras cuando el sol caía todas las tardes sobre el Atlántico. Se oían cánticos entre las dunas —¡Visiooones! ¡Maldiciooones! ¡Alucinaciooooones!— seguidos de la aparición de algún tipo de bestia humana de cuatro piernas que galopaba y aullaba. Conforme se acercaba, los pescadores pudieron comprobar que, en realidad, eran dos personas corriendo hombro con hombro. Una era una jovencita con un pañuelo del orgullo gay en la cabeza y un murciélago tatuado en el brazo, mientras que el otro, hasta donde alcanzaban a ver, parecía un hombre lobo de peso welter bajo la luz de la luna.

Antes de empezar sus carreras vespertinas, Jenn y Billy ponían una cinta de Allen Ginsberg leyendo «Aullido» en su Walkman. Cuando correr dejara de ser tan divertido como el surf, lo dejarían, según habían acordado. De modo que para tener la misma sensación de deslizarse sobre el oleaje, la misma sensación de ser levantados y barridos de golpe, corrían al ritmo de la poesía beatnik.

«¡Milagros! ¡Éxtasis! ¡Arrastrados por el río americano!», gritaban mientras andaban con pasos felinos junto a la orilla del mar.

«¡Nuevos amores! ¡Loca generación! ¡Abajo sobre las rocas del Tiempo!»

Meses después, durante la carrera Old Dominion 100, unos voluntarios en el puesto de socorro a mitad del trayecto oyeron el eco de unos alaridos que venía del bosque. Momentos después, una chica con coletas aparecía de entre los árboles. Dio una voltereta y empezó a boxear con su propia sombra. «¿Esto es todo, Old Dominion?», gritaba lanzando puñetazos al aire. El único miembro del equipo de apoyo de Jenn, Billy, la esperaba con su refrigerio de media carrera favorito: Mountain Dew y pizza de queso. Jenn dejó de boxear y cortó un trozo de pizza. Los voluntarios la miraban incrédulos.

—Cariño —le advirtió uno—. Será mejor que descanses un poco. En las carreras de cien millas, la mitad del camino no está hecho sino cuando faltan solo veinte millas.

—Ok —dijo Jenn. Y luego se limpió la grasa de la boca en su sostén de deporte, tragó un poco de gaseosa y salió disparada de nuevo.

—Tienes que hacer que baje el ritmo —le dijo uno de los voluntarios a Billy—. Está tres horas por debajo del récord vigente.

Enfrentarse a cien millas en la montaña no era como correr maratones de ciudad; si te metes en problemas cuando oscurece, deberás considerarte afortunado si consigues regresar.

Billy se encogió de hombros. Tras un año de romance con Jenn había aprendido que era capaz de cualquier cosa menos de actuar con moderación. Incluso cuando intentaba refrenarse, fuera lo que fuera que se acumulaba en su interior —pasión, inspiración, irritación, júbilo— inevitablemente encontraba la forma de salir disparado. Después de todo, esta era la mujer que se había inscrito en el equipo de rugby de la Universidad de Carolina del Norte y había establecido un estándar considerado inalcanzable durante los ciento setenta años de historia de este deporte: Demasiado Salvaje para las Fiestas de Rugby. «Se volvía tan loca que los tipos del equipo masculino la tumbaban en el suelo y la llevaban a rastras de vuelta a su habitación», contaba su mejor amiga de la universidad, Jessie Polini. Jenn siempre iba a máxima velocidad, preocupándose por las paredes de piedra una vez que se estrellaba contra ellas.

Esta vez, la pared llegó con fuerza en la señal de la milla setenta y cinco. Eran las seis de la tarde. El sol había dibujado un arco en el cielo desde que Jenn había empezado a correr a las cinco de la mañana y todavía le quedaba la distancia equivalente a una maratón. Esta vez no hubo boxeo según llegaba al puesto de socorro. Se detuvo frente a la mesa con comida, atontada por la fatiga, demasiado cansada para comer y con la cabeza demasiado confundida para decidir qué hacer. Todo lo que sabía era que si se sentaba, no sería capaz de levantarse.

—¡Vamos, cachorra! —gritó alguien.

Justo entonces llegaba Billy, quitándose la chaqueta, debajo de la cual llevaba unos bermudas y una camiseta rockera con las mangas rotas. Hay maratonistas que celebran encantados que sus asistentes los acompañen durante las últimas dos o tres millas. Billy se iba a apuntar a una maratón entera. Jenn sintió cómo subía su ánimo. Cabeza de Chorlito. Qué tipo.

—¿Quieres un poco más de pizza? —preguntó Billy.

—Bah. Ni hablar.

—Bien. ¿Estás lista?

—Así es.

Los dos volvieron al camino. Jenn corría en silencio, se encontraba mal y todavía estaba considerando la posibilidad de regresar al puesto y abandonar la carrera. Billy la persuadía para quedarse tan solo con seguir ahí a su lado. Jenn batalló durante una milla, luego otra, y algo extraño empezó a ocurrir: su desesperación se convirtió en euforia, conforme iba sintiendo que, diablos, qué alucinante era deambular por esta naturaleza salvaje bajo una puesta de sol abrasadora, sintiéndose libre y desnuda y veloz, con la brisa fresca del bosque acariciando su piel sudada.

Hacia las diez y media de la noche, Jenn y Billy habían dejado atrás a todos los corredores menos uno. Jenn no solo terminó la carrera, sino que llegó segunda y se convirtió en la mujer más rápida en la historia de la carrera, rompiendo el antiguo récord por más de tres horas (su récord de 17:34 no ha sido superado hasta la fecha). Cuando el ranking nacional apareció unos meses después, Jenn descubrió que se encontraba entre los tres mejores corredores de cien millas de Estados Unidos. Poco después, estableció un récord global: sus 14:57 en la Rocky Raccoon 100 fue —y sigue siendo— la marca más rápida en una carrera de montaña de cien millas jamás alcanzada por una mujer.

Ese agosto, apareció una foto en la revista *UltraRunning*. En ella puede verse a Jenn terminando una carrera de treinta millas en algún lugar perdido de Virginia. No había nada especial en su clasificación (obtuvo el tercer puesto), ni en su atuendo (unos shorts negros básicos y un sostén deportivo negro básico), ni siquiera en el trabajo de la cámara (poca luz, pobremente recortada). Jenn no estaba luchando a muerte con un contrincante, ni avanzando a grandes pasos sobre la montaña con la majestuosidad de una modelo de Nike, ni llegando jadeante hacia la gloria con una mueca de determinación arrebatadora. Todo lo que hacía era... correr. Correr y sonreír.

Pero había algo extrañamente conmovedor en esa sonrisa. Uno podía ver que lo estaba pasando en grande, como si no hubiera una sola cosa en la Tierra que prefiriese estar haciendo en ese momento, ni un solo lugar en todo el planeta donde prefiriese estar haciéndolo, nada fuera de este sendero perdido en medio del desierto apalache. Y aunque acababa de correr cuatro millas más que una maratón, se la veía ligera y despreocupada, con la mirada coqueta y la coleta bailándole alrededor de la cabeza, como baila una camiseta en el puño de un futbolista brasileño que acaba de anotar un gol. Su placer era a todas luces inconfundible, la hacía sonreír de una forma tan honesta y descuidada que parecía sumida en la vorágine de la inspiración artística.

Quizá lo estaba. Cada vez que una disciplina artística pierde la llama de la inspiración, que se ve debilitada por la endogamia intelectual y sus principios rectores devienen en rancia tradición, un ala radical aparece finalmente para hacer volar todo por los aires y empezar la reconstrucción desde los cimientos. Los Jóvenes Pistoleros de la ultramaratón eran como los escritores de la Generación Perdida de los años veinte, los poetas beatniks de los cincuenta y los rockeros de los sesenta: eran muy pobres y eran ignorados y por tanto libres de cualquier atadura y expectativa. Eran artistas del cuerpo, jugando con la paleta de la resistencia humana.

—Entonces, ¿por qué no corres maratones? —le pregunté a Jenn cuando la llamé para entrevistarla acerca de los Jóvenes Pistoleros—. ¿Crees que podrías clasificarte para las pruebas eliminatorias a las Olimpiadas?

—Colega, en serio —me dijo—. La marca para clasificar está en 2:48. Cualquiera puede hacer eso.

Jenn podía correr una maratón en menos de tres horas vistiendo un biquini de hilo dental y tomándose una cerveza en la milla 23. Y lo haría, justo cinco días después de correr las cincuenta millas de una carrera en la Cordillera Azul.

—¿Y luego qué? —continuó Jenn—. Odio todo ese bombo alrededor de las maratones. ¿Cuál es el misterio? Conozco a una chica que está entrenando para las pruebas de clasificación, ¡y tiene programadas todas sus rutinas de entrenamiento de los próximos tres años! Hace trabajo de velocidad en pista casi todos los días. Yo no podría hacerlo, amigo. Se suponía que iba a correr con ella un día a las seis de la mañana, y la llamé a eso de las dos de la mañana para decirle que estaba sumergida en margaritas y que probablemente no iba a llegar.

Jenn no tenía ni entrenador ni programa de entrenamiento, ni siquiera tenía un reloj propio. Tan solo salía de la cama cada mañana, comía una hamburguesa vegetariana y corría tan lejos y tan rápido como quería, lo que normalmente terminaban siendo unas veinte millas. Luego se montaba en el patinete que compró en lugar de un vale de estacionamiento y salía disparada a clase en la Universidad de Old Dominion, donde acababa de matricularse y estaba consiguiendo muy buenos resultados.

—Nunca he hablado de esto con nadie porque suena pretencioso, pero empecé a correr ultramaratones para convertirme en mejor persona —me dijo Jenn—. Pensé que si uno podía correr cien millas, alcanzaría el estado zen. Que sería el puto Buddha, trayendo paz y sonrisas al mundo. No ha funcionado para mí, sigo siendo la misma gamberra que era antes, pero ahí está la esperanza de que te convertirá en la persona que quieres ser, una persona mejor, en paz.

Y luego continuó:

—Cuando estoy metida en una carrera larga, lo único que importa en esta vida es terminar la carrera. Por una vez, mi cabeza no está diciendo bla bla bla bla todo el tiempo. Todo se calma y fluye. Soy solo yo y el desplazamiento y el movimiento. Por eso lo adoro… ser una bárbara corriendo por el bosque.

Escuchar a Jenn era como entrar en contacto con el fantasma de Caballo Blanco.

—Es curioso pero suenas igual que este tipo que conocí en México —le dije—. Voy a ir allí dentro de unas semanas para una carrera que está organizando con los tarahumaras.

—¡Ni hablar!

—Es probable que venga Scott Jurek también.

—¡Estás de broma! —exclamó la Buda en ciernes—. ¿En serio? ¿Podemos ir mi amigo y yo? Oh, no. Mierda. Tenemos exámenes parciales esa semana. Voy a tener que engañarlo para que acepte. Dame hasta mañana, ¿de acuerdo?

A la mañana siguiente, según lo prometido, recibí un email de Jenn:

Mi madre piensa que eres un asesino en serie que va a matarnos en el desierto. Bien vale la pena el riesgo. ¿Dónde nos encontramos?

23

Llegamos a Creel bien entrada la noche, con el autobús sacudiéndose al parar, y con un silbido de frenos que parecía un suspiro de alivio. Fuera de la ventana, alcancé a ver cómo se acercaba hacia nosotros, abriéndose paso en la oscuridad, el viejo sombrero de paja de Caballo.

No podía creer que habíamos atravesado el desierto de Chihuahua sin mayores problemas. Normalmente, las probabilidades que existían de cruzar la frontera y coger cuatro autobuses seguidos sin que ninguno se estropeara o avanzara a trompicones para retrasarse medio día eran las mismas que las de ganar el premio de una máquina tragaperras de Tijuana. En cada viaje a través de Chihuahua es casi seguro que alguien tendrá que consolarte con el lema local: «Nada funciona según lo planeado, pero siempre termina funcionando». Pero este plan, hasta ahora, estaba resultando ser a prueba de tontos, a prueba de borrachos y a prueba de narcos.

Claro, eso hasta que Caballo conoció a Ted Descalzo.

—¡Caballo Blanco! ¿Ese eres tú, cierto?

Antes incluso de que consiguiera bajar del autobús, pude oír una voz fuera retumbando como un cañonazo.

—¡Tú eres Caballo! ¡Es genial! ¡Puedes llamarme Mono! ¡El Mono! Ese soy yo, el Mono. Ese es mi animal interior.

Cuando salí por la puerta, me encontré a Caballo consternado de incredulidad ante Ted Descalzo. Como el resto de nosotros había descubierto durante las largas horas de viaje en autobús, Ted Descalzo hablaba de la misma manera que Charlie Parker tocaba el saxo: percibía cualquier entrada posible y desataba un asombroso torrente de improvisación, aparentemente respirando por la nariz mientras expulsaba un inagotable flujo de sonido por la boca. Durante nuestros primeros treinta segundos en Creel, Caballo recibió una ráfaga de conversación mayor a la que había tenido en todo un año. Sentí una punzada de lástima, pero solo una punzada. Nosotros habíamos estado escuchando el remix de los Grandes Éxitos de Ted Descalzo durante las últimas quince horas. Ahora le tocaba a Caballo.

—… los tarahumaras me han inspirado mucho. La primera vez que leí que podían correr cien millas en sandalias, ese logro fue tan chocante y subversivo, tan contrario a lo que yo había asumido como necesario para que un ser humano recorriera esa distancia, que recuerdo haber pensado: «¿Cómo diablos? ¿Cómo diablos es posible?». Ahí empezó todo, ese fue el primer rayo de luz que me hizo ver que *quizáaas* las compañías de calzado deportivo modernas no tenían todas las respuestas…

Uno no tenía siquiera que escuchar a Ted Descalzo para disfrutar de la coctelera que llevaba por cabeza, bastaba con verlo. Su atuendo era mitad monje tibetano, mitad patinador chic: pantalones vaqueros de *kickboxing* con un cordel a la cintura, una ajustada camiseta sin mangas, sandalias de baño japonesas, un amuleto de latón con forma de esqueleto que le colgaba a la mitad del pecho y un pañuelo rojo atado al cuello. Con la cabeza rapada, el cuerpo cuadrado y unos ojos negros que bailaban en busca de atención de manera similar a como lo hacía su voz, parecía una versión lista para el combate del Tío Lucas.

—Bueno, sí, amigo —masculló Caballo, dejando atrás a Ted para saludar al resto.

Cogimos nuestras mochilas y seguimos a Caballo a través de la única calle principal de Creel hacia el alojamiento que había encontrado para nosotros al final del pueblo. Estábamos todos muertos de hambre y exhaustos después de un viaje tan largo, temblando en el frío de la meseta y añorando una cama caliente y un tazón humeante de los frijoles de Mamá. Todos menos Ted, que pensaba que el asunto primordial era seguir con la historia de su vida que había empezado a contarle a Caballo al segundo de conocerlo. Caballo se estaba poniendo nervioso, pero decidió no interrumpirlo. Traía noticias terribles y aún no había decidido cómo contárnoslas sin que nos diéramos la vuelta y nos volviéramos a montar en el autobús.

«Mi vida es una explosión controlada», le gusta decir a Ted Descalzo. Vive en Burbank, en un recinto que recuerda al apartamento para niños de Tom Hanks en *Big*. El lugar está lleno de coches deportivos, caballos de carrusel, bicicletas victorianas de ruedas altas, jeeps de colección, carteles de circo, una piscina de agua salada y un hidromasaje del que se ha adueñado una tortuga del desierto californiana (especie en peligro de extinción). En lugar de un garaje, hay dos carpas de circo gigantes. Hay una manada surtida de perros y gatos, además de un ganso, un gorrión domesticado, treinta y seis palomas mensajeras, y un puñado de unos extraños pollos asiáticos con garras y cubiertos de plumas que parecen pelo, todos entrando y saliendo de un bungalow de una sola planta.

»He olvidado esta palabra que usaba Heidegger, la que significa "Soy la expresión de este lugar"», decía Ted, aunque el lugar no era suyo en realidad. Era de su primo Dan, un genio autodidacta

212

de la mecánica que sin ayuda de nadie había creado la empresa líder mundial en restauración de carruseles. «Dita Von Teese hace striptease en uno de nuestros caballos —cuenta Ted—. Christina Aguilera se llevó uno para su gira.» Cuando Dan estaba atravesando por un mal divorcio hace unos años, Ted decidió que lo que más falta le hacía a su primo era él mismo, así que apareció en casa de Dan con su mujer, su hija y su manada de animales salvajes y no volvió a irse. «Dan se pasa el día luchando con estos fríos, grandes, malvados artilugios mecánicos y sale con la grasa chorreándole por los dedos, como la sangre en las garras de un ave de presa —dice Ted—. Es por eso por lo que somos tan imprescindibles. Se convertiría en un sociópata si no me tuviera a mano para discutir.»

Ted consiguió hacerse útil montando una pequeña tienda on line donde vendía baratijas de carrusel y que controlaba desde un Mac en una de las habitaciones que sobraban en casa de Dan. No daba demasiado dinero, pero le dejaba a Ted un montón de tiempo libre para entrenar para sus carreras de cincuenta millas conduciendo una bicicleta victoriana de un metro ochenta y tirando de un coche a ruedas con su mujer e hija montadas encima. Caballo se había hecho una idea equivocada de la riqueza de Ted, principalmente porque en sus emails solía realizar el tipo de planificación que uno asociaría con uno de los inversores fundadores de Microsoft. Mientras el resto de nosotros estábamos averiguando el precio de vuelos económicos a El Paso, por ejemplo, Ted preguntaba por pistas de aterrizaje en el interior mexicano, donde pudiera llegar una avioneta privada. No es que Ted tuviera un avión; casi no tenía ni coche. Iba por ahí en un Volkswagen escarabajo de 1966, en tal estado de deterioro que no podía alejarse más de veinticinco millas de casa. «De ese modo, nunca tengo que viajar a ningún sitio demasiado lejos —explica—. Soy pobre por elección, y lo encuentro extremadamente liberador.»

Durante sus años de estudiante en el Art Center College of Design en Pasadena, Ted estaba locamente enamorado de una compañera de clase, Jenny Shimizu. Un día que pasaba la tarde en el apartamento de Jenny, conoció a dos nuevos amigos: Chase Chen, un joven artista chino, y su hermana Joan. Ninguno de los hermanos Chen hablaba demasiado bien inglés, así que Ted se nombró a sí mismo su embajador cultural. La amistad resultó beneficiosa para todos: Ted tenía una audiencia cautiva para sus torrentes sinfónicos de conocimiento, mientras que los Chen se veían expuestos a un caudal de palabras nuevas, y Jenny podía descansar un poco del cortejo de Ted. Pocos años después, tres de los cuatro miembros del grupo se convertirían en nombres internacionalmente conocidos: Joan Chen se convirtió en una estrella de Hollywood y fue elegida por la revista *People* para su lista de los «50 Más Bellos». Chase se convirtió en un retratista aclamado por la crítica y en el artista chino mejor pagado de su generación. Jenny Shimizu se convirtió en modelo y en una de las lesbianas más prominentes del planeta («una personalidad homosexual», según dijo *The Pink Paper*) debido a sus relaciones con Madonna y Angelina Jolie (trayectoria que, pese al tatuaje de una nena sexy cabalgando una llave de tuercas que tenía Jenny en el brazo izquierdo, Ted nunca había imaginado).

Y en lo que a Ted respecta, bueno...

Consiguió meterse entre los treinta mejores del mundo en aguantar la respiración.

«Llegué hasta los cinco minutos y quince segundos —cuenta Ted—. Me pasé todo el verano practicando en la piscina.» Pero el aguantar la respiración, ay, es una amante caprichosa y no pasó mucho tiempo antes de que Ted fuera expulsado de los rankings por otros competidores aún más dedicados al arte de inspirar menos que el resto de los mortales. Uno debe de sentir una punzada de lástima por este pobre chico al ver cómo se escapaban sus sueños de gloria haciendo burbujas en la piscina de su primo, mientras que todos sus conocidos estaban pintando obras maestras, acostándose con superestrellas y siendo dirigidos por Bernardo Bertolucci.

¿Y qué era lo peor? Que Ted conteniendo la respiración era Ted en sus mejores momentos. De alguna manera, eso era lo que había atraído a Lisa, quien se convertiría en su esposa. Eran compañeros en una casa común, pero dado que Lisa era la gorila de puerta de un bar heavy metal y nunca volvía a casa antes de las tres de la mañana, su exposición a Ted se limitaba a la versión sin agua del fondo de la piscina: después del trabajo, llegaba a casa y encontraba a Ted sentado en silencio en la mesa de la cocina, comiendo arroz con frijoles con la nariz enterrada en algún libro de filosofía francesa. Su energía e inteligencia eran ya legendarias entre sus compañeros; Ted podía pasarse la mañana pintando, la tarde entera sobre el patinete y toda la noche memorizando versos japoneses. Ted le alcanzaba un plato caliente de frijoles y luego, dado que su motor frenético finalmente empezaba a desacelerar, detenía la función y la dejaba hablar. De tanto en tanto, hacía algún comentario sensible y luego la animaba para que continuase. Pocos llegaban a ver esta versión de Ted. Era una gran pérdida, para ellos y para él. Pero Chase Chen había llegado a verla. Su ojo de artista alcanzó a divisar la intensa calma que sucedía al huracán Ted. La especialidad de Chase, después de todo, era «la dramática danza entre la luz y la sombra», y, hermano, la danza dramática le iba a Ted como anillo al dedo. Lo que fascinaba a Chase no era la acción, sino la anticipación; no los saltos de bailarina, sino el instante previo, cuando la fuerza está concentrada y cualquier cosa es posible. Veía lo mismo en los momentos de calma de Ted, el mismo poder de cocción y posibilidades ilimitadas, y ahí era cuando Chase cogía su cuaderno de dibujo. Durante años, Chase usó a Ted como modelo; algunas de sus mejores obras, de hecho, son retratos de

Ted, Lisa y su adorable hija Ona. El mundo visto a través de Ted tenía tan embelesado a Chase que publicó un libro entero con retratos de Ted y su familia: Ted y Ona metidos en el viejo Volkswagen... Ona concentrada en un libro... Lisa mirando por encima del hombro de Ona, el resultado viviente de la unión de las luces y sombras de su padre.

Para cuando Ted estaba acercándose a los cuarenta años, sin embargo, sus cuatro décadas de danza dramática no le habían conseguido más que cameos en la obra de otra persona y un cuarto vacío en el bungalow de su primo. Y justo cuando parecía que había cruzado la línea que convertía un gran potencial en talento desperdiciado, sucedió algo maravilloso:

Empezó a dolerle la espalda.

En el año 2003, Ted decidió celebrar su cumpleaños número cuarenta con su propia carrera de resistencia, «La Ironman Anacrónica». Sería una triatlón Ironman completa —2,4 millas nadando en el océano, 112 millas en bicicleta y 26,2 millas corriendo— excepto que, por razones que solo Ted conocía, la equipación permitida debía datar de 1890. Ted ya tenía dos terceras partes del camino hecho: era lo suficientemente fuerte para poder nadar con esos enterizos de lana y se había convertido en un experto con la bicicleta de rueda alta. Pero correr, lo de correr lo estaba matando.

«Cada vez que corría una hora, tenía un dolor insoportable en la parte baja de la espalda —cuenta Ted—. Era tan desalentador. No podía ni imaginar ser capaz de correr una maratón.» Y lo peor aún estaba por llegar: si no podía con seis millas en zapatillas de correr modernas, entonces tendría que enfrentarse a un mundo de dolor cuando tuviera que correr a la manera victoriana. Las zapatillas de correr llevan el mismo tiempo entre nosotros que los transbordadores espaciales; antes de eso, nuestros padres usaban zapatillas planas con suela de goma y nuestros abuelos iban en pan-

216

tuflas de ballet de cuero. Durante millones de años, los seres humanos corrieron sin protección para el arco del pie, control de pronación ni plantillas de gel para los talones. ¿Cómo demonios se las arreglaban? Ted no tenía ni idea. Pero lo primero era lo primero, quedaban seis meses para su cumpleaños, así que la prioridad número uno era encontrar una forma, cualquier forma, de recorrer veintiséis millas a pie. Una vez que hubiese resuelto eso, ya se preocuparía por realizar la transición a las asesinas de piel de vaca.

«Si me decidía a hacerlo, encontraría una forma —me dijo Ted—. Así que empecé a investigar.» Primero, lo examinaron un quiropráctico y un cirujano ortopédico y ambos le dijeron que en realidad no tenía ningún problema. Correr era un deporte inherentemente peligroso, le dijeron, y uno de los peligros pasaba por la forma en que el impacto de los golpes afectaba a sus piernas y columna. Pero los médicos tenían una buena noticia: si Ted insistía en correr, su tarjeta de crédito podría curarlo. Unas zapatillas caras y unas esponjosas taloneras de gel, le dijeron, protegerían sus piernas lo suficiente para que pudiera correr la maratón.

Ted se gastó la fortuna que en realidad no tenía en las zapatillas más caras que encontró, y descubrió, destrozado, que en realidad no ayudaban demasiado. Pero en lugar de culpar a los médicos, culpó a las zapatillas: probablemente su caso necesitaba más protección de la que los treinta años de investigación y desarrollo de inyección de aire realizados por Nike tenían para ofrecerle. Así que tragó saliva y envió trescientos dólares a Suiza a cambio de un par de Kangoo Jumps, las zapatillas más saltarinas del mundo. Las Kangoo son básicamente unos patines *rollerblade* diseñados por Wile E. Coyote: en lugar de ruedas, cada bota se asienta sobre un sistema de suspensión por resorte que te permite rebotar como si estuvieras dando un paseo por la Luna.

Cuando la caja llegó, seis semanas después, Ted estaba casi

temblando de la emoción. Dio unos cuantos pasos de prueba y... ¡fantástico! Era como caminar con los labios de Mick Jagger atados a la planta de los pies. «Oh sí, esta va a ser la solución», pensó Ted según iba rebotando por la calle. Para cuando llegó a la esquina, estaba tocándose la espalda y maldiciendo. «El dolor que antes sentía tras una hora de correr con zapatillas, no tardaba nada en aparecer si llevaba las Kangoo —cuenta Ted—. Toda mi concepción de lo que necesitaba se había caído a pedazos.»

Furioso y frustrado, se las quitó. No podía esperar a meter las estúpidas Kangoo en su caja y enviarlas de vuelta a Suiza, con instrucciones precisas de dónde podían metérselas. Regresó a casa descalzo, tan molesto y decepcionado que hasta el final del trayecto no notó lo que ocurría: no le dolía la espalda. No le dolía nada.

«Oyeee... —pensó Ted—. Quizá podría correr la maratón descalzo.» Los pies descalzos se consideraban equipo deportivo en 1890.

Así que cada día, Ted se ponía unas zapatillas y caminaba hasta Hansen Dam, un oasis de arbustos y lagos que él llamaba «la última tierra salvaje de Los Ángeles». Una vez ahí, se quitaba las zapatillas y corría descalzo por los senderos de herradura. «Estaba absolutamente maravillado por lo agradable que era —recuerda Ted—. Las zapatillas me causaban tanto dolor, y en cuanto me las quité, fue como si mis pies se convirtieran en peces que saltan de vuelta al agua tras haber estado prisioneros. Al final, terminé dejando el calzado en casa.»

¿Por qué se sentía mejor su espalda con menos protección? Fue a buscar respuestas en Internet, y el resultado fue como encontrar una tribu secreta del Amazonas tras abrirse paso por la selva. Ted se encontró con una comunidad internacional de corredores descalzos, poseedores de su propia sabiduría ancestral y nombres tribales y guiados por su gran sabio barbudo, Ken Bob Descalzo. Y, por suerte, a los miembros de esta tribu les encantaba escribir. Ted estudió minuciosamente los archivos de Ken Bob Descalzo. Descubrió que Leonardo Da Vinci consideraba el pie humano, con su fantástico sistema de suspensión de peso compuesto por la cuarta parte de los huesos del cuerpo, «una obra maestra de ingeniería y una pieza de arte». Aprendió acerca de Abebe Bikila —el maratonista etíope que corrió descalzo sobre los adoquines de Roma para ganar la maratón olímpica de 1960— y acerca del doctor Charlie Robbins, una voz solitaria en la jungla médica que corre descalzo y niega que las maratones no son perjudiciales, pero está completamente seguro de lo perjudicial que es el calzado.

Pero sobre todo, Ted se quedó petrificado al leer el manifiesto escrito por Ken Bob Descalzo, «El Manifiesto del Pulgar Desnudo». Ted sintió escalofríos por la manera en que parecía estar escrito directamente para él. «Varios de ustedes probablemente están sufriendo de dolores crónicos relacionados con el hecho correr», empezaba Ken Bob Descalzo:

> ¡Las zapatillas bloquean el dolor, no el impacto!
> ¡El dolor nos enseña a correr cómodamente!
> Desde el momento en que empieces a andar descalzo, cambiará tu forma de correr.

«Ese fue mi momento ¡Eureka!», recuerda Ted. De pronto, todo cobraba sentido. ¡Así que era por eso por lo que esas espantosas Kangoo Jumps hacían que le doliera la espalda! Toda esa protección bajo la planta de los pies le dejaba correr con zancadas grandes y descuidadas, lo que le retorcía la parte baja de la espalda, además de producirle un tirón. Cuando iba descalzo, su postura se corregía instantáneamente; su espalda se enderezaba y sus piernas permanecían en la posición correcta bajo sus caderas.

«No es de extrañar que los pies sean tan sensibles —reflexionó

Ted—. Son dispositivos autocorrectores. Cubrirlos con zapatillas para amortiguar los golpes es como apagar los detectores de humo.»

Corriendo descalzo, Ted hacía cinco millas y no sentía… nada. Ni una punzada. Subió a una hora, dos horas. Meses después, Ted había logrado transformarse de un dolorido y temeroso no corredor en un maratonista descalzo tan rápido que había sido capaz de lograr lo que el 99,9 por ciento de los corredores nunca lograría: clasificarse para la maratón de Boston.

Embriagado con su asombroso nuevo talento, Ted continuó apretando la máquina. Corrió la Mother Road 100 —cien millas sobre asfalto a lo largo de la Ruta 66 original—, las cincuenta millas de la Leona Divide y las cien del Ángeles Crest Endurance Run a través de las escarpadas montañas San Gabriel. Cuando se encontraba con gravilla o vidrios rotos, se ponía unos guantes para pies de hule llamados Vibram FiveFingers y continuaba. Rápidamente, ya no era un corredor más, era uno de los mejores corredores descalzos de Estados Unidos y una reputada autoridad en técnicas de paso de carrera y calzado antiguo. Un periódico incluso publicó un artículo sobre la salud de los pies titulada «¿Qué haría Ted Descalzo?».

La evolución de Ted estaba completa. Emergió de las profundidades del agua, aprendió a correr y capturó la única presa en que estaba interesado; fama, no fortuna.

—¡Deténganse!

Caballo se dirigía a todos nosotros, no solo a Ted. Nos detuvo en medio de un inestable puente sobre una acequia de aguas residuales.

—Necesito que hagan un juramento de sangre —dijo—. Así que levanten la mano derecha y repitan después de mí.

Eric me lanzó una mirada.

—¿De qué se trata todo esto?

—No sé.

—Tienen que hacer el juramento aquí mismo, antes de que crucemos al otro lado —insistió Caballo—. Allá atrás está la salida. Esta es la entrada. Si quieren entrar, tienen que hacer el juramento.

Nos encogimos de hombros, dejamos las mochilas y levantamos las manos.

—Si resulto herido, me pierdo o muero —empezó Caballo.

— Si resulto herido, me pierdo o muero —repetimos a coro.

—Será culpa mía.

—¡Será culpa mía!

—Eh… amén.

—¡Amén!

Caballo nos llevó hasta la pequeña casa donde habíamos comido el día en que nos conocimos. Nos apretamos todos en la sala de Mamá, mientras su hija juntaba dos mesas. Luis y su padre se escaparon a la calle y regresaron con un par de bolsas llenas de cervezas. Jenn y Billy tomaron unos sorbos de Tecate y empezaron a animarse. Todos levantamos las cervezas y brindamos golpeando las latas con Caballo. Luego se volvió hacia mí y fue al grano. De pronto, el juramento del puente cobraba sentido.

—¿Te acuerdas del hijo de Manuel Luna?

—¿Marcelino? —Claro que me acordaba de la Antorcha Humana. Había estado firmando mentalmente contratos con Nike por él desde que lo había visto en la escuela tarahumara—. ¿Va a venir?

—No —dijo Caballo—. Está muerto. Alguien lo mató a golpes en el camino. Fue apuñalado en el cuello, bajo el brazo y le rompieron la cabeza.

—¿Quién? ¿Cómo? —tartamudeé.

—Están pasando todo tipo de mierdas relacionadas con la droga estos días —dijo Caballo—. Quizá Marcelino vio algo que no debía. Quizá intentaron que llevara hierba fuera de las barrancas y dijo que no. Nadie lo sabe. Manuel está destrozado, amigo. Se quedó en mi casa cuando vino a hablar con los federales. Pero no van a hacer nada. No hay ley que valga aquí.

Me senté. Atónito. Me acordé de los narcos en el coche de la muerte rojo que habíamos visto camino de la escuela tarahumara el año anterior. Me imaginé a un sigiloso tarahumara empujándola al borde del acantilado una noche, los narcos llevándose las zarpas desesperadamente al cinturón de seguridad, la camioneta cayendo barranca abajo y explotando en una bola de fuego gigante. No tenía ni idea de si los tipos del coche de la muerte habían tenido algo que ver. Todo lo que sabía era que quería matar a alguien. Caballo seguía hablando. Ya había asumido la muerte de Marcelino y había vuelto a obsesionarse con la carrera. «Estoy seguro de que Manuel Luna no vendrá, pero espero que Arnulfo aparezca. Y quizá Silvino.» Durante el invierno, Caballo se las arregló para reunir una buena bolsa de premios; no solo estaba poniendo su propio dinero, sino que también había sido contactado por Michael French, un triatleta tejano que hizo una fortuna con su empresa de TIC (Tecnologías de la Información). Mi artículo en *Runner's World* había despertado la curiosidad de French y, aunque no podía participar, ofreció algo de dinero y maíz para los ganadores.

—Disculpa —dije—. ¿Has dicho que Arnulfo viene?

—Sí —asintió Caballo.

Tenía que estar bromeando. ¿Arnulfo? Ni siquiera me había dirigido la palabra, ya ni hablemos de correr conmigo. Si no se había dignado a correr con un tipo que había ido a rendirle homenaje a la misma puerta de su casa, ¿por qué se iba a molestar en atravesar las montañas para correr con una sarta de gringos a los que nunca había visto? Y Silvino; había conocido a Silvino la última vez que estuve aquí. Nos cruzamos con él por casualidad en Creel, justo después de cruzarnos con Caballo. Estaba en su camioneta y llevaba sus vaqueros, caprichoso fruto de la maratón que había ganado en California. ¿De dónde sacaba Caballo que Silvino se molestaría en asistir a la carrera? A Silvino ni siquiera se lo podía convencer de correr otra maratón tentándolo con la posibilidad de otro buen premio. Había aprendido lo suficiente de los tarahumaras, y de esos dos en particular, para saber que no había forma de que el clan Quimare tuviera intención de unirse.

«¡Los deportes en versión victoriana son fascinantes!» Ted seguía parloteando, ignorante del hecho de que, de pronto, parecía muy improbable que algún corredor tarahumara fuera a aparecer. «Esa fue la primera travesía por el Canal de la Mancha. ¿Han conducido alguna vez una bicicleta de rueda alta? El diseño es tan ingenioso...»

Dios, qué desastre. Caballo estaba frotándose las sienes; era casi medianoche y el solo hecho de estar rodeado de seres humanos le estaba produciendo dolor de cabeza. Jenn y Billy tenían un montón de latas de Tecate delante y estaban quedándose dormidos sobre la mesa. Yo me sentía abatido y notaba que tanto Eric como Luis habían percibido la tensión en el ambiente y empezaban a preocuparse. Pero Scott no; él estaba reclinado en su silla, divertido. Lo había captado todo y no parecía preocupado por nada.

—Mira, tengo que dormir —dijo Caballo.

Nos guió hasta un grupo de cabañas viejas al final del pueblo. Las habitaciones eran tan austeras como unas celdas, pero estaban inmaculadas y calentitas gracias a las ramas que crepitaban en unas estufas de leña. Caballo masculló algo y desapareció. El resto de nosotros se dividió en parejas. Eric y yo cogimos una habitación, Jenn y Billy se dirigieron a otra.

223

—¡Está bien! —dijo Ted, aplaudiendo—. ¿Quién viene conmigo?

Silencio.

—Ok —dijo Scott—. Pero tendrás que dejarme dormir.

Cerramos nuestras puertas y nos sumergimos bajo una montón de mantas de lana. El silenció se apoderó de Creel, hasta el punto de que lo último que Scott oyó fue la voz de Ted Descalzo en la oscuridad. «Ok, cerebro —dijo Ted entre dientes—. Relájate. Es hora de serenarse.»

24

Taptaptapititap.

El amanecer llegó con las ventanas escarchadas y un golpeteo en nuestra puerta.

—Oye —susurraba una voz fuera—. ¿Están despiertos?

Caminé hasta la puerta, temblando, preguntándome qué demonios habrían hecho los Niños Juerguistas esta vez. Luis y Scott estaban fuera, soplándose las manos ahuecadas. Era muy temprano, el cielo tenía todavía ese color café con leche. Los gallos ni siquiera habían empezado a cantar.

—¿Nos escapamos para una carrerilla? —preguntó Scott—. Caballo dijo que partiremos sobre las ocho, así que tendríamos que ir ahora.

—Oh, sí, claro —dije—. Caballo me llevó por un camino genial la vez pasada. Déjame ver si puedo encontrar a este hombre…

Una ventana se abrió de golpe en la cabaña vecina. La cabeza de Jenn apareció de pronto.

—¿Van a correr, chicos? ¡Cuenten conmigo! ¡Billy! —gritó por encima del hombro—, ¡pon en marcha ese trasero, compadre!

Entré a ponerme un short y una camiseta de polipropileno. Eric soltó un bostezo y fue a buscar sus zapatillas.

—Colega, estos tipos son cosa seria —me dijo—. ¿Dónde está Caballo?

—Ni idea. Voy a buscarlo.

Caminé hasta el final de la fila de cabañas, suponiendo que Caballo estaría tan lejos de nosotros como le fuera posible. Llamé a la puerta en la última cabaña. Nada. Era una puerta gruesa, así que, para asegurarme, la golpeé fuertemente con el puño.

—¡Qué!—rugió una voz.

Las cortinas se abrieron y apareció la cara de Caballo. Tenía los ojos rojos e hinchados.

—Lo siento —dije—. ¿Has cogido un resfriado o algo así?

—No, amigo —dijo cansado—. Justo ahora estaba consiguiendo dormir.

Llevaba doce horas intentándolo. Caballo estaba tan estresado que había pasado la noche entera dando vueltas en la cama con un dolor de cabeza producto de la ansiedad. Para empezar, el solo hecho de estar en Creel era suficiente para alterarlo hasta el límite. Es un pueblito agradable pero representa las dos cosas que Caballo más odia: mentiras y matones. Fue llamado así por Enrique Creel, un voraz terrateniente tan magníficamente cruel que, esencialmente, la Revolución Mexicana se lanzó en su honor. Enrique no solo organizó la apropiación de tierras que expulsó a miles de campesinos de Chihuahua de sus terrenos, sino que se ocupó personalmente de que cualquier campesino belicoso terminara en la cárcel, dado su segundo empleo como jefe de la red de espionaje del dictador mexicano Porfirio Díaz.

Cuando Pancho Villa y sus rebeldes llegaron retumbando en su búsqueda, Enrique se escabulló hacia el exilio en El Paso (dejando atrás a su hijo, que fue secuestrado por los revolucionarios y luego rescatado a cambio de un millón de dólares), pero una vez que México atravesó su inevitable correctivo y retornó a su complaciente corrupción habitual, Enrique regresó a sus gloriosas maquinaciones. Rindiendo un justo homenaje al peor virus humano que había parido la región, el pueblo bautizado por Enrique Creel era el área de lanzamiento de todas las pestes que aquejaban a las Barrancas del Cobre: minería a cielo abierto, tala de árboles indiscriminada, cultivo de drogas y turismo de autobús. Caballo se volvía loco si tenía que pasar mucho tiempo allí: era como alojarse en un hostal enclavado en un campo de esclavos.

Pero sobre todo, no estaba acostumbrado a hacerse cargo de nadie que no fuera el tipo que se calzaba sus sandalias. Ahora que tenía que velar por nosotros, la aprensión le estaba oprimiendo el pecho con fuerza. Le había costado diez años ganarse la confianza de los tarahumaras y podía venirse abajo en diez minutos. Caballo imaginó a Ted Descalzo y Jenn hablando sin parar en los oídos de unos incomprensivos tarahumaras... Luis y su padre disparando el flash de sus cámaras sobre sus ojos... Eric y yo hostigándolos con preguntas. Una pesadilla.

—No, amigo, no cuenten conmigo para correr ahora —soltó en un quejido y cerró de golpe las cortinas.

Poco después, siete de nosotros —Scott, Luis, Eric, Jenn, Billy, Ted Descalzo y yo— estábamos en el escarpado terreno que me había enseñado Caballo la vez anterior. Dejamos atrás el toldo de árboles justo cuando estaba saliendo el sol por encima de los cerros de rocas gigantes, lo que nos hizo entrecerrar los ojos mientras el mundo entero se cubría de dorado. Gotitas de neblina brillantes bailaban a nuestro alrededor.

—Precioso —dijo Luis.

—Nunca había visto un sitio así —dijo Billy—. Caballo tiene razón, me encantaría vivir aquí, sobreviviendo con lo mínimo y corriendo por estos caminos.

—¡Ya le ha lavado el cerebro! —dijo Luis entre carcajadas—. ¡La secta del Caballo Blanco!

—No es por él —protestó Billy—. Es este lugar.

—Mi pequeño Pony —dijo Jenn sonriendo—. Te pareces un poco a Caballo.

En medio de las bromas, Scott estaba ocupado observando a Ted Descalzo. El camino serpenteaba a través de un campo de piedras, pero incluso cuando teníamos que saltar de roca en roca, Ted no bajaba la velocidad ni un ápice.

—Tío, ¿qué son esas cosas que llevas en los pies?

—Vibram FiveFingers —dijo Ted—. ¿No son geniales? ¡Y yo soy su primer atleta patrocinado!

Y era cierto. Ted se había convertido en el primer atleta descalzo profesional de la era moderna. Los FiveFingers habían sido diseñados como zapatos de cubierta para competidores de regatas; la idea era obtener un mayor agarre en superficies resbalosas pero manteniendo la sensación de estar descalzo. Había que fijarse atentamente para verlos, se amoldaban tan perfectamente a la planta de los pies y a cada dedo, que parecía que Ted había pisado tinta de color verde. Poco antes del viaje a Barrancas del Cobre, se había topado con una fotografía de los FiveFingers en la Web y de inmediato cogió su teléfono. De alguna manera, había atravesado el espeso matorral de operadores telefónicos y secretarias y había conseguido ponerse al habla con el gerente de Vibram USA, que resultó no ser otro que...

¡Tony Post! ¡Quien fuera ejecutivo de Rockport cuando esta patrocinó a los tarahumaras en Leadville!

Tony escuchó atentamente a Ted. Y no era que Tony no adorara la idea de confiarlo todo a la fortaleza del pie en lugar de a la superamortiguación y el control de movimiento; una vez, Tony había corrido la maratón de Boston con un par de zapatos de vestir Rockport para demostrar que la comodidad y el buen diseño eran todo lo que hacía falta, y no toda esa tontería del Shox/antipronación/refuerzo de gel. Pero, por lo menos, los zapatos Rockport tenían arco y una suela protectora, los FiveFingers no eran más que una loncha de hule con una correa de Velcro. Pese a todo, Tony tenía curiosidad y decidió probarlos él mismo. «Salí a dar una vuelta sencilla de una milla —cuenta—. Al final hice siete. Nunca había visto los FiveFingers como zapatillas para correr, pero después de eso nunca volví a usar otras zapatillas de correr.» Cuando llegó a casa, firmó un cheque para pagar el viaje de Ted Descalzo a la maratón de Boston.

Habíamos corrido seis millas por la cima de la meseta y estábamos regresando a Creel cuando, en la distancia, una delgada sombra negra apareció de entre los árboles acercándose hacia nosotros.

—¿Es ese Caballo? —preguntó Scott.

Jenn y Billy forzaron la vista para luego correr hacia él como sabuesos liberados de sus correas. Ted Descalzo y Luis fueron tras ellos. Scott se quedó con nosotros, pero su instinto de caballo de carrera le estaba produciendo una comezón. Nos echó una mirada como pidiéndonos perdón a Eric y a mí.

—¿Les importa si yo...? —preguntó.

—Sin problema —dije—. Corre tras ellos.

—Genial.

Para cuando el «-ial» salió de su boca, Scott ya se encontraba a unos seis metros de distancia, con el cabello ondeando como las cintas del manillar de una bicicleta para niños.

«Mierda», masculló. Me había acordado de golpe de Marcelino al ver a Scott despegar. Scott hubiera disfrutado tanto con conocer a ese niño. Y Jenn y Billy también; les hubiera encantado conocer al grupo de adolescentes tarahumara. Podía llegar a imaginar lo que Manuel Luna estaba sintiendo. No, no era verdad. Estaba haciendo esfuerzos por no hacerlo. El mal había seguido a los tarahumaras hasta aquí, al fondo de la Tierra, donde no había donde escapar. Incluso mientras lamentaba la muerte de su majestuoso hijo, Manuel debía de estar preguntándose cuál de sus niños sería el siguiente.

—¿Necesitas un descanso? —preguntó Eric—. ¿Estás bien?

—No, estoy bien. Estaba pensando en algo.

Caballo estaba acercándose: después de que el resto le diera alcance, había seguido su camino hacia nosotros, mientras ellos se tomaban un respiro y posaban para la cámara de Luis. Me alegraba que Caballo hubiese cambiado de opinión y hubiera decidido unírsenos; estaba sonriendo por primera vez desde que nos habíamos bajado del autobús. El centelleo de la salida del sol y el viejo placer de sentir su propio cuerpo entrar en calor desde dentro parecían haber calmado su ansiedad. Y hombre, ¡era genial verlo en acción de nuevo! Sentí cómo se me enderezaba la espalda y se me aceleraban los pies, como si alguien hubiera puesto la banda sonora de *Carros de fuego*.

Parecía que la admiración era mutua.

—¡Mírate! —gritó Caballo—. Estás hecho todo un oso nuevo.

Poco antes, Caballo había escogido un espíritu animal para mí; mientras él era un lustroso caballo blanco, yo era un oso pesado. Pero al menos me dio una tregua reparando en mi nueva forma física, pues había pasado un año desde que me había quedado sin aliento y me había estremecido patéticamente de dolor siguiéndolo.

—No te pareces en nada al tipo que estuvo por aquí —dijo Caballo.

—Todo se lo debo a este tipo —dije, señalando a Eric con el pulgar.

Nueve meses de entrenamiento estilo tarahumara con Eric habían hecho maravillas: pesaba once kilos menos y corría con facilidad por un camino que antes me había matado. A pesar de todas las millas que estaba echándome encima —más de ochenta a la semana— me sentía ligero, suelto y ansioso por más. Sobre todo, por primera vez en una década no estaba tratándome ningún tipo de lesión.

—Este tipo hace milagros.

—Eso parece —dijo Caballo sonriendo—. Conozco el material al que debió de enfrentarse. Así que, ¿cuál es el secreto?

—Te lo diré luego —le prometí a Caballo.

Ted Descalzo se había quitado sus FiveFingers y estaba enseñando la zancada descalza perfecta.

—Correr descalzo se ajusta a la perfección a mi visión artística —estaba diciendo Ted—. Este concepto de bricolaje donde menos es más, donde la mejor solución es la más elegante. ¿Para qué añadir algo si nacemos con el equipo completo?

—Será mejor que añadas algo a tus pies cuando crucemos las barrancas —dijo Caballo—. Has traído algún otro tipo de calzado, ¿cierto?

—Claro —dijo Ted—. Tengo mis sandalias.

Caballo sonrió, esperando que Ted Descalzo sonriera también, haciendo ver que estaba bromeando. Pero Ted no sonrió, no estaba bromeando.

—¿No has traído zapatillas? —dijo Caballo—. ¿Piensas meterte en las barrancas en sandalias?

—No te preocupes por mí. Subí las montañas San Gabriel descalzo. La gente se me quedaba mirando pensando «Este tipo está loco», y yo les hubiera dicho...

—¡Estas no son las montañas San Gay-Bri-El! —soltó Caballo, burlándose de la cordillera californiana con todo el desprecio gringo del que era capaz—. Las espinas de los cactus aquí son como hojas de navaja. Si se te clava una en el pie, estamos todos jodidos. Estos caminos son ya suficientemente peligrosos sin tener que llevarte a cuestas.

—A ver, a ver, tranquilos, muchachos —dijo Scott, metiendo un hombro y separándolos—. Caballo, Ted probablemente lleva años oyendo la cantinela de «¡Ted, vete a poner un par de zapatillas!». Pero si él sabe lo que está haciendo, pues él sabrá lo que hace.

231

—No sabe una mierda de las barrancas.

—¡Pero hay una cosa que sé —respondió Ted—, si alguien se mete en problemas ahí fuera, ten por seguro que no seré yo!

—¿Ah sí? —gruñó Caballo—. Ya veremos, amigo.

Se volvió y retomó el camino.

—¡Ohh, quieto ahí! —dijo Jenn—. ¿Quién es el buscapleitos ahora, Ted?

Seguimos a Caballo hasta las cabañas, mientras Ted Descalzo insistía en exponernos su caso a gritos, a espaldas de Caballo, y el pueblo de Creel se despertaba. Eché un vistazo a mi reloj; me tentaba la idea de decirle a Ted Descalzo que se callara y comprara un par de zapatillas baratas para hacer feliz a Caballo, pero no teníamos tiempo. Solo había un autobús diario que hiciera el trayecto de diez horas a través de las barrancas, y partía antes de que abriera cualquier tienda.

De vuelta en las cabañas, empezamos a meter nuestras cosas en las mochilas. Les dije al resto dónde podían conseguir algo para desayunar y fui a echar un vistazo a la cabaña de Caballo. No lo encontré ahí. Ni a él ni a su mochila. «Quizá estaba relajándose por su cuenta», me dije. Quizá. Pero tenía la rara sensación de que había decidido mandarlos al infierno a todos y se había marchado solo. Tras haberse pasado una larga noche preocupado, debatiendo si había cometido un error colosal, estaba casi seguro de que ya había llegado a una conclusión.

Decidí no decirle nada a nadie y esperar lo mejor. De una u otra forma, en treinta minutos sabríamos si toda la operación había muerto o sobrevivía con respiración artificial. Me puse la mochila al hombro y caminé de vuelta por el puente que cruzaba la acequia, donde habíamos hecho el juramento la noche anterior. Encontré al resto en un pequeño restaurante al final de la calle de la parada de autobús, recargando fuerzas con unos burritos de frijoles y pollo. Devoré un par y guardé unos cuantos en la mochila.

Cuando llegamos al autobús, ya tenía el motor encendido y se encontraba listo para partir. El conductor estaba acomodando los últimos bultos en el portaequipajes del techo y nos hacía señas.

—Espera —dije.

No se veía a Caballo por ningún sitio. Metí la cabeza dentro del autobús y escudriñé las filas de asientos. Ni rastro de Caballo. Demonios. Salí para dar las malas noticias al resto, pero habían desaparecido. Di la vuelta al autobús y me encontré a Scott subiéndose al techo.

—¡Vamos, Oso! —Caballo estaba encima del autobús, ayudando con los bultos al conductor, mientras Jenn y Billy estaban a su lado, tumbados sobre una cómoda pila de equipaje—. Nunca podrás disfrutar de un viaje como este de nuevo.

No era de extrañar que los tarahumaras creyeran que Caballo era un fantasma. No había forma de saber qué es lo que este tipo iba a hacer, o por dónde terminaría apareciendo.

—Olvídalo —dije—. He visto antes el camino. Voy a adoptar la posición «listo para dormir» entre los dos tipos más gordos que pueda encontrar.

Ted Descalzo estaba subiendo al techo detrás de Scott.

—Oye —le dije—. ¿Por qué no vienes adentro conmigo?

—No, gracias. Voy a hacer un poco de surf de techo.

—Mira —le dije, explicándoselo al detalle—. Quizá deberías darle un poco de espacio a Caballo. Presiónalo demasiado y esta carrera está acabada.

—Nooo, estamos bien —dijo Ted—. Tan solo necesita conocerme un poco.

Sí, eso es justamente lo que necesitaba. El conductor estaba acomodándose detrás del volante, así que Eric y yo nos apuramos a subir y acomodarnos en la última fila. El motor falló y luego volvió a la vida con un gruñido. En breve, estábamos serpenteando a través del bosque, avanzando hacia el viejo pueblo minero de La

Bufa, y desde ahí, hasta el final del trayecto a la aldea de Batopilas, al pie del cañón. Después de eso, seguiríamos a pie.

—Estoy esperando oír un grito en cualquier momento y ver caer a Ted Descalzo desde el techo —dijo Eric.

—No es broma.

No podía quitarme de la cabeza las últimas palabras de Caballo antes de marcharse enfadado: ¡Ya veremos, amigo!

Caballo, como descubriríamos pronto, había decidido darle una lección a Ted Descalzo antes de que fuera a meternos en problemas. Desafortunadamente, era una lección que nos haría a todos correr por nuestras vidas.

25

Ted Descalzo tenía razón, por supuesto.

Debajo de los fuegos artificiales de la disputa entre Ted y Caballo había un punto importante: las zapatillas de correr eran quizá la fuerza más nociva a la que se habían enfrentado los pies humanos. A su extraña manera, Ted Descalzo se estaba convirtiendo en el Neil Armstrong de las carreras de larga distancia del siglo XXI, un valioso piloto de pruebas cuyos pequeños pasos podrían ser tremendamente beneficiosos para el resto de la humanidad. Si esto parece una carga excesiva para los hombros de Ted, tomemos en consideración las palabras del doctor Daniel Lieberman, profesor de antropología biológica en la Universidad de Harvard: «Muchas de las lesiones de pie y rodilla que padecemos actualmente están causadas, realmente, por el uso de zapatillas deportivas que en realidad hacen más débiles nuestros pies y hacen que realicemos un movimiento de pronación excesivo, lo que termina produciendo problemas de rodilla. Hasta 1972, cuando la zapatilla moderna fue inventada por Nike, la gente corría con un calzado con la suela muy fina, tenía pies más resistentes y una incidencia de lesiones de rodilla mucho menor».

¿Y el coste de esas lesiones? Dolencias fatales en proporciones de epidemia. «Los seres humanos en realidad necesitan obligatoriamente hacer ejercicio aeróbico para mantenerse saludables, y yo creo que esto tiene raíces profundas en nuestra historia evolutiva —dice el doctor Lieberman—. Si existe una bala mágica para mantenerse saludable es correr.»

¿Bala mágica? La última vez que un científico con las credenciales del doctor Lieberman usó ese término, acababa de descubrir la penicilina. El doctor Lieberman lo sabía, y hablaba en serio. Si no existieran las zapatillas de correr, estaba diciendo, más gente correría. Si corriera más gente, menos gente moriría de afecciones cardíacas degenerativas, paros cardíacos repentinos, hipertensión, arterias obstruidas, diabetes y la mayoría de las dolencias mortales que azotan al mundo occidental.

Esa es una tremenda carga de responsabilidad sobre los hombros de Nike. Pero ¿qué es lo más sorprendente de todo? Que Nike ya lo sabía.

En abril de 2001, dos agentes de Nike estaban observando el entrenamiento del equipo de atletismo de la Universidad de Stanford. Una parte del trabajo de los agentes de Nike pasa por obtener feedback de sus atletas patrocinados sobre qué zapatillas prefieren, lo cual era difícil en ese momento ya que los corredores de Stanford parecían preferir... no llevar nada.

—Vin, ¿qué es eso de que vayan descalzos? —preguntaron al entrenador Vin Lananna—. ¿No te hemos enviado suficientes zapatillas?

El entrenador Lananna se acercó para darles su explicación.

—No puedo probar lo que digo —les explicó—, pero creo que cuando mis atletas corren descalzos, van más rápido y se lesionan menos.

¿Más rápido y menos lesiones? Si hubiera venido de cualquier otro, los tipos de Nike hubieran dicho «Sí, claro» e ignorado el comentario, pero este era uno de los entrenadores cuyos comentarios

236

se tomaban en serio. Al igual que con Joe Vigil, a Lananna rara vez se lo menciona sin añadir las palabras «visionario» o «innovador». En tan solo diez años en Stanford, los equipos de pista y *cross-country* de Lananna habían ganado cinco títulos colectivos y veintidós títulos individuales de la NCAA, por su parte Lananna había sido nombrado entrenador de *cross-country* del año por la NCAA. Lananna ya había logrado enviar tres atletas a las olimpiadas y estaba ocupado preparando más en su semillero auspiciado por Nike, un club para los mejores entre los mejores atletas salidos de la universidad. No hace falta decir que los agentes de Nike oyeron con disgusto que Lananna pensaba que el mejor calzado que Nike tenía para ofrecer era peor que andar descalzo.

—Al darles más y más refuerzo estamos aislando nuestros pies de su posición natural —insistió Lananna. Esa era la razón por la que siempre se aseguraba de que sus corredores hicieran parte de sus ejercicios descalzos en la pista techada—. Sé que para una compañía de calzado deportivo, patrocinar un equipo que no usa tu producto no es lo mejor, pero la gente anduvo descalza durante miles de años. Creo que con las zapatillas intentamos corregir demasiadas cosas y sobrecompensamos. Arreglamos cosas que no necesitan arreglarse. Si fortaleces el pie andando descalzo, pienso que se reduce el riesgo de tener problemas con el tendón de Aquiles y la rodilla, así como de contraer fascitis plantar.

«Riesgo» no es el término justo, más bien sería «certeza absoluta». Cada año, entre el 65 y el 80 por ciento de todos los corredores sufre alguna lesión. Eso es casi todos los corredores, todos los años. Sin importar quién seas, sin importar cuánto corras, tus posibilidades de sufrir una lesión son las mismas. No importa si eres hombre o mujer, rápido o lento, regordete o fibroso como un caballo de carrera, tus pies se encuentran siempre en zona peligrosa. ¿Quizá puedas vencer a las estadísticas si estiras como un swami? No. En un estudio realizado con atletas holandeses en

1993 y publicado en *The American Journal of Sports Medicine,* a un grupo de corredores se le enseñó cómo calentar y estirar mientras que un segundo grupo no recibió ningún tipo de asesoramiento en «prevención de lesiones». ¿Cómo fueron los índices de lesiones? Idénticos. Un estudio posterior realizado por la Universidad de Hawái dictaminó que estirar era incluso peor; el estudio descubrió que los corredores que estiraban se lesionaban un 33 por ciento más.

Por suerte para nosotros, sin embargo, vivimos en una época dorada para la tecnología. Las compañías de calzado deportivo han tenido un cuarto de siglo para perfeccionar sus diseños así que, lógicamente, el índice de lesiones debe de estar en caída libre ahora mismo. Después de todo, Adidas ha desarrollado unas zapatillas de 250 dólares con un microprocesador en la suela que ajusta instantáneamente la amortiguación a cada pisada. Asics ha gastado tres millones de dólares y ocho años —tres más de los que tomó al Proyecto Manhattan crear la primera bomba nuclear— en las impresionantes Kinsei, unas zapatillas que presumen de «apoyos frontales multidireccionales de gel», un «potenciador de propulsión en el medio del pie» y una «pieza en el talón infinitamente adaptable que aísla y absorbe el impacto para reducir la pronación y ayudar a la propulsión». Es un montón de dinero para unas zapatillas que tendrás que tirar a la basura en noventa días, pero por lo menos nunca volverás a lesionarte.

¿Cierto?

Lo siento.

«Desde que los primeros estudios reales se hicieron a finales de los años setenta, las dolencias en el talón de Aquiles han incrementado en un 10 por ciento, mientras que la fascitis plantar se ha mantenido estable», dice el doctor Stephen Pribut, un especialista en lesiones relacionadas con el hecho de correr, antiguo presidente de la American Academy of Podiatric Sports Medicine. «Los avan-

238

ces tecnológicos han sido sorprendentes en los últimos treinta años —añade la doctora Irene Davis, directora de la Running Injury Clinic de la Universidad de Delaware—. Hemos visto innovaciones tremendas en control de movimiento y amortiguación. Y aun así, no parece que los remedios estén venciendo a las dolencias.» En efecto, no existe evidencia alguna que acredite que las zapatillas de correr ayudan a prevenir lesiones. En un trabajo de investigación de 2008 para el *British Journal of Sports Medicine,* el doctor Craig Richards, investigador de la Universidad de Newcastle en Australia, reveló que no hay estudios basados en observación —ni uno solo— que demuestren que las zapatillas de correr reduzcan nuestra tendencia a lesionarnos.

Era una revelación sorprendente que había permanecido oculta y a la vista de todo el mundo durante treinta y cinco años. El doctor Richards estaba tan sorprendido por el hecho de que una industria de veinte mil millones de dólares estuviera basada en nada más que promesas vacías y buenos deseos que lanzó un desafío:

¿Hay alguna empresa de calzado deportivo preparada para asegurar que usar sus zapatillas en carreras de distancia disminuye el riesgo de sufrir lesiones musculoesqueléticas relacionadas con correr?

¿Hay alguna empresa de calzado deportivo preparada para asegurar que usar sus zapatillas mejora el desempeño en carreras de larga distancia?

Si hay alguna compañía dispuesta a realizar estas afirmaciones, ¿dónde está la documentación, revisada por especialistas, sobre la que se apoyan?

239

El doctor Richards aguardó, e incluso intentó contactar con las principales compañías de calzado deportivo para solicitar sus estudios. No obtuvo más respuesta que el silencio.

Así que, si las zapatillas de correr no nos hacen más rápidos ni reducen el riesgo de lesiones, entonces, ¿exactamente por qué estamos pagando? ¿Cuáles son los beneficios que ofrecen todos estos microchips, «potenciadores de propulsión», cámaras de aire, dispositivos de torsión y mecanismos de protección? Bueno, si tienes un par de Kinseis en tu armario, prepárate para las malas noticias. Y como siempre ocurre con las malas noticias, estas vienen en trío:

VERDAD DOLOROSA N.º I:

LAS MEJORES ZAPATILLAS SON LAS PEORES

Según los estudios dirigidos por el doctor Bernard Marti, especialista en medicina preventiva en la Universidad de Berna en Suiza, los corredores que usan las mejores zapatillas del mercado tienen un 123 por ciento más de probabilidades de lesionarse que los corredores que usan zapatillas baratas. El equipo de investigación del doctor Marti analizó 4.358 corredores en el Grand Prix de Berna, una carrera de 9,6 millas. Todos los corredores completaron unos exhaustivos cuestionarios detallando sus hábitos de entrenamiento y el tipo de calzado que habían utilizado a lo largo del último año; de donde se concluyó que el 45 por ciento había sufrido alguna lesión en ese período de tiempo.

Pero lo que sorprendió al doctor Marti, como señaló en el *American Journal of Sports Medicine* en 1989, fue que la variable más común entre los lesionados no era la superficie sobre la que entrenaban, la velocidad a la que corrían, la distancia que recorrían semanalmente o la «motivación para el entrenamiento competitivo». Ni siquiera era el peso corporal, o la historia médica relativa a lesiones: era el precio de sus zapatillas. Los corredores que usaban zapatillas de más de noventa y cinco dólares se lesionaban el doble que aquellos que usaban zapatillas de menos de cuarenta dólares.

Estudios posteriores alcanzaron resultados similares, como un informe de 1991 en *Medicine & Science in Sports & Exercise*, que encontró que «los corredores que usan zapatillas caras que se venden anunciando características adicionales de protección (léase mayor absorción de golpe, "corrección de la pronación") se lesionan con una frecuencia significativamente mayor que los corredores que usan zapatillas baratas (con un precio menor a 40 dólares)».

Qué broma más cruel: por el doble del precio, obtienes el doble del dolor. Con su ojo de lince, el entrenador Vin Lananna ya había observado este fenómeno por su cuenta a principios de los ochenta. «Una vez compré zapatillas de última generación para el equipo, y al cabo de un par de semanas teníamos más problemas de Aquiles y fascitis plantar de los que había visto nunca. Así que devolví las zapatillas y dije: "Envíenme unas zapatillas baratas"», cuenta Lananna. «Desde entonces siempre pido las zapatillas más sencillas. No es porque sea tacaño, es porque mi negocio es hacer que los atletas corran más rápido y permanezcan sanos.»

VERDAD DOLOROSA N.º 2:
A LOS PIES LES GUSTA UNA BUENA PALIZA

Allá por 1998, el doctor Barry Bates, jefe del Laboratorio de Medicina Deportiva y Biomecánica de la Universidad de Oregón, reunió información que sugería que las zapatillas viejas eran más seguras que las nuevas. En el *Journal of Orthopaedic & Sports Physical Therapy,* el doctor Bates y sus colegas informaron que conforme las zapatillas se desgastan y la protección se reduce, los corredores ganan mayor control de los pies.

¿Y cómo es que el control de pies y las suelas desgastadas contribuyen a tener unas piernas libres de lesiones? Debido a un ingrediente mágico: el miedo. Al contrario de lo que todos esos nombres acolchados como Adidas MegaBounce quieren hacernos creer, toda esa protección no hace nada por reducir el impacto. Lógicamente, esto debería ser obvio: dado que el impacto de correr sobre las piernas puede llegar a ser hasta doce veces el peso del cuerpo, resulta absurdo creer que un centímetro de hule va a suponer alguna diferencia contra, en mi caso, 1.250 kilos de carne terrestre. Puedes cubrir un huevo con un guante de horno antes de golpearlo con un martillo, pero ten por seguro que ese huevo no sobrevivirá.

Cuando E. C. Frederick, por entonces director del Laboratorio de Investigación Deportiva de Nike, llegó en 1986 a una reunión de la American Society of Biomechanics, llevaba consigo un bombazo. «Al analizar sujetos utilizando zapatillas suaves y duras, no se ha encontrado ninguna diferencia en la fuerza del impacto.» ¡Ninguna diferencia! «Y, curiosamente —añadió—, el segundo, el pico de propulsión en la fuerza de reacción vertical con el suelo fue, de hecho, mayor con las zapatillas suaves».

La extraña conclusión: mientras mayor amortiguación tiene la zapatilla, menos protección ofrece.

Los investigadores del Laboratorio de Medicina Deportiva y Biomecánica de la Universidad de Oregón estaban verificando el mismo hallazgo. Conforme las zapatillas se desgastan y su amortiguación se endurece, revelaron los investigadores de Oregón en un estudio de 1988 publicado en el *Journal of Orthopaedic & Sports Physical Therapy,* los pies de los corredores ganan estabilidad y se hacen menos temblorosos. Harían falta diez años todavía para que los científicos encontraran una explicación a por qué esas zapatillas viejas que las compañías deportivas te decían que tiraras a la basura eran mejores que las nuevas que te insistían para que compraras. En la Universidad McGill de Montreal, los doctores Steven

Robbins y Edward Waked realizaron una serie de pruebas con gimnastas en las que descubrieron que mientras más grueso era el tapiz, más duro caían los gimnastas. Instintivamente, los gimnastas buscaban estabilidad. Cuando sentían una superficie blanda en los pies, caían con más fuerza para asegurarse el equilibrio.

Robbins y Waked encontraron que los corredores hacen lo mismo: de la misma forma que alzamos los brazos automáticamente cuando resbalamos sobre hielo, las piernas y pies instintivamente caen con más fuerza cuando perciben una superficie blanda. Cuando corremos con zapatillas con protección, los pies van a través de las suelas en busca de una superficie dura, estable.

«Llegamos a la conclusión de que el equilibrio y el impacto vertical están íntimamente relacionados», escribieron los doctores de McGill. «De acuerdo con nuestros descubrimientos, las zapatillas de deporte que existen actualmente en el mercado son demasiado blandas y gruesas, y deberían ser rediseñadas si se espera que suministren protección a las personas cuando realizan deporte.»

Hasta que leí este informe, estuve desconcertado por algo que me había ocurrido en la Running Injury Clinic. Había estado corriendo una y otra vez sobre una plataforma de fuerza descalzo, con unas zapatillas muy delgadas y con unas Nike Pegasus muy acolchadas. Cada vez que cambiaba de calzado, los niveles de impacto cambiaban a su vez, pero no de la forma en que yo esperaba. Mi fuerza de impacto era menor cuando iba descalzo y mucho mayor cuando llevaba las Pegs. La forma de correr también sufría variaciones: instintivamente ajustaba mi pisada cada vez que me cambiaba. «Golpeas mucho más con el talón cuando llevas las Pegasus», concluyó la doctora Irene Davis.

David Smyntek decidió poner a prueba la teoría del impacto por su cuenta con un experimento único. Debido a que era corredor y a la vez fisioterapeuta especializado en rehabilitaciones profundas, Smyntek era consciente de que las personas que le decían

243

que debía comprarse zapatillas nuevas eran normalmente las personas que las vendían. *Runner's World* y su tienda local de deportes llevaban toda la vida advirtiéndole que tenía que reemplazar sus zapatillas cada trescientas o quinientas millas, pero ¿cómo era posible que Arthur Newton, uno de los más grandes ultramaratonistas de todos los tiempos, no encontrara razones para reemplazar sus viejas zapatillas de suela gastada hasta haber hecho, por lo menos, cuatro mil millas con ellas? Newton no solo había ganado la ultramaratón de Comrades de 55 millas cinco veces en los años treinta, sino que, a la edad de cincuenta y un años, sus piernas todavía conservaban elasticidad suficiente para romper el récord de las cien millas de la carrera de Bath a Londres.

Así que Smyntek decidió ver si podía superar a Newton en su propio terreno. «¿Qué ocurriría si uso mis zapatillas en el pie erróneo cuando se han gastado de un solo lado?» De esta manera empezó el Experimento Pie Loco: cuando sus zapatillas se gastaban del lado exterior, Dave se las cambiaba de pie y seguía corriendo. «Hay que entender a este hombre», dice Ken Learman, uno de los colegas terapeutas de Dave. «Dave no es un tipo del montón. Es curioso, inteligente, la clase de tipo al que no puedes engañar fácilmente. Dave dirá: "Oye, si se supone que es de esta forma, ¿vamos a comprobarlo"?»

Durante los diez años siguientes, Dave corrió cinco millas diarias, todos los días. Una vez que descubrió que podía correr con comodidad usando las zapatillas en el pie equivocado, empezó a preguntarse por qué necesitaba usar zapatillas. Si no estaba usándolas de la forma en que habían sido diseñadas, razonó Dave, quizá el diseño en sí no era gran cosa. De ahí en adelante, ya solo compra zapatillas en tiendas de «todo a un dólar».

«Aquí lo tienen, corriendo más que la mayoría, con los zapatos incorrectos en el pie equivocado y sin ningún problema —dice Ken Learman—. Ese experimento nos enseñó a todos algo. Nos

244

enseñó que cuando se trata de zapatillas de correr, no es oro todo lo que reluce.»

VERDAD DOLOROSA N.° 3:
HASTA ALAN WEBB LO DICE: «LOS SERES HUMANOS
ESTÁN DISEÑADOS PARA CORRER SIN ZAPATILLAS».

Antes de convertirse en el más grande corredor de la milla en Estados Unidos, Alan Webb era un novato universitario con pies planos. Pero su entrenador de la escuela secundaria vio que tenía potencial y empezó a reconstruir a Alan desde —sin exagerar— la base. «Yo tenía problemas de lesiones al comienzo, así que parecía evidente que mi biomecánica podía causarme problemas —me dijo Webb—. Por lo que hicimos ejercicios de fortalecimiento y caminatas especiales descalzo.» Poco a poco, Webb vio cómo sus pies se transformaban ante sus ojos. «Yo usaba un cuarenta y seis y tenía pies planos, ahora uso un cuarenta y tres o cuarenta y cuatro. Conforme los músculos de mis pies se fueron fortaleciendo, mi arco fue levantándose.» Gracias a los ejercicios, Webb puso freno a sus lesiones, lo que le permitió enfrentarse al duro entrenamiento que lo llevaría a batir el récord norteamericano para la milla y a obtener el tiempo más rápido del mundo en los mil quinientos metros de 2007. «Correr descalzo forma parte de mi filosofía de entrenamiento desde hace años», dice Gerard Hartmann, el doctor en medicina y fisioterapeuta irlandés que hace las veces de Gran y Poderoso Mago de Oz para los mejores corredores de larga distancia del mundo. Paula Radcliffe nunca corre una maratón sin ver antes al doctor Hartmann, y colosos de la talla de Haile Gebrselassie y Khalid Khannouchi han puesto sus pies en sus manos. Durante décadas, el doctor Hartmann ha visto consternado la explosión de plantillas ortopédicas y zapatillas con diseños cada vez más complejos. «La musculatura del pie fuera de forma es el gran tema cuando hablamos de lesiones, y venimos dejando que nuestros pies pierdan forma a lo largo de veinticinco años —dice el doctor Hartmann—. La pronación se ha convertido en una mala palabra, pero no es más que un movimiento natural del pie. Se supone que el pie debe pronar.»

Para ver la pronación en acción, quítense los zapatos y corran por la entrada de casa. Sobre una superficie dura, sus pies desaprenderán por un momento los hábitos adquiridos en el uso de calzado y se pondrán automáticamente en modo de autodefensa: se encontrarán aterrizando sobre el borde exterior del pie, luego girando el pie suavemente desde el dedo pequeño hasta el dedo gordo, hasta apoyar toda la planta. Eso es pronación, nada más que una torsión leve para absorber el impacto y que permite que el arco se comprima.

Pero allá por los años setenta, la voz más respetada en el mundo de las carreras empezó a expresar ciertas dudas acerca de toda esa torsión del pie. El doctor George Sheehan era un cardiólogo cuyos ensayos sobre la belleza de correr lo habían convertido en el rey filósofo de la escena maratonista, y fue él quien proclamó la idea de que la lesión llamada «rodilla de corredor» podía ser causada por un exceso de pronación. Sheehan tenía razón y a la vez estaba muy, muy equivocado. Hay que aterrizar sobre el talón para pronar en exceso, y solo se puede aterrizar sobre el talón si este tiene amortiguación. Sin embargo, las compañías de calzado respondieron con presteza al llamado a las armas del doctor Sheehan y presentaron una respuesta de proporciones nucleares: crearon zapatillas monstruosamente entalladas y superdiseñadas que prácticamente borraron cualquier atisbo de pronación.

«Pero cuando bloqueas un movimiento natural —dice el doctor Hartmann—, afectas negativamente a los otros. Hemos realizado estudios y comprobado que solo el 2 o 3 por ciento de la población tiene problemas biomecánicos reales. Entonces, ¿quién está usando todos esos aparatos ortopédicos? Cada vez que colocamos a alguien en un artefacto correctivo, estamos creando problemas nuevos al tratar problemas que no existen.» En 2008 la revista *Runner's World* realizó una confesión alarmante al admitir que durante años habían inducido accidentalmente a error a sus lectores al recomendar zapatillas ortopédicas a los corredores que padecían fascitis plantar: «Pero estudios recientes han mostrado que las zapatillas de estabilidad difícilmente puedan aliviar la fascitis plantar y en realidad *pueden incluso agravar los síntomas*» (la cursiva es mía).

«Tan solo fíjate en la arquitectura», explica el doctor Hartmann. Confecciona un plano de tus pies y te encontrarás con una maravilla que los ingenieros han intentado igualar durante siglos. La pieza central del pie es el arco, el mejor diseño para soportar peso jamás creado. La belleza de cualquier arco radica en la forma en que se hace más fuerte sometido a estrés: mientras más fuerte presionas, más fuerte se acoplan sus partes. A ningún albañil digno de su paleta se le ocurriría colocar algún tipo de soporte debajo de un arco; si se ejerce presión desde abajo, toda la estructura se debilita. El arco del pie está apuntalado por todas partes gracias a un entramado de alta resistencia compuesto por veintiséis huesos, treinta y tres articulaciones, doce tendones elásticos y dieciocho músculos, todos extendiéndose y contrayéndose como un puente colgante que resiste terremotos.

«Poner los pies en una zapatilla es parecido a ponerlos dentro de una férula de yeso —dice el doctor Hartmann—. Si colocamos tu pierna dentro de una férula de yeso, en seis semanas tendremos una atrofia muscular del 40 al 60 por ciento. Algo similar les ocurre a los pies cuando los encerramos dentro de unas zapatillas.» Cuando las zapatillas hacen su trabajo, los tendones se endurecen y los músculos se debilitan. Los pies están siempre listos para la batalla y crecen bajo presión; déjalos holgazanear y se derrumbarán, como descubrió Alan Webb. Ejercítalos y se elevarán como un arco iris.

«He trabajado con más de cien de los mejores corredores kenaitas, y una cosa que tenían en común era la maravillosa elasticidad de sus pies —continúa el doctor Hartmann—. Eso es el resultado de no haber corrido con zapatillas hasta los diecisiete años.» Hoy en día, el doctor Hartmann cree que el mejor consejo para la prevención de lesiones es el que escuchó de boca de un entrenador que recomendaba «correr descalzo sobre césped húmedo tres veces a la semana».

No es el único profesional médico que predica la Doctrina Descalza. Según el doctor Paul W. Brand, jefe de rehabilitación del U.S. Public Health Service Hospital en Carville, Louisiana, y profesor de cirugía en la escuela de medicina de la Universidad Louisiana State, podríamos desterrar todas las lesiones comunes del pie en el lapso de una generación si nos deshiciéramos de las zapatillas deportivas. Ya en 1976, el doctor Brand señalaba que casi todas las dolencias de su sala de pacientes (callos, juanetes, dedo en martillo, pies planos y arcos caídos) eran prácticamente inexistentes en los países donde la mayoría de la gente iba descalza.

«Quien camina descalzo recibe un flujo continuo de información sobre el suelo y sobre su propia relación con la superficie —ha dicho el doctor Brand—, mientras que un pie enfundado en una zapatilla duerme dentro de un medioambiente invariable.»

Los tambores de guerra del levantamiento de los descalzos estaban elevándose. Pero en lugar de que los médicos lideraran la ofensiva en defensa de un pie musculoso, el escenario se convirtió en una guerra de clases de podólogos enfrentado a sus propios pacientes. Los defensores de ir descalzo, como los doctores Brand y Hartmann, eran todavía raros, mientras que la opinión tradicional entre los podólogos pasaba todavía por ver a los pies humanos como un Error de la Naturaleza, una obra en progreso siempre posible

248

de ser mejorada con un poco de ayuda de un bisturí o la reconstrucción ortopédica.

Esa idea del diseño defectuoso encontraba su mejor expresión en *The Runners' Repair Manual*. Este libro, escrito por el doctor Murray Weisenfeld, un destacado podólogo deportivo, es uno de los libros sobre cuidado del pie más vendido de todos los tiempos, y comienza con una declaración funesta: «El pie humano no fue originalmente diseñado para caminar, mucho menos para correr largas distancias».

¿Entonces para qué, según el *Manual,* ha sido diseñado nuestro pie?

Bueno, primero para nadar («El pie moderno ha evolucionado a partir de la aleta de algún pez primigenio y esas aletas apuntaban hacia atrás»). Luego para escalar («El pie asidor permitía a la criatura acomodarse sobre las ramas sin caerse»).

¿Y luego...?

Y luego, según la historia evolutiva de la podología, nos estancamos. Mientras que el resto de nuestro cuerpo se adaptó bellamente a la tierra firme, de alguna manera la única parte de nuestro cuerpo que en realidad toca esta tierra se quedó atrás. Desarrollamos cerebros y habilidades manuales suficientes para llevar a cabo cirugía intravascular, pero nuestros pies nunca dejaron atrás el Paleolítico. «El pie humano no está todavía adaptado completamente al suelo —se lamenta el *Manual*—. Solo una parte de la población ha sido dotada con un pie bien adaptado al suelo.»

Entonces, ¿quiénes son los afortunados con un pie correctamente evolucionado? Al parecer, nadie: «La naturaleza aún no ha publicado su plano para el pie perfecto de corredor moderno —escribe el doctor Weisenfeld—. Hasta que el pie perfecto llegue, la experiencia me ha enseñado que todos tenemos excelentes oportunidades de contraer algún tipo de lesión.» Puede que la naturaleza no haya publicado sus planos, pero eso no evitó que algunos podólogos idearan los suyos. Y fue justo ese exceso de confianza —el creer que cuatro años de instrucción pediatra podrían triunfar sobre dos millones de años de selección natural— lo que llevó a un catastrófico brote de operaciones en los años setenta.

«No hace muchos años, la rodilla de corredor se trataba con cirugía —reconoce el doctor Weisenfeld—. Eso no funcionó demasiado bien, dado que uno necesita cierta amortiguación para correr.» Cuando los pacientes dejaron la sala de operaciones, descubrieron que ese dolor insistente se había convertido en una mutilación que les cambiaría la vida; sin el cartílago de la rodilla, nunca iban a ser capaces de correr sin dolor. Pese al accidentado historial de intentos de corregir a la naturaleza que posee la podología, *The Runners' Repair Manual* nunca recomienda fortalecer los pies; todo lo contrario, los tratamientos elegidos siempre pasan por las vendas, aparatos ortopédicos o la cirugía.

Incluso la doctora Irene Davis, cuyas credenciales y apertura de mente son difíciles de superar, no se tomó en serio la idea de correr descalzo hasta el año 2007, y si lo hizo fue porque uno de sus pacientes la desafió abiertamente. El paciente estaba tan frustrado por su fascitis plantar crónica, que quería mandar todo al demonio y correr con unas zapatillas con suela fina, como las sandalias. La doctora Davis le dijo que estaba loco. Él lo hizo de todas formas.

«Para su sorpresa —como la revista *BioMechanics* contaría después—, los síntomas de la fascitis plantar menguaron y el paciente fue capaz de correr pequeñas distancias con las zapatillas.»

«Así es como a menudo aprendemos cosas nuevas, cuando los pacientes no siguen nuestras indicaciones —respondió gentilmente la doctora Davis—. Creo que quizá el aumento de los casos de fascitis plantar en este país se debe en parte al hecho de que no permitimos a los músculos de nuestros pies hacer aquello para lo que están diseñados». Quedó tan impresionada por la recuperación de su paciente rebelde que incluyó los paseos descalza en su propia rutina de ejercicios.

Por supuesto, Nike no gana 17.000 millones de dólares al año dejando que los Ted Descalzos del mundo marquen tendencia. Poco después de que los dos agentes de Nike regresaron de Stanford con la noticia de que la moda de correr descalzo había llegado incluso a las pistas universitarias de élite, la compañía se puso a trabajar para ver de qué manera podía sacar dinero del problema que ella misma había creado.

Hacer responsable a la vieja y mala Nike de la epidemia de lesiones entre corredores parece demasiado fácil, pero es que en buena parte es culpa suya. La compañía fue fundada por Phil Knight, un corredor de la Universidad de Oregón capaz de vender cualquier cosa, y Bill Bowerman, un entrenador de la Universidad de Oregón que pensaba que lo sabía todo. Antes de que estos dos hombres se juntaran, la zapatilla de correr moderna no existía. Así como tampoco existían las lesiones modernas que aquejan a los corredores.

Para ser un tipo que aconsejaba a tanta gente sobre cómo correr, Bowerman corría bastante poco. Había empezado a correr un poquito a los cincuenta años, después de pasar un tiempo en Nueva Zelanda con Arthur Lydiard, el padre de la carrera como ejercicio y el entrenador de carreras de larga distancia más influyente de todos los tiempos. Lydiard había fundado el Auckland Joggers Club a finales de los años cincuenta para ayudar a que las víctimas de ataques al corazón se recuperaran. En su momento el club fue increíblemente controvertido, los médicos estaban convencidos de que Lydiard estaba organizando un suicidio en masa. Pero una vez que esos hombres anteriormente enfermos fueron descubriendo lo bien que se sentían tras unas pocas semanas corriendo, empezaron a invitar a sus mujeres, hijos y padres a unírseles en sus dos horas de paseo por la pista.

Cuando Bill Bowerman lo visitó por primera vez en 1962, el grupo de corredores de los domingos por la mañana que dirigía Lydiard era la mayor reunión social de Auckland. Bowerman intentó unírseles, pero su estado físico era tan deplorable que tuvo que ser ayudado por un hombre de setenta y tres años que había sobrevivido a tres infartos de miocardio. «Dios, lo único que me mantenía con vida era la esperanza de que moriría pronto», diría después Bowerman.

Pero regresó a casa hecho un converso, y poco después escribió un bestseller, cuyo título daría vida a una nueva palabra y se convertiría en una obsesión para el público americano: *Jogging*. Mientras escribía y entrenaba, Bowerman ocupaba sus ratos libres arruinando su sistema nervioso y la waflera de su esposa, jugueteando en el sótano con caucho líquido para inventar un nuevo tipo de calzado. Sus experimentos le valieron a Bowerman una afección nerviosa pero también la invención de las primeras zapatillas de correr con amortiguación. Con un golpe de negra ironía, Bowerman las bautizó las Cortez, en honor al conquistador que saqueó el oro del Nuevo Mundo y desató una horrible epidemia de viruela.

El golpe maestro de Bowerman pasó por defender un nuevo estilo de correr que solo era posible con el nuevo tipo de calzado que había inventado. Las Cortez permitían a la gente correr de una manera en que ningún ser humano había sido capaz de hacerlo sin hacerse daño: aterrizando en sus huesudos talones. Antes de la invención de la zapatilla con amortiguación, los corredores habían corrido de la misma forma a lo largo de la historia: Jesse Owens, Roger Bannister, Frank Shorter e incluso Emil Zatopek, todos corrían con la espalda recta, las rodillas dobladas y los pies arañando el suelo bajo las caderas. No tenían otra opción: la única manera de absorber el golpe pasaba por doblar las piernas y aterrizar sobre la gruesa capa de grasa en la mitad de la planta de los pies. Fred Wilt lo comprobó en su clásico del atletismo de 1959, *How They Train,* libro en el que detallaba la técnica de carrera de más de ochenta corredores de élite a nivel mundial. «El pie delantero se mueve hacia delante en un movimiento suave (no un golpe fuerte, ni una caída violenta) que va hacia abajo y hacia atrás, en el que el borde delantero de la planta del pie realiza el primer contacto con la pista —escribe Wilt—. El progreso en la carrera resulta de la combinación de estas fuerzas que empujan hacia atrás el centro de gravedad del cuerpo...»

De hecho, cuando el diseñador biomédico Van Phillips creó en 1984 una prótesis de tecnología de punta para corredores cojos, ni siquiera se molestó en dotarla de talón. Phillips había perdido la pierna izquierda por debajo de la rodilla en un accidente de esquí acuático y, como corredor, entendía que el talón era necesario para mantenerse en pie, no para correr. La prótesis inventada por Phillips, conocida como «Pie de guepardo» tiene forma de C e imita la función de una pierna orgánica con tanta eficacia que permitió al corredor sudafricano Oscar Pistorius, quien tiene las dos piernas amputadas, competir con los mejores velocistas del mundo.

Pero Bowerman tenía una idea: quizá se podía ganar un poco de distancia si uno pisaba delante del centro de gravedad. Si colocamos un trozo de hule debajo del talón, pensó, podremos enderezar las piernas, aterrizar sobre los talones y dar una zancada más larga. En su libro *Jogging,* comparaba ambos estilos: con la zancada de «pie plano» de eficacia comprobada, admitía Bowerman, «una superficie amplia amortigua la pisada y reduce el impacto en el resto del cuerpo». Sin embargo, pensaba que una zancada que fuera «del talón a los dedos» produciría «menos cansancio en las distancias largas». Si uno contaba con el calzado adecuado.

El marketing de Bowerman era brillante. «El mismo tipo creó un mercado para un producto y luego creó el producto en cuestión —en palabras de un columnista de temas económicos de Oregón—. Es genial, el tipo de cosa que se estudia en las escuelas de negocios.» El socio de Bowerman, un corredor convertido en empresario llamado Phil Knight, cerró un trato para fabricar el nuevo producto en Japón y rápidamente estaba vendiendo zapatillas antes de que dejaran la cadena de montaje. «Con el sistema de amortiguación de las Cortez, probablemente nos encontraremos en una situación de monopolio para las olimpiadas de 1972», se regodeaba Knight. Para cuando las otras compañías estuvieron en posición de imitar la famosa zapatilla, el *Swoosh*[14] era ya una potencia mundial.

Encantado con la reacción que sus diseños de aficionado habían recibido, Bowerman dejó que su creatividad volara. Imaginó una zapatilla impermeable hecha de escamas de pez, pero dejó que la idea muriera en la mesa de dibujo. Inventó las LD-1000 Trainer, unas zapatillas con la suela tan ancha que correr con ellas era como hacerlo con un molde de tarta en los pies. Bowerman creía que estas zapatillas acabarían con la pronación, pasando por alto que a menos que el pie del corredor cayera completamente recto, el talón abultado podría torcerle la pierna. «En lugar de dar estabilidad, aceleró la pronación y consiguió hacer daño tanto al pie como al tobillo», escribió el antiguo corredor de Oregón Kenny Moore en su biografía de Bowerman. En otras palabras, la zapatilla que supuestamente debía darte una pisada perfecta, solo funcionaba si ya tenías una. Cuando Bowerman descubrió que estaba produciendo lesiones en lugar de prevenirlas, tuvo que dar marcha atrás y redujo el talón en versiones posteriores.

Mientras tanto, de vuelta en Nueva Zelanda, un consternado Arthur Lydiard veía los llamativos productos de exportación que salían de Oregón y se preguntaba qué demonios estaba haciendo

14. Nombre del logotipo de Nike. *(N. del T.)*

su amigo. Lydiard era un especialista en atletismo con muchísima más experiencia y conocimientos que Bowerman; había entrenado a muchos más campeones olímpicos y plusmarquistas mundiales, y había inventado un programa de entrenamiento que seguía siendo el punto de referencia dentro de la disciplina. A Lydiard le caía bien Bill Bowerman y lo respetaba como entrenador, pero, ¡por Dios santo! ¿Qué era esa basura que estaba vendiendo?

Lydiard sabía que toda esa cháchara acerca de la pronación no era más que sandeces publicitarias. «Si uno le dice a una persona de cualquier edad que se quite las zapatillas y corra por el pasillo, casi siempre descubrirá que el movimiento del pie no tiene ni rastro de pronación y supinación —se quejaba Lydiard—. Esas torceduras laterales del tobillo comienzan cuando la gente se ata los cordones de unas zapatillas de correr, porque el diseño de las zapatillas inmediatamente altera el movimiento natural del pie.»

«Nosotros corríamos en zapatillas de lona —continuaba Lydiard—. No sufríamos fascitis plantar, ni pronábamos ni supinábamos, quizá nos rasgáramos un poco la piel debido a la rugosidad de la lona pero, en términos generales, no teníamos problema alguno en los pies. Pagar varios cientos de dólares por el último grito de la tecnología en zapatillas deportivas no te garantiza que no sufrirás alguna de estas lesiones, es más, puede incluso garantizarte que las sufrirás de una u otra forma.»

Finalmente, incluso Bowerman fue asaltado por las dudas. Conforme Nike seguía avanzando con el paso de una apisonadora, fabricando zapatillas como salchichas en infinitas variedades y modelos que cambiaban sin más razón que tener un producto más para vender, Bowerman llegó a sentir que su misión inicial de fabricar una zapatilla honrada había sido corrompida por una nueva ideología, que él mismo resumió en dos palabras: «Hacer dinero». En una carta a un colega, se quejaba de que Nike estaba «distribuyendo un montón de basura». Por lo que parecía, incluso para uno

255

de los padres fundadores de Nike las palabras del escritor y filósofo Eric Hoffer estaban volviéndose verdad: «Toda gran causa comienza como un movimiento, se convierte en un negocio y termina siendo un fraude».

Cuando la revolución de los descalzos empezó a tomar forma en 2002, Bowerman ya había muerto, así que Nike se dirigió a su mentor para saber si todo este asunto de correr sin zapatillas tenía sentido. «¡Por supuesto! —parece que dijo resoplando Arthur Lydiard—. Si refuerzas una zona, esta se debilita. Si la usas exhaustivamente, se hace más fuerte... Si se corre descalzo, se evitan todos estos problemas.»

«El calzado que deja que los pies funcionen como si estuvieran descalzos, es el calzado que a mí me sirve», sentenció Lydiard.

Nike decidió investigar por su cuenta. Jeff Pisciotta, un veterano investigador del Nike Sports Research Lab, colocó a veinte corredores en un campo de hierba y los filmó mientras corrían descalzos. Cuando realizó un zoom a los pies de los corredores, se quedó perplejo: en lugar de esas pisadas pesadas y ruidosas que damos cuando corremos con zapatillas, vio cómo los pies se comportaban como animales con mente propia, extendiéndose, agarrándose al terreno, explorándolo con los dedos abiertos, planeando cada vez que aterrizaban como un cisne brincando sobre la superficie de un lago. «Era algo hermoso —me diría más adelante Pisciotta, todavía embelesado—. Y empezamos a pensar que cuando nos ponemos una zapatilla es ella la que toma el control.» Inmediatamente hizo que su equipo reuniera material fílmico de todas las culturas que todavía corrían descalzas alrededor del mundo. «Encontramos grupos de personas por todo el planeta que seguían corriendo descalzas y descubrimos que, cuando se corre descalzo, durante la propulsión y el aterrizaje el pie tiene un ámbito de movimiento mayor e involucra más a los dedos. Los pies de quienes corren descalzos se flexionan, extienden, abren y se agarran a la superficie, lo que se traduce en menos pronación y una mayor distribución de la presión.»

Enfrentada a la casi ineludible conclusión de que había estado vendiendo limones, Nike decidió entrar en el negocio de vender limonada. Jeff Pisciotta se convirtió en la cabeza de un proyecto ultrasecreto aparentemente imposible: encontrar la forma de sacar dinero de un pie desnudo.

Pisciotta tardó dos años en desvelar su obra maestra. Fue presentada al mundo en unos anuncios de televisión que mostraban tantos atletas descalzos —maratonistas keniatas trotando sobre una pista de tierra, nadadores retorciendo los dedos del pie en el taco de salida de la piscina, gimnastas y bailarines de capoeira y luchadores y maestros karatecas y jugadores de fútbol de playa— que pasado un rato era difícil recordar quién llevaba zapatillas y por qué.

Sobre las imágenes centellaban mensajes inspiradores: «Tus pies son tus cimientos. ¡Despiértalos! ¡Fortalécelos! Conecta con el suelo... La tecnología natural permite el movimiento natural... Poder para tus pies». Sobre la planta de un pie desnudo se ve garabateado: «El rendimiento comienza aquí». Y luego llega el gran final: conforme llega el crescendo de la canción «Tiptoe Through the Tulips» al fondo, aparecen en escena esos corredores keniatas, que antes llevaban los pies descalzos pero ahora calzan unas zapatillas delgadas. Son las nuevas Nike Free, con el *Swoosh* a un lado y más delgadas que las viejas Cortez.

¿Y el eslogan?

«Corre Descalzo.»

26

Nena, esta ciudad te arranca los huesos de la espalda. Es una trampa mortal, es una llamada al suicidio...

BRUCE SPRINGSTEEN, «Born to Run»

La cara de Caballo Blanco estaba rosa de orgullo, así que intenté pensar en algo bonito que decirle.

Acabábamos de llegar a Batopilas, un viejo pueblo minero enclavado dos mil cuatrocientos metros por debajo del filo del cañón. Fue fundado cuatrocientos años atrás, cuando los exploradores españoles descubrieron mineral de plata en el río, y no ha cambiado mucho desde entonces. Es todavía una delgada línea de casas abrazando la ribera del río, un lugar donde los burros son tan comunes como los coches y donde el primer teléfono fue instalado cuando el resto del mundo había empezado a programar sus iPods.

Llegar hasta aquí requiere un estómago de hierro fundido y una fe ciega en el prójimo, siendo el prójimo el tipo que conduce el autobús. La única carretera que llega a Batopilas es un camino de tierra que se enrosca a la cara escarpada del acantilado, descendiendo dos mil metros en menos de diez millas de trayecto. Según el autobús tomó con esfuerzo curvas cerradísimas, nosotros nos sujetamos con fuerza y miramos por encima los restos de otros coches cuyos conductores erraron el cálculo por unos pocos centímetros. Dos años después, Caballo estuvo a punto de realizar su propia contribución al cementerio de acero cuando la camioneta que conducía desbarró y cayó dando tumbos. Caballo se las arregló para escapar justo a tiempo y observó la explosión a distancia. Más adelante, rescataría unos trozos del chasis chamuscado para utilizarlos como amuletos de la suerte.

Una vez que el autobús realizó su parada al final del pueblo, nos bajamos todos rígidos y con los rostros cubiertos de tierra y sudor, la misma pinta que tenía Caballo cuando lo vi por primera vez.

—¡Ahí está! —gritó Caballo—. Esa es mi casa.

Echamos un vistazo, pero lo único que alcanzamos a ver eran las ruinas de una vieja misión al otro lado del río. No tenía techo y sus paredes de ladrillo rojo estaban desmoronándose, cayendo sobre el cañón colorado del que habían salido, como un castillo de arena derrumbándose y regresando a la arena de la playa. Era perfecto; Caballo había encontrado el hogar ideal para un fantasma viviente. Yo solo podía imaginar cuán perturbador debía de ser pasar por allí de noche y ver su monstruosa danza de sombras alrededor de la fogata conforme paseaba por las ruinas como Quasimodo.

—Wow, eso realmente es algo… hum… distinto —dije.

—No, amigo —dijo—. Por aquí.

Y señaló detrás de nosotros, hacia un camino de cabras apenas perceptible que desaparecía entre los cactus. Caballo empezó a escalar, y nosotros detrás de él, sujetándonos a la maleza para no perder el equilibrio según resbalábamos y escarbábamos por el camino de piedra.

—Diablos, Caballo —dijo Luis—. Este es el único camino de entrada en el mundo que necesita señalización y un puesto de socorro en la milla dos.

Tras un centenar de metros, llegamos a un bosquete de limas

259

salvajes y encontramos una pequeña choza de paredes de arcilla. Caballo la había construido arrastrando rocas desde el río, haciendo ese traicionero camino ida y vuelta cientos de veces con rocas afiladas en las manos. Como hogar, le sentaba incluso mejor que la misión en ruinas; he aquí una fortaleza de la soledad construida por el hombre, desde la que Caballo podía observar todo el valle y aun así permanecer oculto.

Entramos y vimos que Caballo tenía un catre, una pila de sandalias de deporte viejas y tres o cuatro libros sobre Caballo Loco y otros indios nativos americanos en una repisa junto a una lámpara de queroseno. Y eso era todo; no había electricidad, ni agua potable, ni váter. Detrás de la choza, Caballo había cortado unos cactus y allanado un pequeño terreno donde descansar después de correr, fumar algo relajante y contemplar la naturaleza prehistórica. Fuera cual fuera la palabra de Heidegger a la que se refería Ted Descalzo, nadie era más la expresión de su propio hogar que Caballo y su choza.

Caballo estaba ansioso por alimentarnos y deshacerse de nosotros para poder dormir un poco. Los próximos días íbamos a necesitar toda la energía con que contábamos y ninguno había descansado demasiado desde El Paso. Nos llevó de vuelta por su pasadizo secreto y a través de la carretera hasta una pequeña tienda llevada desde la ventana de una casa; uno asomaba la cabeza, y si el dependiente Mario tenía aquello que uno necesitaba, se lo daba. En el piso de arriba, Mario alquilaba unas habitaciones pequeñas que contaban con una ducha fría al final del pasillo.

Caballo quería que dejáramos nuestras mochilas y partiéramos inmediatamente en busca de comida, pero Ted Descalzo insistió en desvestirse y meterse debajo de la ducha para quitarse la mugre del camino. Salió de ella gritando.

—¡Dios! La ducha tiene cables sueltos. ¡Acabo de electrocutarme!

260

Eric me lanzó una mirada.

—¿Crees que ha sido Caballo?

—Homicidio justificado —dije—. Ningún jurado lo condenaría.

El frente abierto entre Ted Descalzo y Caballo Blanco no había mejorado desde que abandonamos Creel. En una parada, Caballo bajó del techo y se metió en el autobús intentando escapar.

—Este tipo no sabe lo que es el silencio —dijo Caballo echando humo.

—Es de Los Ángeles, amigo; piensa que hay que llenar todo con ruido.

Una vez que dejamos nuestras cosas donde Mario, Caballo nos llevó donde otra de sus Mamás. Ni siquiera tuvimos que pedir, tan pronto como llegamos, Doña Mila empezó a sacar todo lo que tenía en el frigorífico. En breve, empezaron a llegar platos con guacamole, frijoles, nopalitos y tomates aderezados con vinagre ácido, arroz mexicano y un aromático estofado de carne espesado con hígado de pollo.

—Coman bastante —había dicho Caballo—. Van a necesitarlo para mañana.

Iba a llevarnos a una pequeña excursión de calentamiento, según dijo. Tan solo un paseo a una montaña cercana para hacernos probar un bocado del terreno al que tendríamos que enfrentarnos durante la carrera. Seguía diciendo que no iba a ser gran cosa, pero luego nos advertía que sería mejor que comiéramos bien y nos fuéramos directos a la cama. Mi suspicacia creció aún más después de que un viejo americano de cabello blanco pasara por ahí y se nos uniera.

—¿Cómo va el arreo, Caballo? —saludó.

Su nombre era Bob Francis. Había llegado por primera vez a Batopilas en los años sesenta y una parte de él nunca se había marchado. A pesar de que tenía hijos y nietos en San Francisco, Bob

261

todavía pasaba la mayor parte del año deambulando por los cañones cerca de Batopilas, algunas veces guiando excursionistas, otras veces tan solo visitando a Patricio Luna, un amigo suyo tarahumara que era tío de Manuel Luna. Se habían conocido treinta años atrás, cuando Bob se perdió en las barrancas. Patricio lo encontró, alimentó y alojó en la cueva de su familia durante la noche.

Gracias a su vieja amistad con Patricio, Bob es uno de los pocos americanos que ha participado de una *tesgüinada* tarahumara: la maratónica borrachera que precede, y ocasionalmente previene, las carreras de pelota. Ni siquiera Caballo había llegado a ese nivel de confianza con los tarahumaras, y tras escuchar las historias de Bob, no estaba seguro de querer hacerlo.

«De repente, amigos tarahumara que conocía de años, tipos que yo sabía que eran tímidos, amigos amables, los tenía delante, dándome cabezazos, insultándome, buscando pelea —decía Bob—. Mientras tanto, sus esposas estaban entre los arbustos con otros hombres y sus hijas mayores peleaban desnudas. Mantenían a los niños ajenos a estos menesteres, puedes imaginar por qué.»

Todo vale en una *tesgüinada,* explicó Bob, porque culpan de todo al peyote, el tequila casero y el *tesgüino,* esa potente cerveza de maíz. Aun siendo así de salvajes, esas fiestas tienen un noble y sobrio propósito: actúan como válvula de escape para dejar salir los ánimos explosivos. Al igual que el resto de nosotros, los tarahumaras tienen deseos ocultos y rencillas secretas, pero en una sociedad donde todos dependen unos de otros y donde no hay policía para intermediar, ha de haber alguna manera de satisfacer los deseos y rencores. ¿Y qué mejor que una borrachera? Todo el mundo se embriaga, enloquece y, luego, escarmentados gracias a los moretones y la resaca, se sacuden el polvo y continúan a su vida diaria.

«Antes de que la noche llegara a su fin podría haberme encontrado casado o muerto una veintena de veces —decía Bob—. Sin embargo, fui lo suficientemente listo para bajar la copa y salir de

262

ahí antes de que las verdaderas travesuras empezaran.» Si había algún foráneo que conociera las barrancas tan bien como Caballo, ese era Bob, razón por la cual, pese a que estaba algo bebido y con un humor de perros, presté especial atención cuando empezó a meterse con Ted.

—Esas mierdas van a estar muertas mañana —dijo Bob, señalando los FiveFingers que llevaba Ted.

—No voy a llevarlas mañana —dijo Ted.

—Ahora estás hablando con sensatez —dijo Bob.

—Voy a correr descalzo —dijo Ted.

Bob se volvió hacia Caballo.

—¿Está bromeando, Caballo?

Caballo sonrió.

Temprano a la mañana siguiente, Caballo vino a buscarnos cuando el sol estaba asomando sobre el cañón.

—Ahí es a donde vamos mañana —dijo Caballo, señalando a través de la ventana de mi cuarto hacia la montaña que se levantaba a la distancia.

Entre nosotros y la montaña había un mar de laderas onduladas, crecidas tan densamente que era difícil ver por dónde podía pasar el camino que las atravesaba.

—Correremos sobre uno de esos amiguitos esta mañana.

—¿Cuánta agua necesitaremos?

—Yo solo llevo esto —dijo Caballo, agitando una botella de plástico de medio litro—. Hay un manantial de agua fresca arriba donde rellenar las botellas.

—¿Comida?

—No— dijo Caballo encogiéndose de hombros según se alejaba junto con Scott para ver al resto—. Estaremos de vuelta para el almuerzo.

—Voy a llevar el grandulón —me dijo Eric, mientras llenaba de agua la bota de su mochila de hidratación de casi tres litros de capacidad—. Creo que deberías llevar el tuyo también.

—¿En serio? Caballo dice que solo haremos unas diez millas.

—Nunca hace daño tomar todas las precauciones cuando vamos a algún lugar apartado —dijo Eric—. Incluso si no lo necesitas, sirve de entrenamiento para cuando sí lo haces. Y uno nunca sabe, pasa cualquier cosa y podemos estar fuera más tiempo del que pensábamos.

Dejé la botella de mano y busqué mi mochila de hidratación.

—Coge unas pastillas de yodo por si hace falta depurar agua. Y unos geles energéticos también —agregó Eric—. El día de la carrera vas a necesitar doscientas calorías por hora. El truco es aprender a tomarlas poco a poco, para así tener un flujo constante de combustible sin abrumar a tu estómago. Será un buen entrenamiento.

Atravesamos Batopilas, dejando atrás a los tenderos que echaban agua sobre el suelo para que el polvo no se levantara. Los escolares de camisas blancas impolutas y cabello negro alisado con agua interrumpían su parloteo para saludarnos con un educado «Buenos días».

—Va a hacer calor —dijo Caballo, mientras nos metíamos en una tienda sin letrero en la puerta—. ¿Hay teléfono? —le preguntó a la mujer que nos recibió.

—Todavía no —contestó ella, sacudiendo la cabeza con resignación.

Clarita tenía los dos únicos teléfonos públicos de todo Batopilas, pero el servicio estaba cortado desde hacía tres días, con lo que la única vía de comunicación que quedaba era la radio de onda corta. Por primera vez, me di cuenta de cuán incomunicados nos encontrábamos. No teníamos manera de saber qué ocurría en el mundo exterior, o de hacerles saber qué era de nosotros. Estábamos confiando de una manera tremenda en Caballo, y una vez más, tenía que preguntarme por qué. Si bien Caballo conocía este lugar, seguía pareciendo una locura poner nuestras vidas en las manos de un tipo que aparentaba no preocuparse ni por la suya propia.

Pero por el momento, el rugido de mi estómago y el aroma del desayuno preparado por Clarita se las arreglaron para dejar a un lado mis dudas. Clarita sirvió unos platos grandes de huevos rancheros, con los huevos fritos ahogados en salsa casera y cilantro recién cortado sobre unas gruesas tortillas hechas a mano. La comida era demasiado deliciosa para devorarla, así que comimos sin prisa, rellenando las tazas de café varias veces antes de que fuera hora de marcharnos. Eric y yo seguimos el ejemplo de Scott y metimos unas tortillas extra en los bolsillos para más tarde.

Nada más terminar, caí en cuenta de que los juerguistas no habían aparecido. Miré el reloj: eran casi las diez.

—Nos marchamos sin ellos —dijo Caballo.

—Yo puedo correr a buscarlos —se ofreció Luis.

—No —dijo Caballo—. Pueden estar durmiendo todavía. Tenemos que partir ya si queremos evitar el calor de la tarde.

Quizá era lo mejor, podrían aprovechar el día para rehidratarse y recobrar fuerzas para la escalada del día siguiente.

—Pase lo que pase, no dejes que intenten alcanzarnos —le dijo Caballo al padre de Luis, que se quedaba—. Se perderían allá afuera y no volveríamos a verlos. No es broma.

Eric y yo ajustamos bien nuestras mochilas de hidratación, y yo me até un pañuelo en la cabeza. El clima ya estaba caliente y húmedo. Caballo se deslizó a través de una grieta en el muro de contención y empezó a abrirse paso a través de las rocas en la orilla del río. Ted Descalzo se adelantó hasta alcanzarlo, queriendo demostrar con cuánta destreza podía saltar de roca en roca con los pies descalzos. Si Caballo estaba impresionado, no lo demostraba.

—¡Oigan, chicos! ¡Espérennos!

Jenn y Billy estaban corriendo a toda velocidad detrás de nosotros. Billy traía la camiseta en la mano y Jenn llevaba las zapatillas desatadas.

—¿Están seguros de que quieren venir? —preguntó Scott cuando llegaron jadeando—. No han comido nada.

Jenn partió un PowerBar y le dio la mitad a Billy. Cada uno llevaba una botellita de agua que no podía contener más de seis sorbos.

—Estamos bien —dijo Billy.

Seguimos el rocoso borde del río durante una milla, luego tomamos un surco seco. Sin mediar palabra, espontáneamente todos echamos a trotar. El surco era amplio y arenoso, lo que permitió a Scott y Ted Descalzo colocarse al lado de Caballo y que corrieran en tres columnas.

—Fíjate en sus pies —me dijo Eric.

Aun cuando Scott corría con las zapatillas Brooks que él había ayudado a diseñar y Caballo lo hacía con sandalias, ambos acariciaban el terreno de la misma manera que Ted lo hacía con sus pies descalzos, las zancadas de los tres avanzaban en perfecta sincronía. Era como ver un equipo de caballos lipizzanos dando vueltas a la pista del circo.

Como una milla después, Caballo tomó una pendiente rocosa, erosionada, que subía hacia la montaña. Eric y yo bajamos la velocidad y empezamos a caminar, siguiendo el credo del ultramaratonista: «Si no puedes ver la cima, camina». Cuando estás corriendo cincuenta millas, no reporta dividendos matarse en las subidas para luego llegar ahogado a los descensos; solo se pierden unos pocos segundos si caminas, y luego puedes recuperarlos acelerando en la bajada. Eric piensa que esa es una de las razones por la que los ultramaratonistas no se lesionan ni sufren los estragos del sobreesfuerzo: «Saben cómo entrenarse, no machacarse».

Caminando, alcanzamos a Ted Descalzo. Había tenido que bajar el ritmo para poder avanzar con cuidado sobre las piedras afiladas, del tamaño de puños, que poblaban el camino. Entorné la vista ante el camino que teníamos por delante: nos quedaba por lo menos otra milla de rocas quebradizas que escalar antes de que el trayecto se nivelara y, con suerte, se alisara.

—Ted, ¿dónde están tus FiveFingers? —pregunté.

—No los necesito —dijo—. He hecho un trato con Caballo; si consigo hacer esta excursión, no volverá a molestarse conmigo por ir descalzo.

—Ha amañado la apuesta —dije—. Esto es como correr por un cascajal.

—Los humanos no inventamos las superficies agrestes, Oso —dijo Ted—. Inventamos las llanas. Nuestros pies son perfectamente felices amoldándose a las rocas. Todo lo que hay que hacer es relajarse y dejar que el pie se doble. Es como un masaje. ¡Oh, escuchen! —nos dijo a Eric y a mí según nos adelantábamos—. La próxima vez que tengan los pies doloridos, caminen sobre piedras resbaladizas en un arroyo helado. ¡Es increíble!

Eric y yo seguimos, dejando a Ted hablando solo mientras brincaba y trotaba. El reflejo del sol en las piedras era enceguecedor y el calor seguía subiendo, haciéndonos sentir como si estuviéramos escalando directamente hacia el sol. Y de alguna manera, eso era precisamente lo que hacíamos. Comprobé el altímetro en mi reloj y vi que habíamos ascendido más de trescientos metros. Aunque, poco después, el camino nos llevó a una meseta y las piedras dejaron paso a la tierra apisonada.

El resto iba varios cientos de metros por delante, así que Eric y yo empezamos a correr para reducir la distancia. Antes de que los hubiéramos alcanzado, Ted Descalzo apareció a toda prisa.

—Es hora de echar un trago —dijo, agitando la botella vacía—. Los espero en el manantial.

El camino se empinó de súbito nuevamente, serpenteando en zigzags cerrados. Cuatrocientos cincuenta metros… seiscientos… Nos encorvamos en la pendiente, sintiendo que no avanzábamos más que unos pocos centímetros en cada paso. Tras tres horas y seis millas de duro ascenso, no habíamos llegado al manantial; ni habíamos visto un solo lugar a la sombra desde que dejamos la orilla del río.

—¿Lo ves? —dijo Eric, agitando la boquilla de su mochila de hidratación—. Esta gente debe de estar muerta de sed.

—Y de hambre —agregué, mientras abría una barra de *granola*.

A mil metros de altura, encontramos a Caballo y el resto de la expedición esperando en una hondonada debajo de un enebro.

—¿Alguien necesita pastillas de yodo? —pregunté.

—No creo —dijo Luis—. Mira.

Bajo el árbol había un cuenco de piedra natural, tallado a lo largo de siglos por el chorro de agua del manantial. Pero no había agua.

—Estamos en sequía —dijo Caballo—. Se me había olvidado.

Pero era posible que el siguiente manantial, unos treinta metros más arriba, sí tuviera agua. Caballo se ofreció a correr hasta allí para comprobarlo. Jenn, Billy y Luis estaban demasiado sedientos para esperar a que volviera, así que fueron con él. Ted le dio su botella a Luis para que se la llenara y se sentó a la sombra con nosotros. Yo le ofrecí unos cuantos sorbos de mi mochila, mientras Scott compartía un poco de pan pita y hummus.

—¿No usas geles o barras energéticas —preguntó Eric.

—Me gusta la comida de verdad —dijo Scott—. Es igual de transportable y uno obtiene calorías de verdad, no combustible de quema rápida.

En su condición de atleta de élite patrocinado por diferentes compañías, Scott tenía acceso a un buffet de proporciones mundiales con productos nutritivos, pero después de experimentar con

268

todo el espectro —desde carne de ciervo hasta Happy Meals y barritas de productos naturales— se decidió por una dieta similar a la de los tarahumaras.

«Al haber crecido en Minnesota, he comido siempre mucha comida basura —decía Scott—. Mi almuerzo solía ser dos Mc-Chickens y una ración grande de patatas fritas.» Cuando era esquiador de fondo y corredor de *cross-country* en la secundaria, sus entrenadores le decían siempre que necesitaba comer mucha carne magra para reconstituir sus músculos tras las duras sesiones de ejercicio, pero mientras más investigaba acerca de atletas de resistencia tradicionales, más vegetarianos encontraba.

Como los monjes maratonistas de Japón, acerca de los cuales acababa de leer; los monjes habían corrido una ultramaratón diaria a lo largo de siete años, haciendo unas veinticinco mil millas sin ingerir nada más que sopa de miso, tofu y verduras. ¿Y qué hay de Percy Cerutty, el genio loco australiano que había entrenado a algunos de los más grandes corredores de la milla de todos los tiempos? Cerutty creía que no debían comerse alimentos cocinados, ni mucho menos pasados por el cuchillo carnicero; sus atletas hacían sesiones triples de ejercicios comiendo una dieta basada en copos de avena crudos, frutas, nueces y queso. Incluso Cliff Young, el granjero de sesenta y tres años que asombró a Australia en 1983 ganando a los mejores ultramaratonistas del país en una carrera de 507 millas desde Sidney hasta Melbourne, no comía más que frijoles, cerveza y avena («Solía alimentar al ganado con mi propia mano y las reses pensaban que yo era su madre —contaba Young—. No podía dormir las noches en que iban a ser sacrificadas.» Así que cambió a una dieta de granos y patatas, y consiguió dormir mucho mejor. Y no corría mal, tampoco).

Scott no estaba seguro de por qué las dietas sin carne habían funcionado para los grandes corredores de la historia, pero decidió que confiaría en los resultados primero y luego ya buscaría las explicaciones científicas. A partir de entonces, ningún producto animal se posaría sobre sus labios —nada de huevos, ni queso, ni siquiera helado— y tampoco mucha azúcar o harina de trigo. Dejó de llevar Snickers y PowerBars durante las carreras; en su lugar, llenaba la riñonera con burritos de arroz, pan pita con hummus y aceitunas Kalamata, o pan casero con frijoles adzuki y pasta de quinoa. Cuando se torció el tobillo dejó a un lado el ibuprofeno y confió su tratamiento al acónito y potentes raciones de ajo y jengibre.

«Por supuesto que tenía mis dudas —decía Scott—. Todo el mundo me decía que iba a debilitarme, que no iba a recuperarme tras las carreras, que iba a sufrir fracturas de estrés y anemia. Pero descubrí que, en realidad, me sentía mejor, porque como alimentos con más nutrientes de mejor calidad. Y cuando gané la Western States, nunca volví a mirar atrás.»

Al basar su alimentación en frutas, vegetales y cereales integrales, Scott obtiene la máxima cantidad de nutrientes del menor número posible de calorías, así que su cuerpo no se ve forzado a cargar o procesar volumen innecesario. Y dado que los carbohidratos abandonan el estómago con mayor rapidez que las proteínas, le es posible meter más horas de ejercicio en el día, ya que no debe esperar sentado a digerir las albóndigas. Las verduras, cereales y legumbres contienen todos los aminoácidos necesarios para reconstruir los músculos de la nada. Al igual que los corredores tarahumaras, Scott está listo para hacer cualquier distancia, en cualquier momento.

A menos, claro, que se quede sin agua.

—Malas noticias, chicos —gritó Luis mientras trotaba de vuelta—. La otra fuente también está seca.

Luis estaba empezando a preocuparse. Acababa de intentar mear, y después de cuatro horas sudando a treinta y cinco grados, su orina tenía el mismo color del café.

—Creo que deberíamos regresar —dijo Luis.

Scott y Caballo estuvieron de acuerdo.

—Si salimos ahora, estaremos abajo en una hora —dijo Caballo—. Oso, ¿estás bien? —me preguntó.

—Sí, estoy bien —dije—. Y todavía nos queda algo de agua.

—Ok, hagámoslo entonces —dijo Ted Descalzo.

Empezamos a correr en fila, con Caballo y Scott al frente. Ted Descalzo era increíble, estaba acelerando montaña abajo pisándole los talones a Luis y Scott, dos de los mejores corredores cuesta abajo del campo. Con todos esos talentos presionándose los unos a los otros, el ritmo se estaba haciendo feroz.

—¡Síííí, muchachos! —gritaban Jenn y Billy.

—Desaceleremos un poco —dijo Eric—. Vamos a reventarnos si intentamos seguirles el ritmo.

Nos estabilizamos en un paso moderado, retrasándonos mientras el resto cogía a toda velocidad las curvas en zigzag. Correr cuesta abajo puede joderte los cuádriceps, por no hablar de los tobillos, así que el truco consiste en pretender que estás corriendo cuesta arriba: mantener los pies justo debajo del cuerpo, como un leñador corriendo sobre un tronco, y controlar la velocidad reclinándote y acortando la zancada.

A media tarde, el calor se había estancado en el cañón y estaba por encima de los treinta y ocho grados. Habíamos perdido a los otros de vista, así que Eric y yo decidimos tomarnos nuestro tiempo, corriendo a paso suave y dando sorbos de nuestras menguantes mochilas de hidratación mientras nos íbamos orientando en la confusa maraña de caminos, ignorantes de que Jenn y Billy habían desaparecido.

—La sangre de cabra es buena —continuaba insistiendo Billy—. Podemos bebernos la sangre y luego comernos la carne. La carne de cabra es buena.

Había leído el libro de un tipo cuyo truco para escapar de la muerte en el desierto de Arizona había sido matar a un caballo salvaje a pedradas y luego chupar la sangre de su garganta. «Jerónimo solía hacerlo —pensó Billy—. Espera, quizá era Kit Carson...»

¿Beber sangre? La garganta de Jenn estaba tan seca que le dolía al hablar, así que solo lo miraba. *Se le está yendo la cabeza,* pensó. *Casi no podemos caminar y Cabeza de Chorlito está hablando acerca de matar una cabra que no podemos cazar con un cuchillo que no tenemos. Está mucho peor que yo. Está...*

De pronto, el estómago le apretó tanto que casi no podía respirar. Ahora lo entendía. Billy no sonaba como un loco debido al calor. Sonaba como un loco porque la única cosa sensata de la que podía hablar era la única cosa que nunca admitiría: no había escapatoria. En un buen día, nadie podría haber dejado atrás a Jenn y Billy en una miserable carrera de seis millas, pero este estaba resultando ser un día bastante malo. El calor, sus respectivas resacas y sus estómagos vacíos se habían ensañado con ellos antes de que hicieran la mitad del camino montaña abajo. Habían perdido de vista a Caballo en una de las curvas en zigzag, luego llegaron a una bifurcación del camino. Lo siguiente que supieron es que estaban solos. Desorientados, Jenn y Billy deambularon por la montaña y se internaron en un laberinto de piedra que se abría en todas direcciones. Los muros de roca reflejaban el calor con tanta furia que Jenn sospechaba que ella y Billy estaban yendo hacia cualquier lugar que pareciera tener un poco de sombra. Jenn estaba mareada, como si su cabeza estuviera flotando fuera de su cuerpo. No habían comido nada desde que partieron esa Power-Bar seis horas antes y no habían tomado ni un sorbo de agua desde el mediodía. Incluso si un golpe de calor no acababa con ellos, Jenn sabía que estaban condenados: una vez que la temperatura empezara a bajar, seguiría haciéndolo. Cuando cayera la noche, la fría oscuridad los pillaría temblando en bermudas y camiseta,

272

muriéndose de sed y frío en uno de los rincones más inaccesibles de México.

Iban a ser unos cadáveres extraños, pensaba Jenn mientras avanzaban con dificultad. Quien fuera que los encontrara se preguntaría cómo es que este par de socorristas de veintidós años con bermudas había terminado en el fondo de un cañón mexicano, como si una ola gigante los hubiera arrastrado hasta aquí desde Baja California. Jenn no había estado tan sedienta nunca en su vida; una vez había perdido más de cinco kilos durante una carrera de cien millas, pero ni siquiera entonces se había sentido tan desesperada como ahora.

—¡Mira!

—¡La suerte del Cabeza de Chorlito! —se maravilló Jenn.

Debajo de un saliente de piedra, Billy había divisado un charco de agua fresca. Corrieron hacia ella, mientras quitaban las tapas de sus botellas y luego se detuvieron. El agua no era agua. Era barro negro y limo verde, con moscas sobrevolando y removido por cabras salvajes y burros. Jenn se agachó para mirarlo de cerca. ¡Puaj! El olor era horrible. Ambos sabían lo que podía hacer un solo sorbo. Cuando llegara la noche estarían tan debilitados por la diarrea y la fiebre que no podrían ni caminar, o podían contraer cólera, giardiasis o dracontosis, que no tenían otra cura que arrancar lentamente los gusanos de casi un metro que asomaran por los abscesos que estallaban en la piel o por las cuencas de los ojos.

Pero sabían también lo que ocurriría si no daban ese sorbo. Jenn acaba de leer acerca de esa pareja de novios que se habían perdido en un cañón de Nuevo México y enloquecieron hasta tal punto debido al sol que, tras un solo día sin agua, terminaron apuñalándose el uno al otro hasta la muerte. Había visto fotos de expedicionistas que habían sido encontrados en el Valle de la Muerte atragantados con la tierra: en sus últimos momentos de vida habían intentado extraer algo de agua de la arena ardiente. Billy y ella podían alejarse del charco y morir de sed, o podían beber unos pocos tragos y arriesgarse a morir de alguna otra cosa.

—Aguantemos un poco —dijo Billy—. Si no encontramos una manera de salir de aquí, volvemos.

—Bueno, ¿por aquí? —dijo Jenn, señalando en la dirección contraria a Batopilas y directamente hacia la nada que se extendía por cuatrocientas millas hasta el Golfo de California.

Billy se encogió de hombros. Esa mañana habían tenido demasiada prisa y habían estado demasiado groguis para prestar atención al camino, y no es que hacerlo hubiera cambiado mucho las cosas: pusieran la vista donde fuera, todo lucía igual. Conforme avanzaban, Jenn recordó cómo se había burlado de su madre la noche anterior a que ella y Billy partieran hacia El Paso. «Jenn —había suplicado su madre—. No conoces a esta gente. ¿Cómo sabes que cuidarán de ti si algo sale mal?»

«Diablos —pensó Jenn—. Mamá había dado en el clavo.»

—¿Cuánto tiempo ha pasado? —le preguntó a Billy.

—Unos diez minutos.

—No puedo esperar más. Regresemos.

—Está bien.

Cuando encontraron la charca de nuevo, Jenn estaba lista para dejarse caer de rodillas y empezar a sorber, pero Billy la detuvo. Retiró el moho, cubrió la boca de la botella con la mano y la llenó con líquido del fondo de la charca, medio rogando que el agua debajo de la mugre estuviera un poco menos llena de bacterias.

—Siempre supe que tú me matarías —dijo Jenn.

Chocaron sus botellas, dijeron «salud» y empezaron a beber, luchando con las arcadas.

Secaron las botellas, las rellenaron y empezaron a caminar dirección oeste, nuevamente hacia la nada. Cuando aún no se habían alejado demasiado, vieron cómo las sombras se alargaban más allá del cañón.

—Tenemos que buscar más agua —dijo Billy.

Odiaba la idea de volver sobre sus pasos, pero la única posibilidad que tenían de sobrevivir a lo largo de la noche era ir a la charca y acomodarse allí hasta el amanecer. Quizá si apuraban tres botellas de agua recuperarían fuerzas suficientes para ir montaña arriba y echar un vistazo alrededor antes de que oscureciera por completo. Se volvieron y, una vez más, se internaron en el laberinto.

—Billy —dijo Jenn—. Tenemos serios problemas.

Billy no respondió. La cabeza lo estaba matando y no podía quitarse de la mente unas líneas de *Aullido* que seguían marcando los latidos de su cráneo:

… que desaparecieron en los volcanes de México dejando tras de ellos tan solo la sombra de sus vaqueros y la lava y la ceniza de la poesía…

«Desaparecieron en México —pensaba Billy—. Dejando tras de ellos tan solo la sombra…»

—Billy —insistió Jenn.

Se habían hecho pasar malos ratos el uno al otro en el pasado, ella y el Cabeza de Chorlito, pero habían encontrado la forma de dejar de romperse el corazón mutuamente y convertirse en novios. Ella había metido a Billy en esto, y se sentía peor por lo que iba a pasarle a él que por lo que iba a pasarle a ella misma.

—Esto está pasando de verdad, Billy —dijo Jenn. Y empezaron a caérsele las lágrimas—. Vamos a morir aquí. Vamos a morir hoy.

—¡Cállate! —gritó Billy, que se había puesto tan nervioso al ver las lágrimas de Jenn que explotó en un estado de pánico que nada tenía que ver con el carácter de Cabeza de Chorlito—. ¡Tan solo cállate!

El arranque de Billy dejó a ambos atónitos y los sumió en el si-

275

lencio. Y en ese silencio, oyeron un ruido: el ruido de piedras cayendo en algún lugar detrás de ellos.

—¡Oye! —gritaron juntos Jenn y Billy—. ¡Oye! ¡Oye! ¡Oye!

Empezaron a correr antes de descubrir que no sabían hacia dónde corrían. Caballo les había advertido que si había un peligro mayor que perderse ahí fuera, era que alguien te encontrara.

Jenn y Billy se quedaron quietos, intentando mirar fijamente las sombras bajo la cima del cañón. ¿Podría ser un tarahumara? Un cazador tarahumara era normalmente invisible, les había dicho Caballo; observaría desde la distancia y si no le gustaba lo que veía, desaparecería de vuelta en el bosque. ¿Serían los matones a sueldo de algún cártel de la droga? Fuera quien fuera, tenían que arriesgarse.

—¡Oye! —gritaron. —¿Quién anda ahí?

Escucharon atentamente cómo el eco de sus voces moría en la distancia. Luego una sombra se separó de la pared del cañón y empezó a moverse hacia ellos.

—¿Has oído eso? —me preguntó Eric.

Habíamos tardado dos horas en bajar la montaña. No dejábamos de perder el camino y teníamos que detenernos para dar marcha atrás y buscar en nuestra memoria puntos de referencia antes de continuar. Las cabras salvajes habían convertido a la montaña en una telaraña de caminos entrecruzados y poco definidos, y dado que el sol empezaba a desaparecer detrás del borde del cañón, cada vez se hacía más difícil saber a ciencia cierta en qué dirección nos estábamos moviendo.

Finalmente, habíamos visto un lecho seco del río que yo estaba seguro de que nos llevaría hasta el río mismo. Justo a tiempo, además; había acabado mi ración de agua hacía media hora y ya tenía la boca pastosa. Eché a correr pero Eric hizo que me detuviera.

—Será mejor asegurarse —dijo y subió la cuesta de vuelta para comprobar nuestra ubicación y orientación—. Vamos bien —dijo.

Empezó a bajar y fue ahí donde oyó el eco de unas voces que venía de algún lugar del desfiladero. Me llamó y empezamos a seguir juntos el eco. Poco después, encontramos a Jenn y a Billy. Jenn todavía estaba llorando. Eric les dio agua y yo les alcancé lo que me quedaba de comer.

—¿Realmente bebieron eso? —pregunté, mirando la boñiga de burro sobre la charca y confiando en que se hubieran confundido.

—Sí —dijo Jenn—. Estábamos volviendo para beber más.

Saqué mi cámara por si algún especialista en enfermedades infecciosas necesitara saber exactamente qué habían metido en sus entrañas. A pesar de su aparente repugnancia, sin embargo, la charca les había salvado la vida: si Jenn y Billy no hubieran vuelto por otro trago en ese preciso momento, todavía estarían internándose más y más en tierra de nadie, con las paredes del cañón cerrándose a sus espaldas.

—¿Pueden correr un poco más? —le pregunté a Jenn—. Creo que no estamos lejos de la aldea.

—Bueno —dijo.

Marcamos un paso suave, pero a medida que el agua y la comida los reanimaban, Jenn y Billy empezaron a correr a un ritmo que yo apenas podía seguir. Una vez más, me sorprendía su capacidad para regresar de la muerte. Eric nos guió por el lecho del río y luego reconoció una curva en el cañón. Giramos a la izquierda, e incluso con la luz que se apagaba, podía ver que la tierra que había delante de nosotros había sido pisada recientemente. Una milla y media después, emergimos del desfiladero para encontrar a Scott y Luis, que estaban esperándonos preocupados en las afueras de Batopilas.

Compramos cuatro litros de agua en una pequeña tienda de comestibles y les echamos un puñado de pastillas de yodo.

—No sé si funcionará —dijo Eric—, pero quizá puedan expulsar las bacterias que han tragado.

Jenn y Billy se sentaron en el bordillo y empezaron a beber. Mientras tanto, Scott explicó que nadie se había dado cuenta de la ausencia de Jenn y Billy hasta que el resto del grupo había dejado atrás las montañas. Para entonces, todos estaban tan deshidratados que regresar a buscarlos hubiera puesto a todos en peligro. Caballo cogió una botella de agua y volvió por su cuenta, urgiendo al resto a que se quedaran juntos; lo último que quería era tener a sus gringos dispersos por las barrancas cuando anocheciera.

Una media hora después, Caballo volvió corriendo a Batopilas, con la cara roja y bañado en sudor. Nos había perdido en una de las bifurcaciones del desfiladero y se había dado cuenta de lo inútil de su misión de rescate, así que había regresado al pueblo en busca de ayuda. Cuando nos vio a Eric y a mí —agotados pero todavía en pie— y a los dos jóvenes talentos de la ultramaratón, exhaustos y afligidos sobre el bordillo, supe lo que Caballo estaba pensando antes de que abriera la boca.

—¿Cuál es el secreto, amigo? —le preguntó a Eric, asintiendo con la cabeza hacia mí—. ¿Cómo arreglaste a este tipo?

27

Había conocido a Eric hacía un año, justo después de quitarme las zapatillas de correr indignado y tumbarme en un arroyo helado. Me había lesionado de nuevo y, por lo que a mí respectaba, por última vez.

Tan pronto como regresé de las barrancas, empecé a aplicar las lecciones de Caballo. Estaba impaciente por atarme las zapatillas cada mañana e intentar recobrar aquello que había sentido en las colinas de Creel, donde correr detrás de Caballo había hecho las millas tan sencillas, ligeras, suaves y rápidas que no quería parar. Ya de vuelta, cuando corría proyectaba en la cabeza mi propia película mental de Caballo en acción, recordando la manera en que flotaba por las colinas como si estuviera siendo raptado por alienígenas, consiguiendo de alguna manera mantener todo el cuerpo relajado menos los codos huesudos, que golpeaban con la fuerza de un boxeador. Pese a ser tan desgarbado, cuando Caballo corría me recordaba a Muhammad Ali en el cuadrilátero: parecía tan flojo como un alga arrastrada por la corriente, pero con el toque justo de ferocidad a punto de explotar.

Después de dos meses, estaba corriendo seis millas diarias y diez el sábado o domingo. Mi estilo no podía llamarse todavía «suave», pero sí se encontraba en algún lugar intermedio entre «fácil» y «ligero». Pese a todo, estaba empezando a preocuparme un poco. Aunque corriera con toda la cautela del mundo, mis piernas estaban empezando a rebelarse: ese pequeño lanzallamas en mi pie derecho estaba lanzando chispas y sentía cómo me tiraban las pantorrillas, como si mis tendones hubieran sido reemplazados por cuerdas de piano. Conseguí varios libros sobre estiramiento y me sometí a concienzudas sesiones previas de media hora cada vez que salía a correr, pero la larga sombra de la inyección de cortisona del doctor Torg planeaba sobre mí.

A finales de la primavera, llegó la hora de ponerme a prueba. Gracias a un amigo guardabosque di con la oportunidad perfecta: un viaje de tres días para correr cincuenta millas por el Río Sin Retorno de Idaho, más de un millón de hectáreas de la naturaleza más salvaje que existe en los Estados Unidos continentales. El escenario era perfecto: una mula llevaría nuestras provisiones, así que todo lo que yo y los otros corredores teníamos que hacer era correr quince millas diarias de tierra de un campamento a otro.

«Yo no sabía nada de bosques hasta que vine a Idaho», empezó Jenni Blake, mientras nos guiaba por un delgado y serpenteante camino de tierra a través de los enebros. Viéndola flotar sobre el camino con esa energía adolescente, era difícil creer que habían pasado casi veinte años desde su llegada. A sus treinta y ocho años, Jenni tenía todavía el flequillo rubio, los atractivos ojos azules y los miembros delgados y bronceados de una universitaria de primer año en vacaciones de verano. Por raro que parezca, sin embargo, vive mucho más despreocupada ahora que en aquel entonces.

«Cuando estaba en la universidad era bulímica y tenía la autoestima por los suelos, fue aquí donde finalmente me encontré a mí misma», me dijo Jenni. Llegó como voluntaria un verano e inmediatamente recibió una motosierra, comida para dos semanas y se le indicó el lugar del bosque donde tenía que abrir trocha. El peso de la mochila casi la tumba, pero decidió no compartir sus dudas con nadie más y ponerse en camino, sola, hacia el bosque.

Al amanecer, se puso las zapatillas y nada más, y se lanzó a correr a través del bosque, con el sol ascendente calentándole el cuerpo desnudo. «He pasado semanas aquí fuera completamente sola —me explicó Jenni—. Nadie podía verme, así que seguía adelante más y más. Es la sensación más increíble que puedas imaginar.» No le hacía falta ni un reloj ni una hoja de ruta; calculaba la velocidad por el cosquilleo del viento sobre su piel y seguía corriendo a través de los caminos repletos de hojas de pino, hasta que las piernas o los pulmones le rogaban que volviera al campamento.

Jenni ha sido una mujer dura desde entonces que corre millas y millas incluso en esos días en que la nieve cubre todo Idaho. Quizá, de alguna manera, esté automedicándose contra problemas profundamente arraigados, pero quizá (parafraseando a Bill Clinton) no había nada de malo en Jenni que no pudiera ser arreglado por lo que Jenni tenía de bueno.

Cuando tres días después me las arreglé para bajar la última colina pese al dolor que sentía, al final casi no podía caminar. Llegué cojeando hasta el arroyo y me senté allí, intentando calmarme a la par que me preguntaba qué problema había conmigo. Había tardado tres días en correr la misma distancia del trayecto que había hecho con Caballo, y había terminado con uno de los tendones de Aquiles desgarrados, probablemente los dos, y el dolor en el talón era sospechosamente parecido al que produce la «mordida de vampiro» de las lesiones deportivas: fascitis plantar.

Una vez que la fascitis plantar le clava los colmillos a uno en el tobillo, corre el riesgo de quedar infectado de por vida. Basta echar un vistazo por cualquier foro de corredores en Internet para encontrar, con toda seguridad, un buen puñado de mensajes de aquejados por la FP rogando por una cura. Todo el mundo sugiere rápidamente los mismos remedios —tablillas nocturnas, medias elásticas, ultrasonido, electroshock, cortisona, plantillas ortopédicas— pero los mensajes pidiendo ayuda siguen aumentando porque parece que ninguno de esos remedios funciona realmente.

¿Cómo era posible que Caballo pudiera pegarse carreras cuesta abajo más largas que el Gran Cañón llevando unas sandalias viejas, mientras que yo no podía correr tranquilamente unos pocos meses sin una lesión grave? Wilt Chamberlain, con sus dos metros cuarenta y ciento veinticuatro kilos, no tuvo problemas al correr una ultramaratón de cincuenta millas cuando tenía sesenta años, después de que sus rodillas sobrevivieran a toda una vida jugando a baloncesto. ¡Qué diablos! Un marinero noruego llamado Mensen Ernst que casi no recordaba lo que era estar en tierra firme cuando desembarcó en 1832, se las arregló para correr desde París hasta Moscú debido a una apuesta, a un promedio de unas ciento treinta millas diarias durante catorce días, calzando Dios sabe qué clase de zuecos y corriendo sobre Dios sabe qué clase de caminos.

Y Mensen tan solo estaba calentando antes de meterse en asuntos más serios: corrió desde Constantinopla hasta Calcuta, haciendo noventa millas diarias durante dos semanas seguidas. Y no es que su cuerpo no lo notara; Mensen tuvo que dormir tres días enteros antes de emprender las cinco mil cuatrocientas millas de vuelta a casa. Así que, ¿cómo es posible que nunca sufriera de fascitis plantar? Cuando un año después murió de disentería mientras intentaba correr hasta el nacimiento del Nilo, sus piernas estaban en una forma excelente.

Mirara donde mirara, pequeños grupos de superatletas sabios aparecían de entre las sombras. A unas pocas millas de Maryland, una niña de trece años, Mackenzie Riford, estaba corriendo feliz la carrera JFK de cincuenta millas con su madre («¡Fue divertido!»), mientras que Jack Kirk —también conocido como El Demonio de Dipsea— seguía corriendo la ominosa Dipsea Trail Race a los noventa y seis años. La carrera empieza subiendo 671 escalones por un despeñadero, lo que significa que un hombre que tiene casi la mitad de edad que Estados Unidos tenía que subir el equivalente a cincuenta pisos antes de lanzarse a correr por el bosque. «Uno no deja de correr porque se hace viejo —dice el Demonio—, uno se hace viejo porque deja de correr.»

Entonces, ¿en qué estaba fallando yo? Me encontraba en peor forma que cuando empecé. No solo no podía correr con los tarahumaras, sino que empezaba a dudar de que la fascitis plantar fuera a dejarme siquiera acercarme a la línea de salida.

«Eres como todo el mundo —me dijo Eric Orton—. No tienes idea de lo que estás haciendo.»

Semanas después de mi debacle en Idaho, había ido a entrevistar a Eric por un encargo de una revista. Como entrenador de deportes de aventura en Jackson Hole, Wyoming, y antiguo director del Health Sciences Center de la Universidad de Colorado, la especialidad de Eric es desmontar los deportes de resistencia hasta reducirlos a su mecanismo integral y encontrar técnicas susceptibles de ser enseñadas y trasladadas a otras disciplinas. Había estudiado la escalada en roca para encontrar técnicas en el uso de los hombros que pudieran servir a conductores de kayaks, y había aplicado el sistema de propulsión del esquí nórdico a la bicicleta de montaña. Lo que Eric busca son principios básicos de ingeniería; está convencido de que el próximo gran avance en lo que a ejercicio se refiere no tendrá que ver con sistemas de entrenamiento o tecnología sino con la técnica: aquel atleta que logre dejar a un lado las lesiones será aquel que logra dejar a un lado la competencia.

Eric había leído mi artículo sobre los tarahumaras y estaba profundamente interesado en oír más al respecto. «Lo que hacen los tarahumaras es puro arte corporal —me dijo—. Nadie más en todo el planeta ha conseguido hacer de la autopropulsión una virtud a ese nivel.» Eric ha estado fascinado con los tarahumaras desde que un corredor al que entrenaba regresó de Leadville contan-

283

do historias maravillosas acerca de estos fantásticos indios que volaban atravesando la noche druida en sandalias y batas. Eric registró bibliotecas en busca de libros sobre los tarahumaras, pero no encontró más que algunos textos antropológicos de los años cincuenta y la crónica amateur de un matrimonio que viajó por México en su caravana. Existía un desconcertante vacío al respecto en la literatura deportiva. Las carreras de larga distancia son el deporte número uno del mundo en participación, pero casi nadie había escrito nada acerca de los participantes número uno.

«Todo el mundo piensa que sabe cómo correr, pero en realidad existen tantos matices como en cualquier otra actividad —me dijo Eric—. Pregúntale a la mayoría de la gente y todos te dirán: "La gente corre como puede, sin más". Lo que es ridículo. ¿Acaso la gente nada como puede, sin más?» En todos los otros deportes, tomar lecciones es fundamental; uno no se lanza a dar golpes con un palo de golf, ni a deslizarse montaña abajo sobre esquíes sin alguien que lo lleve paso a paso y le enseñe la manera adecuada de hacerlo. De lo contrario, la incompetencia está asegurada y las lesiones son inevitables.

«Correr es lo mismo —me explicó Eric—. Si uno no aprende a hacerlo bien, nunca podrá saber lo bien que se siente.» Me sonsacó todos los detalles de la carrera que había visto en la escuela tarahumara. («La pequeña pelota de madera —reflexionó—. La manera en que aprenden a correr pateándola, eso no puede ser por casualidad».) Luego me ofreció un trato: él me prepararía para la carrera de Caballo y yo, por mi parte, lo avalaría de cara a Caballo.

—Si la carrera sale, tenemos que estar ahí —insistió Eric—. Será la más grande ultramaratón de todos los tiempos.

—No creo que yo esté hecho para correr cincuenta millas —dije.

—Todos estamos hechos para correr —dijo él.

—Cada vez que subo las millas, me rompo.

284

—Esta vez no ocurrirá.

—¿Tendré que usar plantillas ortopédicas?

—Olvídate de eso.

Yo tenía mis dudas, pero la confianza absoluta de Eric me estaba empezando a convencer.

—Quizá debería perder peso para aligerarle la carga a mis piernas.

—Tu dieta cambiará por sí sola. Espera y verás.

—¿Qué te parece el yoga? Puede ayudar, ¿no?

—Olvídate del yoga. Todos los corredores que conozco que practican yoga se lesionan.

Cada vez sonaba mejor.

—¿Realmente crees que puedo hacerlo?

—La verdad es esta: tienes margen de error cero, pero puedes hacerlo —dijo Eric.

Tendría que olvidar todo lo que sabía acerca de correr y empezar desde el principio.

—Prepárate para retroceder en el tiempo —dijo Eric—. Viajarás a la prehistoria.

Unas semanas después, un hombre con la pierna derecha torcida por debajo de la rodilla, se me acercó cojeando con una cuerda. Me ató la cuerda a la cintura y la tensó. «¡Vamos!», gritó.

Me doblé sobre la cuerda, agitando las piernas conforme lo arrastraba. Soltó la cuerda y salí disparado. «Bien —dijo—. Cada vez que corras, recuerda la sensación de la cuerda tensada. Ayudará a que mantengas los pies debajo de tu cuerpo, tus caderas dirigidas hacia delante y tus talones fuera de la imagen.»

Eric me había recomendado que iniciara mi viaje a la prehistoria yendo a Virginia para aprender bajo la tutela de Ken Mierke, un fisiólogo del ejercicio además de triatleta campeón mundial, a quien su distrofia muscular obligaba a reducir al mínimo, a la esencia misma, su estilo de correr. «Soy la prueba viviente del sentido del humor de Dios —le gusta decir a Ken—. Fui un niño obeso con pie péndulo cuyo padre vivía para el deporte. Dada mi obesidad y mi distrofia muscular, era más lento que cualquier niño al que me enfrentaba. Así que aprendí a observar atentamente y encontrar alternativas mejores para competir.»

Cuando jugaba baloncesto, Ken no podía irse hasta el aro, así que practicó tiros de tres y un mortífero tiro de gancho. En el fútbol americano no podía perseguir al *quarterback* o burlar al *safety*, pero estudió los ángulos del cuerpo y las líneas de ataque y se convirtió en un formidable *tackle* izquierdo. No podía cruzar el campo para devolver una bola jugando al tenis, así que desarrolló un saque y una devolución de saque feroces. «Si no podía ser más rápido, sería más listo —explica—. Encontraría las debilidades del contrario y las convertiría en mis puntos fuertes.»

Debido a los músculos atrofiados de su pantorrilla derecha, cuando empezó a competir en triatlones, Ken solo podía correr usando un calzado especial, muy pesado, que él había construido con una bota de patines Rollerblade y un resorte. Tener que llevar eso suponía una desventaja considerable, en lo que a peso se refiere, frente a los otros atletas amputados de la liga de discapacitados, así que aumentar su eficiencia energética para compensar lo que suponía cargar ese zapato de tres kilos podía provocar una gran diferencia.

Ken consiguió un montón de vídeos de corredores keniatas y los revisó cuadro por cuadro. Tras horas de visionado, una revelación lo sorprendió: los mejores maratonistas del mundo corrían como niños de jardín de infancia. «Si ves a niños corriendo en el patio de recreo, notas cómo sus pies aterrizan justo debajo de ellos mismos y luego se impulsan hacia atrás —me dijo Ken—. Los keniatas hacen lo mismo. La manera en que corren descalzos cuando están creciendo es asombrosamente similar a la manera en que corren de adultos, y asombrosamente diferente a la manera en que corren los americanos.» Ken volvió a las cintas de vídeo, esta vez con una libreta y un lapicero, y anotó hasta el último detalle de la técnica de los keniatas. Luego se fue a buscar unos conejillos de Indias.

Afortunadamente, Ken ya había empezado a hacer exámenes fisiológicos con triatletas como parte de sus estudios de kinesiología en la Universidad Politécnica de Virginia, así que tenía acceso a bastantes atletas para sus experimentos. Los corredores podían haber tenido ciertos reparos a que alguien estuviese ajustando su técnica, pero los Ironmen se apuntan a cualquier cosa. «Los triatletas son muy abiertos —explica Ken—. Es un deporte joven, así que no se encuentra atado a la tradición. Allá por 1988, los triatletas empezaron a usar manillares curvos en sus bicicletas y los ciclistas se burlaron de ellos sin piedad. Hasta que Greg Lemond puso uno en su bicicleta y ganó el Tour de Francia con una ventaja de ocho segundos.»

El primer conejillo de Indias de Ken fue Alan Melvin, un triatleta veterano de sesenta años de categoría mundial. Primero, Ken estableció un patrón al hacer que Melvin corriera cuatrocientos metros a toda velocidad. Luego le enganchó un pequeño metrónomo eléctrico a la camiseta.

—¿Para qué es esto?

—Vamos a ajustarlo a un ritmo de ciento ochenta golpes por minuto, para que corras a ese ritmo.

—¿Por qué?

—Los keniatas corren con pasos superrápidos —dijo Ken—. Los movimientos de piernas rápidos y ligeros son más económicos que los largos y enérgicos.

—No lo entiendo —dijo Alan—. ¿No se supone que debería tener una zancada larga en lugar de una corta?

—Déjame hacerte una pregunta —respondió Ken—, ¿alguna

287

vez has visto a uno de estos tipos corriendo descalzos una carrera de diez kilómetros?

—Sí, es como si corrieran sobre brasas ardiendo.

—¿Alguna vez has podido ganarle a alguno de esos tipos descalzos?

Alan se quedó pensando.

—Has dado en el clavo.

Tras practicar cinco meses, Alan volvió para otra ronda de pruebas. Corrió cuatro series de una milla de distancia, y a cada vuelta fue más rápido que su mejor tiempo en los cuatrocientos metros de la vez anterior. «Estamos hablando de un tipo que ha corrido durante cuarenta años y se encuentra entre los diez mejores de su grupo de edad —señaló Ken—. No estamos hablando de la mejora de un principiante. De hecho, a sus sesenta y dos años, en lugar de mejorar debería empezar ya a decaer.»

Ken estaba experimentando consigo mismo también. Era un corredor tan flojo que en su mejor desempeño en un triatlón hasta la fecha había acabado la carrera de bicicleta con diez minutos de ventaja frente al resto y aun así había perdido. En 1997, un año después de crear su nueva técnica, Ken se hizo invencible, llegando a ganar el campeonato mundial para atletas con discapacidad dos años consecutivos. Una vez que se empezó a correr la voz de que Ken había creado una técnica que no solo aportaba velocidad sino que era amable con las piernas, otros triatletas empezaron a contratarlo como entrenador. En los años siguientes entrenaría a once campeones nacionales y tendría una lista de cien atletas a su cargo.

Ken estaba convencido de que había redescubierto un arte milenario, así que llamó a su estilo *Running Evolution* («Evolución del correr»). Por la misma época habían aparecido otros dos métodos para correr descalzo. El «Chi Running», basado en el equilibrio y minimalismo del tai chi surgió en San Francisco; mientras que en Florida, el doctor Nicholas Romanov, un fisiólogo del ejército ruso, estaba enseñando el método POSE. El repentino auge del minimalismo no fue fruto del plagio o la polinización cruzada; más bien, parecía ser el resultado de la urgente necesidad de encontrar respuestas a la epidemia de lesiones relacionadas con correr, y la pura lógica mecánica de lo que Ted Descalzo llamaba «el bricolaje de ir descalzo», la elegancia de una cura basada en el principio «menos es más».

Pero el que una técnica sea sencilla, no significa que sea sencilla de aprender, como yo mismo descubriría cuando Ken Mierke me filmó en acción. En mi cabeza mis pasos eran fáciles, ligeros y suaves, pero el vídeo mostraba que todavía seguía balanceándome de arriba abajo a la vez que seguía agachándome hacia delante como si estuviera atravesando un huracán. La facilidad con que había adoptado el estilo de Caballo había sido un error: «Cuando le enseño esta técnica a alguien y le pregunto cómo se siente, si la respuesta es "¡Genial!", yo digo "¡Demonios!". Eso significa que no ha cambiado nada. Debería sentirse incómodo. Uno debe atravesar un periodo durante el cual ya no corre con facilidad en la forma equivocada pero en el que tampoco se siente completamente cómodo corriendo de la forma adecuada. No es solo que esté adaptando su técnica, es el cuerpo mismo el que está adaptándose; está activando músculos que han permanecido inactivos la mayor parte de su vida».

Eric tiene un sistema a prueba de tontos para enseñar el mismo estilo. «Imagina que tu hija está corriendo por la calle y que tienes que salir corriendo descalzo para alcanzarla», me dijo Eric cuando me reuní con él tras haber estado bajo las órdenes de Ken. «Automáticamente te colocarás en la postura correcta: estarás erguido sobre tus pies descalzos, con la espalda recta, la cabeza estable, los brazos altos, los hombros moviéndose con rapidez y los pies tocando el suelo velozmente con la parte delantera de la planta y pateando hacia atrás.»

Luego, para incrustar esa zancada ligera, susurrante, en mi memoria muscular, Eric programó una serie de ejercicios que incluían muchas repeticiones cuesta arriba. «No se puede correr con potencia montaña arriba con una biomecánica pobre», me explicó. «Sencillamente no funciona. Si uno intenta aterrizar con el talón teniendo la pierna recta, se cae hacia atrás sin más.»

Eric también me puso un monitor de ritmo cardíaco para que pudiera corregir el segundo error más común que cometen los corredores: el ritmo. La mayoría de nosotros presta a la velocidad tan poca atención como se la presta al estilo. «Casi todos los corredores hacen las carreras lentas demasiado rápido, y las rápidas demasiado lentas —dice Ken Mierke—. Así que no están entrenando sus cuerpos más que para quemar azúcar, que es lo último que quiere un corredor de larga distancia. Tienes en el cuerpo grasa suficiente para correr hasta California, así que mientras más entrenes a tu cuerpo para quemar grasa en lugar de azúcar, más te durarán las reservas limitadas de azúcar.»

La manera de activar tu quemador de grasa es manteniéndote por debajo de tu umbral aeróbico —el punto en que empiezas a respirar aceleradamente— a lo largo de la carrera. Antes del nacimiento de las zapatillas acolchadas y los caminos pavimentados era mucho más fácil respetar ese límite de velocidad. Intenta correr a toda maquina en un camino cubierto de pedruscos llevando sandalias abiertas y verás cuán rápido vences la tentación de apretar el acelerador. Cuando nuestros pies no están protegidos artificialmente, estamos forzados a ajustar el ritmo y estar pendientes de la velocidad: en el momento en que corremos con descuido y aceleramos imprudentemente, el dolor que sube por las canillas nos obligará a bajar el ritmo.

Estaba tentado de seguir al pie de la letra a Caballo y cambiar las zapatillas por un par de sandalias, pero Eric me advirtió de que

290

desnudar mis pies de golpe, tras cuarenta años manteniéndolos inmóviles dentro de una zapatilla, sería pedir a gritos una fractura por estrés. Dado que la prioridad número uno era prepararme para correr cincuenta millas a campo traviesa, no tenía el tiempo necesario para fortalecer gradualmente los músculos del pie antes de ponerme a entrenar en serio. Debía empezar con un poco de protección, así que experimenté con algunos modelos de zapatillas de goma baja hasta que opté por un par que encontré en eBay: unas viejas Nike Pegasus del año 2000 fuera de stock,[15] una especie de retorno a esa sensación de suela plana de las viejas Cortez.

A la segunda semana, Eric ya estaba enviándome a hacer recorridos de dos horas; su único consejo era que me mantuviera atento a la técnica y mantuviera un ritmo relajado, lo suficiente para que pudiera respirar a ratos con la boca cerrada (cincuenta años atrás, Arthur Lydiard dio un consejo equivalente aunque opuesto para controlar el pulso cardíaco y el ritmo: «No corras tan rápido que no puedas mantener una conversación»). Para la cuarta semana, Eric estaba concentrándose en aumentar la velocidad base: «Mientras más rápido puedas correr cómodamente —me dijo—, menos energía necesitarás. Velocidad significa menos tiempo corriendo». Tras casi ocho semanas siguiendo su programa, ya estaba corriendo muchas más millas a la semana —y a un ritmo mucho mayor— que nunca antes en mi vida.

15. La política de Nike de retirar de los escaparates sus zapatillas más vendidas cada diez meses ha generado verdaderas riadas de insultos en los foros de Internet. Las Nike Pegasus, por ejemplo, debutaron en 1981, alcanzaron su apoteosis acolchada y elegante en 1983, y después —pese a ser las zapatillas de correr más populares de la historia— fueron retiradas en 1998, para reaparecer completamente reformadas en 2000. ¿Cuál es la razón de tanta cirugía? No la mejora del calzado, como me explicó un antiguo diseñador de Nike, que había trabajado en Pegasus originales, sino la mejora de las ganancias. El objetivo de Nike es triplicar sus ventas instando a los corredores a comprar dos, tres, cinco pares a la vez, a modo de recambio, por si nunca vuelven a ver sus modelos favoritos en las tiendas. *(N. del A.)*

Y aquí fue cuando decidí hacer trampa. Eric me había prometido que mi manera de comer se regularía sola una vez que mi millaje empezara a subir, pero yo tenía demasiadas dudas como para esperar a ver qué ocurriría. Tenía un amigo ciclista que vaciaba sus botellas de agua antes de empezar una cuesta; si trescientos gramos lo hacían más lento, no era difícil calcular lo que trece kilos de barriga hacían a mí. Pero si iba a hacer ajustes a mi dieta unos pocos meses antes de una carrera de cincuenta millas, debía ser cuidadoso y hacerlo al estilo tarahumara: tenía que perder peso pero ganar músculo.

Busqué a Tony Ramírez, un horticultor de la ciudad fronteriza de Laredo que lleva viajando a la zona tarahumara treinta años y que cultiva maíz de herencia tarahumara y muele su propio pinole.

—Soy un gran fan del pinole. Me encanta —me dijo Tony—. Es una proteína incompleta, pero combinada con frijoles resulta más nutritivo que una chuleta de res. Los tarahumaras normalmente lo mezclan con agua para beberlo, pero a mí me gusta seco. Sabe a palomitas desmenuzadas.

—¿Sabes lo que son los fenoles? —añadió Tony—. Son plantas químicas naturales que luchan contra enfermedades. Básicamente refuerzan nuestro sistema inmunológico.

Cuando unos investigadores de la Universidad de Cornell realizaron análisis comparativos entre trigo, avena, maíz y arroz para descubrir cuál tenía mayor cantidad de fenoles, el maíz resultó ser el ganador indiscutible. Y dado que es un alimento integral bajo en grasas, el pinole puede reducir drásticamente el riesgo de diabetes y de los diferentes tipos de cáncer del sistema digestivo. De hecho, puede reducir el riesgo de todos los tipos de cáncer. Según el doctor Robert Weinberg, catedrático de investigación del cáncer

292

en MIT y descubridor del primer gen supresor de tumores, una de cada siete muertes relacionadas con un cáncer es causada por un exceso de grasa corporal. La matemática es estricta: reduce la grasa y reducirás el riesgo de cáncer.

Así que el Milagro Tarahumara, en lo que al cáncer respecta, no es un misterio después de todo. «Cambiando de estilo de vida uno puede reducir el riesgo de cáncer entre un 60 y 70 por ciento», ha dicho el doctor Weinberg. El cáncer de colon, próstata y mama eran prácticamente inexistentes en Japón, explica, hasta que los japoneses empezaron a comer como los americanos; en el lapso de unas pocas décadas, los índices de mortalidad relacionados con esas tres enfermedades subieron como la espuma. Cuando la American Cancer Society comparó los casos de personas delgadas y personas con sobrepeso en 2003, los resultados fueron peores de lo esperado: los hombres y las mujeres con sobrepeso resultaron tener más probabilidades de morir de por lo menos tres tipos de cáncer.

El primer paso del método anticáncer tarahumara es, en consecuencia, realmente simple: come menos. El segundo paso es igual de simple sobre el papel, pero más difícil de llevar a la práctica: come mejor. A la vez que hacemos más ejercicios, dice el doctor Weinberg, es necesario que nuestra dieta esté basada en frutas y vegetales en lugar de carnes rojas y carbohidratos procesados. La evidencia más convincente aparece cuando observamos la lucha de las células cancerígenas por su propia supervivencia: cuando se extirpa quirúrgicamente un tumor cancerígeno, los pacientes con una «dieta occidental tradicional» tienen un 300 por ciento más de posibilidades de que les vuelva a aparecer que aquellos pacientes que comen sobre todo frutas y verduras, según un informe de 2007 de *The Journal of the American Medical Association*. ¿Por qué? Porque las células residuales que la cirugía deja atrás al parecer son estimuladas por las proteínas animales. Si retiramos esos alimentos de nuestra dieta, esos tumores probablemente nunca llegarán siquiera a aparecer. Come como un pobre, como le gusta decir al entrenador Joe Vigil, y solo tendrás que ver al médico en un campo de golf.

—Todo lo que comen los tarahumaras es muy fácil de conseguir —me dijo Tony—. Frijoles pintos, zapallo, chiles, verduras silvestres, pinole y un montón de chía. Y el pinole no es tan difícil de conseguir como piensas.

Nativeseeds.org vende pinole en Internet, así como semillas *heirloom* por si uno quiere cultivar su propio maíz y hacer pinole casero usando un molinillo de café. Las proteínas no son un problema. Según un estudio de 1979 de *The American Journal of Clinical Nutrition,* la dieta tradicional tarahumara excede la dosis diaria recomendada por la ONU en más de un 50 por ciento. Y por lo que respecta al calcio necesario para los huesos, lo aporta la piedra caliza que las mujeres tarahumara utilizan para ablandar el maíz de las tortillas y el pinole.

—¿Y qué pasa con la cerveza? —pregunté—. ¿Se obtiene algún beneficio al beber como lo hacen los tarahumaras?

—Sí y no —me dijo Tony—. El *tesgüino* tarahumara está muy poco fermentado, así que tiene poco alcohol y muchos nutrientes.

Eso hace de la cerveza tarahumara un alimento rico en nutrientes —como un batido integral—, mientras que la cerveza normal no es más que agua azucarada. Podía intentar fabricar mi propia cerveza de maíz en casa, pero Tony tenía una idea mejor. «Cultiva unos geranios silvestres —sugirió—. O compra extracto por Internet.» El *geranium niveum* es la medicina mágica tarahumara; según el *Journal of Agricultural and Food Chemistry,* es igual de efectivo que el vino tinto a la hora de neutralizar la acción de los radicales libres. En palabras de un escritor, los geranios silvestres son «anti todo: antiinflamatorios, antivirales, antibacterianos, antioxidantes».

Hice acopio de pinoles y chía, e incluso hice un pedido de semillas de maíz tarahumara para sembrar en el jardín: cocopah,

294

chapalote amarillo y pinole. Pero siendo realista, sabía que era solo una cuestión de tiempo para que me aburriera de las semillas y el maíz seco y empezara a comer hamburguesas a dos manos nuevamente. Por suerte, hablé antes con la doctora Ruth Heidrich. «¿Alguna vez has tomado ensalada para desayunar?», me preguntó. La doctora Ruth ha competido —y terminado— en seis carreras Ironman y es, según la revista *Living Fit,* una de las diez mujeres más en forma de Estados Unidos. Según me dijo, se convirtió en deportista y obtuvo su doctorado en Educación de la Salud después de ser diagnosticada con cáncer de mama hace veinte años. Se ha demostrado que el ejercicio reduce el riesgo de recaída en el cáncer de mama en un 50 por ciento, así que con los puntos de sutura de la mastectomía todavía en el pecho, la doctora Ruth empezó a entrenar para su primer triatlón. También empezó a investigar las dietas de culturas libres de cáncer y llegó a convencerse de que necesitaba pasar de la dieta estándar americana —o SAD, como la llama ella por sus siglas en inglés— a una dieta más parecida a la de los tarahumaras.

«Tenía un revolver médico apuntándome a la cabeza —me dijo la doctora Ruth—. Estaba tan asustada que hubiera negociado con el diablo. Así que, en comparación, dejar de comer carne no era tan grave.» Tenía una regla sencilla: si provenía de una planta, se lo comía; si provenía de animales, no. La doctora Ruth tenía mucho más que perder si estaba equivocada, pero empezó a sentir cómo ganaba fuerza casi de inmediato.

Su resistencia aumentó de forma tan espectacular que, en el plazo de un año, pasó de correr maratones de diez kilómetros a correr la Ironman. «Incluso mi colesterol bajó de doscientos treinta a ciento sesenta en veintiún días», añade. Según la dieta tarahumara, el almuerzo y la cena están compuestos de frutas, frijoles, batata, cereales integrales y verduras; para el desayuno lo normal es comer ensalada.

«Si lo primero que ingieres por la mañana son hojas verdes, perderás un montón de peso», me recomendó con insistencia. Dado que una ensalada gigante está repleta de carbohidratos ricos en nutrientes y tiene pocas grasas, podía comer bastante y no sentirme hambriento —ni mareado— cuando llegaba la hora de entrenar. Además, las hojas verdes están llenas de agua, así que son ideales para rehidratarse tras una noche de sueño. ¿Y qué mejor forma de tomar tus cinco dosis diarias de verdura que comiéndotelas de una sola sentada?

Así que hice la prueba a la mañana siguiente. Me paseé por la cocina con una ensaladera en la mano, eché dentro la mitad de la manzana que había dejado mi hija, unos frijoles rojos de dudosa antigüedad, un puñado de espinaca cruda y una tonelada de brócoli que corté en bastoncitos con la ilusión de que pareciera una ensalada de col. La doctora Ruth suele mejorar sus ensaladas con un toque de melaza residual, pero supuse que yo no necesitaba el azúcar y grasa extras, así que subí el listón y le eché a mi ensalada unas semillas de amapola gourmet. Dos bocados después ya era un converso. Una ensalada en el desayuno, estaba descubriendo para mi felicidad, podía ser también un sistema de presentación de aderezos dulces, como ocurre con los panqueques y el sirope. Es además mucho más refrescante que unos wafles congelados y, sobre todo, me permite atiborrarme hasta que me sale por los ojos y, acto seguido, salir disparado a entrenar una hora después.

«Los tarahumaras no son grandes corredores —me escribió Eric cuando empezaba mi segundo mes de entrenamiento con él—. Son grandes atletas, y ahí hay una gran diferencia.» Los corredores son como obreros de una cadena de montaje: llegan a ser buenos haciendo una cosa —moverse hacia delante a una velocidad constante— y repiten ese movimiento hasta que la maquinaria se avería por exceso de uso. Los atletas son como Tarzán. Tarzán nada y lucha y salta y se columpia en lianas. Es fuerte y explosivo. Uno nunca sabe qué es lo que hará Tarzán a continuación, y esa es la razón por la que nunca se lesiona.

«El cuerpo necesita ser sorprendido para desarrollar su capacidad de recuperación», me explicó Eric. Siguiendo la misma rutina diaria, el sistema musculoesquelético descubre rápidamente la manera de adaptarse y empieza a ir en piloto automático. Pero si se lo sorprende con nuevos desafíos —saltando por encima de un arroyo, arrastrándose en plan comando por debajo de un tronco, corriendo hasta que los pulmones están a punto de estallar— decenas de terminaciones nerviosas y músculos auxiliares se ven activados de pronto.

Para los tarahumaras, ese es su día a día. Ellos se adentran en lo desconocido cada vez que dejan su cueva porque nunca saben cuán rápido tendrán que correr detrás de un conejo, cuánta leña tendrán que arrastrar de vuelta a casa, cuán difícil será escalar durante una tormenta invernal. El primer desafío al que se enfrentan siendo niños es sobrevivir en el borde de un acantilado; el primer juego que aprenden, y que los acompañará de por vida, es ese juego de pelota, que no es sino una forma de ejercitarse en la incertidumbre. Uno no puede driblar una pelota de madera sobre un montón de rocas a menos que esté preparado para embestir, galopar, dar marcha atrás, acelerar y brincar dentro y fuera de las zanjas. Antes de empezar a correr largas distancias, los tarahumaras se hacen fuertes. Y si tenía intenciones de mantenerme sano, me advirtió Eric, yo debía hacer lo mismo. Así que en lugar de estirar antes de echar a correr, me ponía a hacer ejercicios. Tijeras, flexiones de pecho, sentadillas, abdominales; Eric me tenía media hora haciendo series de ejercicios de fortaleza al natural día sí, día no, casi todos con una bola de ejercicio para trabajar mi equilibrio y esos músculos auxiliares de apoyo. Tan pronto terminaba, me lanzaba cuesta arriba. «No hay espacio para correr dormido cuando se corre cuesta arriba», señalaba Eric. Las subidas largas eran un ejercicio de fuerza y sorpresa que me obligaban a no perder de vista la técnica y a cambiar de marchas como un ciclista del Tour de Francia. «Las cuestas son trabajos de velocidad camuflados», solía decir Frank Shorter.

Ese fue el año en que la ciudad en que vivía en Pennsylvania sufrió una ola de calor para Navidad. El día de Año Nuevo, me puse unos shorts y una camiseta sintética y salí a correr cinco millas, un paseo sencillo para soltar las piernas en un día de descanso. Corrí a través del bosque durante media hora, luego avancé a través de un campo de heno invernal y me dirigí de vuelta a casa. El sol tibio y el aroma de la hierba quemada por el sol eran todo un lujo, así que fui bajando la velocidad, intentando alargar la última media milla lo más que pude.

Cuando faltaban unos cien metros para llegar a casa, me detuve, me sacudí la camiseta y regresé para dar una vuelta más por el campo de heno. Terminé esa y di otra más, después de tirar la camiseta. Para la vuelta número cuatro, mis medias y mis zapatillas se encontraban en el suelo junto a mi camiseta, mientras mis pies se acomodaban al pasto seco y la tierra tibia. Llegada la sexta vuelta empecé a acariciar la pretina de los shorts, pero decidí conservarlos como una muestra de consideración para con mi vecina de ochenta y dos años. Finalmente había recuperado la sensación que tuve cuando corrí con Caballo. La sensación de sencillez, ligereza y suavidad que me decía que podía correr hasta que se ocultara el sol y seguir hasta la mañana siguiente.

Al igual que le había ocurrido a Caballo, el secreto de los tarahumaras había empezado a funcionar para mí incluso antes de que pudiera comprenderlo. Como había estado comiendo más ligero y no me había quedado postrado en cama por ninguna lesión, era capaz de correr más; como corría más, dormía de maravilla, me sentía más relajado y veía cómo caía mi frecuencia cardíaca en reposo. Incluso me había cambiado el carácter: el mal genio y el temperamento gruñón que yo atribuía a mi ADN italo-irlandés había menguado tanto que mi esposa me dijo: «Oye, si eso se debe a correr, yo te ato las zapatillas». Sabía que el ejercicio aeróbico era un antidepresivo poderoso, pero no me había dado cuenta de que podía tener un efecto tan profundo a la hora de estabilizar el estado de ánimo y de contribuir a la —odio usar esta palabra— meditación. Si uno no encuentra las respuestas a sus problemas después de correr durante cuatro horas, es que no va a encontrarlas.

Estuve esperando a que aparecieran los viejos fantasmas del pasado: los tendones de Aquiles chillando, los ligamentos desgarrados, la fascitis plantar. Empecé a llevar mi teléfono móvil en las carreras más largas, convencido de que en cualquier momento terminaría hecho un guiñapo cojo al lado del camino. Cada vez que sentía una punzada, recorría mi sistema de diagnóstico:

¿Espalda recta? Sí.

¿Rodillas flexionadas y avanzando hacia delante? Sí.

¿Talones golpeando hacia atrás?… Ahí está el problema. Una vez que realizaba el ajuste, el foco de dolor siempre mitigaba y desaparecía. Para cuando Eric me lanzó a dar vueltas de cinco horas durante el último mes antes de la carrera, los fantasmas y el teléfono móvil ya eran cosa del pasado.

Por primera vez en mi vida, aguardaba las carreras larguísimas no con temor sino con ilusión. ¿Cómo había dicho Ted Descalzo? *Como un pez devuelto al mar.* Exacto. Sentía que había nacido para correr. Y, según tres científicos inconformistas, así era.

28

Hace veinte años, en un diminuto laboratorio en un sótano, un joven científico miraba atentamente un cadáver y vio cómo su propio destino se le aparecía delante. Por ese entonces, David Carrier era un estudiante de la Universidad de Utah. Se encontraba dándole vueltas al cadáver de un conejo, intentando descubrir qué eran esas cosas huesudas que había justo encima del trasero. Las cosas huesudas en cuestión lo intrigaban porque en teoría no debían estar ahí. David era el mejor alumno de la clase de biología evolutiva del profesor Dennis Bramble, y sabía exactamente lo que se suponía que debía encontrarse cuando abría un animal por el vientre. ¿Esos músculos grandes abdominales sobre el diafragma? Necesitaban anclarse a algo fuerte, así que estaban conectados a la vértebra lumbar, de la misma manera en que uno amarra una vela a una botavara. Así era para todos los mamíferos, desde una ballena hasta un *wombat,* pero no, aparentemente, para este conejo: en lugar de estar sujetos a algo macizo, sus músculos abdominales estaban conectados a esas cositas endebles como alitas de pollo.

David apretó una con su dedo. Guay; se comprimía como un resorte de juguete, luego saltaba de vuelta hacia fuera. Pero ¿por qué de entre todos los mamíferos, necesitaría una liebre un abdomen provisto de resortes?

«Eso me hizo pensar en la forma que tienen de correr, la manera en que arquean la espalda en cada zancada al galope —me diría Carrier después—. Cuando arrancan con sus patas traseras, extienden la espalda, y tan pronto como aterrizan con las patas delanteras, la espalda se arquea dorsalmente.» Muchos mamíferos doblan su cuerpo de esa manera, meditó. Incluso las ballenas y los delfines mueven sus colas arriba y abajo, mientras que los tiburones la agitan de lado a lado. «Piensa en la manera en que se dobla un guepardo —dijo David—. El ejemplo clásico.»

Bien, esto era bueno. David estaba acercándose a algo. Los felinos grandes y los conejos pequeños corren de la misma forma, pero los últimos tienen resortes pegados al diafragma y los otros no. Los primeros son rápidos, pero los últimos deben ser más rápidos, al menos por un pequeño lapso de tiempo. ¿Y por qué? Simple economía: si los pumas fueran capaces de cazar a todos los conejos, los conejos se terminarían y, finalmente, no quedarían más pumas tampoco. Pero las liebres nacen con un gran problema: a diferencia de otros animales corredores, no tienen artillería de reserva. No tienen una cornamenta, ni astas, ni pezuñas duras con que patear, y no viajan protegidos por la manada. Para los conejos es todo o nada: o salen disparados hacia un lugar seguro o terminan siendo comida para gatos. Ok, pensó David, quizá los resortes tengan que ver con la velocidad. ¿Qué te otorga velocidad? Eric empezó a marcar piezas. Veamos. Hace falta un cuerpo aerodinámico. Unos reflejos impresionantes. Unas ancas poderosas. Capilares con volumen. Fibras musculares de contracción rápida. Unas patas pequeñas y ágiles. Tendones elásticos que emitan energía elástica. Músculos delgados cerca de las patas, músculos robustos cerca de las articulaciones...

Diablos. David no tardó en darse cuenta de que estaba llegando a un callejón sin salida. Son muchos los factores que contribuyen a la velocidad, y las liebres comparten la mayoría de ellos con sus perseguidores. En lugar de descubrir en qué se diferenciaban, estaban encontrando en qué se parecían. Así que llevó a cabo un truco que le había enseñado el doctor Bramble: cuando no puedes dar respuesta a una pregunta, dale la vuelta. Olvidemos qué es lo que da velocidad, pensemos en qué te quita velocidad. Después de todo, no solo importaba cuán rápido podía ir un conejo, sino cuán rápido podía seguir corriendo hasta que encontrara un agujero donde zambullirse.

Bueno, eso era fácil: además de una lazada en la pata, la forma más rápida de detener la marcha de un animal que avanza velozmente es cortándole el aire. Cero aire equivale a cero velocidad; intenten acelerar mientras aguantan la respiración y vean cuán lejos son capaces de llegar. Los músculos necesitan oxígeno para quemar calorías y convertirlas en energía, así que mientras mejor seas intercambiando gases —aspirando oxígeno, exhalando dióxido de carbono— mejor serás manteniendo la velocidad a tope. Esa es la razón por la que los ciclistas del Tour de Francia siguen siendo atrapados con la sangre de otras personas en las venas. Esas transfusiones ilícitas están llenas de glóbulos rojos extras, que llevan un montón de oxígeno extra a sus músculos. Espera un momento... eso significa que para que una liebre se mantenga un salto por delante de esas mandíbulas aceradas, tendría que tener un poco más de aire que el mamífero grande que tiene detrás. David tuvo una visión de una máquina voladora victoriana, uno de esos descabellados pero plausibles artilugios armados con pistones y válvulas de vapor e interminables laberintos de juegos de palancas neumáticas. ¡Palancas! Esos resortes empezaban a tener sentido. Tenían que ser palancas que otorgaban un turbo a los pulmones del conejo, bombeando como un fuelle de chimenea.

David hizo los cálculos para comprobar si su teoría se sostenía y... ¡bingo! Ahí estaba, tan elegante e ingeniosamente equilibrada como una fábula de Esopo: las liebres pueden alcanzar las cuarenta y cinco millas por hora, pero debido a la energía extra necesaria para operar las palancas (entre otras cosas), solo pueden mantener esa velocidad durante media milla. Los pumas, coyotes y zorros, por su parte, pueden aguantar la velocidad durante más tiempo, pero solo llegan a las cuarenta millas por hora. Los resortes equilibran el juego, otorgando a las por otra parte indefensas liebres exactamente cuarenta y cinco segundos para vivir o morir. Busca refugio deprisa y vivirás largo tiempo, pequeño Tambor;[16] o ponte a presumir de tu velocidad y morirás en menos de un minuto.

«Sin embargo —pensó David—, si quitas las palancas, ¿no te encuentras exactamente con la misma arquitectura de cualquier otro mamífero?» Quizá es por eso por lo que sus diafragmas enganchan con la vértebra lumbar. No porque la vértebra sea maciza y no se pueda mover, sino porque es elástico y puede moverse. ¡Porque es flexible!

«Parecía obvio que cuando el animal arranca y extiende la espalda, no es solo para impulsarse, sino también para respirar», dice David. Imaginó un antílope corriendo por su vida a través de una sabana polvorienta, y detrás de él, una nube veteada. Se centró en la nube, congeló la imagen, y avanzó cuadro por cuadro:

Clic: conforme el guepardo se estira para dar una zancada, su caja torácica se echa hacia atrás y llena los pulmones de aire…

Clic: ahora las patas delanteras golpean hacia atrás hasta que las zarpas delanteras y traseras se tocan. La espina dorsal del guepardo se dobla, estrujando la cavidad torácica y aplastando los pulmones hasta vaciarlos y…

Ahí está, otro artilugio respiratorio victoriano, aunque con un poco menos de turbo.

El corazón de David se agolpaba. ¡Aire! ¡Todo lo que le importa a nuestros cuerpos es obtener aire! Da la vuelta a la ecuación,

16. Tambor es el conejo amigo de Bambi en la película del mismo nombre. *(N. del T.)*

303

como le había enseñado el doctor Bramble, y esto es lo que obtendrás: puede que el afán por obtener aire haya determinado el desarrollo de nuestros cuerpos.

Dios, era tan simple y tan alucinante. Porque si David tenía razón, acababa de resolver el mayor misterio de la evolución humana. Nadie había descubierto por qué los primeros humanos se habían separado del resto de la creación levantando sus nudillos del suelo y poniéndose de pie. ¡Había sido para respirar! Para abrir sus gargantas, hinchar el pecho y aspirar aire mejor que cualquier otra criatura del planeta. Pero ese era solo el principio. Porque si eres mejor a la hora de respirar, David se dio cuenta rápidamente, eres mejor a la hora de...

—¿Correr? ¿Estás diciendo que los humanos evolucionaron para poder correr?

El doctor Dennis Bramble escuchó con interés cómo David Carrier explicaba su teoría. Luego, de manera tranquila, cargó el arma y voló en pedazos la teoría. Intentó ser delicado; David era un estudiante brillante con una mente única, pero esta vez, el doctor Bramble sospechaba que había caído víctima del error más común entre los científicos: el Síndrome del Martillo, que quiere decir que el martillo que llevas en la mano te hace ver clavos por todas partes.

El doctor Bramble sabía algo de la vida de David fuera del aula, y estaba al tanto de que en las tardes soleadas de primavera David adoraba escaparse del laboratorio e ir a correr campo a través a las montañas Wasatch, que se encuentran justo detrás del campus de la Universidad de Utah. El doctor Bramble también era corredor, así que entendía la tentación, pero había que ser cuidadoso con cosas como esas. El segundo mayor peligro profesional que acechaba a un biólogo, después de enamorarse de un asistente de investigación, era enamorarse de sus pasatiempos. Cuando eso ocurre, te conviertes en tu propio sujeto de pruebas, empiezas a ver el mundo como un reflejo de tu propia vida, y tu propia vida como el punto de referencia para cualquier otro fenómeno del mundo.

—David —dijo el doctor Bramble—, las especies evolucionan de acuerdo a aquello que hacen bien, no aquello para lo que no sirven. Y como corredores, los seres humanos no somos malos, somos terribles.

No hace falta ni siquiera meterse en temas biológicos, basta echar un vistazo a coches y motocicletas. Cuatro ruedas son más rápidas que dos, porque conforme ganas verticalidad pierdes empuje, estabilidad y aerodinámica. Ahora aplica ese diseño a los animales. Un tigre mide tres metros de largo y tiene la forma de un misil de crucero. Es el coche de arrancadas de la selva, mientras que los humanos tenemos que arreglárnoslas con nuestras piernas flacuchas, zancadas cortas y penosa resistencia al viento.

—Sí, lo entiendo —dijo David—. Una vez que nos levantamos del suelo, todo se fue al demonio. Perdimos velocidad natural y potencia en la parte superior.

«Buen chico —pensó Bramble—. Aprende rápido.»

Pero David no había terminado.

—Entonces ¿por qué —continuó David— renunciamos a la fuerza y la velocidad a la vez? Eso nos dejaba incapacitados para correr, para luchar, para escalar y escondernos en un toldo de árboles. De ser así hubiéramos sido borrados del mapa, a menos que hubiéramos obtenido algo realmente asombroso a cambio, ¿cierto?

El doctor Bramble tenía que admitir que esta era una manera extremadamente inteligente de plantear la cuestión. Los guepardos son rápidos pero frágiles; deben cazar de día para evitar a los asesinos nocturnos como los leones y las panteras, y abandonan la cacería y huyen en busca de refugio cuando aparecen pequeños matones buscapleitos como las hienas. Un gorila, por otra parte, es suficientemente fuerte para levantar un todoterreno de casi dos mil kilos, pero dado que el gorila alcanza en tierra una velocidad de veinte millas por hora, ese mismo automóvil lo atropellaría utilizando la primera marcha. Y luego tenemos a los seres humanos, que somos en parte guepardos, en parte gorilas: somos lentos y debiluchos.

—Entonces, ¿por qué evolucionaríamos para convertirnos en criaturas más débiles, en lugar de más fuertes? —insistía David—. Esto fue mucho antes de que pudiéramos fabricar armas, así que ¿cuál era la ventaja genética?

El doctor Bramble dibujó el escenario en su cabeza. Imaginó una tribu de homínidos primitivos, todos pequeños, rápidos y poderosos, con las cabezas gachas por seguridad mientras se abren paso hábilmente entre los árboles. Un día, nace un hijo lento, delgaducho y con el pecho hundido, que llega a ser ligeramente más grande que una mujer y camina por ahí convirtiéndose en un blanco para tigres. Es demasiado frágil para luchar, demasiado lento para correr, demasiado débil para atraer a una pareja que le vaya a cuidar a los niños. Según toda lógica, está condenado a extinguirse, pero de alguna manera, este tonto se convierte en el padre de toda la humanidad mientras que sus hermanos más fuertes y veloces desaparecen en el olvido.

Ese relato hipotético es en realidad una descripción bastante acertada del misterio de los neandertales. La mayoría de la gente piensa que los neandertales fueron nuestros ancestros, pero en realidad fueron una especie paralela (o subespecie, dicen algunos) que compitió con el *Homo sapiens* por la supervivencia. «Compitió» es una manera amable de decirlo. Los neandertales podrían habernos vencido de todas las maneras posibles. Eran más fuertes, resistentes y, probablemente, más inteligentes: tenían músculos más fornidos, huesos más duros de romper, mejor aislamiento natural contra el frío y, según sugieren los fósiles, un cerebro más grande. Los nean-

306

dertales eran cazadores fantásticamente bien dotados y habilidosos constructores de armas, y probablemente hubiesen aprendido a hablar antes que nosotros. Tenían una ventaja enorme en la carrera por la dominación mundial; para cuando apareció el primer *Homo sapiens* en Europa, los neandertales llevaban cómodamente establecidos casi doscientos mil años. Si uno tuviera que apostar por los neandertales o por esa primera versión de nosotros mismos en un combate a muerte, no habría duda de que se inclinaría por los neandertales.

¿Y entonces, dónde están ahora?

Diez mil años después de la llegada del *Homo sapiens* a Europa, los neandertales desaparecieron. Nadie sabe cómo ocurrió. La única explicación es que algún misterioso Factor X nos dio a nosotros —las criaturas más lentas, tontas y delgaduchas— algún tipo de ventaja crucial sobre el Equipo de las Estrellas de la Edad del Hielo. No fue fortaleza. No fueron armas. No fue inteligencia.

¿Podía haber sido la capacidad de correr?, se preguntó el doctor Bramble. ¿Está realmente encaminado David?

Solo había una forma de averiguarlo: ir a los huesos.

«Al comienzo yo era tremendamente escéptico, por la misma razón que la mayoría de morfólogos», me diría después el doctor Bramble. La morfología es básicamente la ciencia de la ingeniería inversa; se fija en la forma en que un cuerpo está armado e intenta averiguar cómo se supone que debería funcionar. Los morfólogos saben qué buscar en las máquinas que se mueven velozmente, y no hay forma de que el cuerpo humano concuerde con las especificaciones. No hace falta más que echar un vistazo a nuestros traseros para saber eso.

«En toda la historia de los vertebrados sobre la faz de la Tierra —toda la historia— los humanos son los únicos bípedos corredores que no tienen cola», me diría después Bramble. Correr no es sino una especie de caída controlada, así que ¿cómo conduces y evitas caer de bruces sin un timón pesado, como una cola de canguro?

«Eso es lo que me hacía, al igual que a otros, descartar la idea de que los seres humanos evolucionaron como animales corredores —me dijo Bramble—. Y hubiera seguido creyendo eso y me hubiera mantenido escéptico, si no fuera porque también soy titulado en paleontología.»

La pericia secundaria del doctor Bramble en materia de fósiles le permitía ver cómo habían ido cambiando los planos del cuerpo humano a lo largo del milenio y compararlos con los de otros organismos. Desde el principio, empezó a encontrar cosas que no cuadraban.

«En lugar de fijarme en la lista convencional, como la mayoría de los morfólogos, y marcar las cosas que se suponía debía encontrar, empecé fijándome en las anomalías —dijo Bramble—. En otras palabras, ¿qué cosas veía que no deberían estar ahí?»

Empezó dividiendo el reino animal en dos categorías: corredores y caminantes. Entre los corredores estaban los caballos y los perros; entre los caminantes los cerdos y los chimpancés. Si los seres humanos estaban diseñados para caminar la mayor parte del tiempo y correr solo en casos de emergencia, nuestras piezas mecánicas debían coincidir en buena medida con las de otros caminantes.

El chimpancé común era el punto de partida perfecto. No es solo el ejemplo clásico de un animal que camina, sino que también es nuestro pariente vivo más cercano. Tras más de seis millones de años de evolución por separado, todavía compartimos con él el 95 por ciento de nuestra secuencia de ADN. Lo que no compartimos, se fijó Bramble, es el tendón de Aquiles, que conecta las pantorrillas con los talones: nosotros lo tenemos, los chimpancés no. Nuestros pies son bastante distintos: el nuestro es arqueado, el de ellos plano. Nuestros dedos son cortos y están muy juntos, lo que ayuda a correr, mientras que los suyos son largos y están abiertos, lo que es mejor para caminar. Y fijémonos en nuestros traseros: nosotros tenemos un robusto gluteus maximus, los chimpancés prácticamente no tienen. A continuación, el doctor Bramble centró su atención en un tendón poco conocido que se encuentra detrás de la cabeza llamado «ligamento nucal». Los chimpancés carecen de él. Al igual que los cerdos. ¿Saben quiénes sí cuentan con él? Los perros. Los caballos. Y los seres humanos. Esto sí que era desconcertante. El ligamento nucal es útil, únicamente, para estabilizar la cabeza del animal cuando está corriendo deprisa; así que si uno es un caminante, no le hace falta. Los traseros grandes son necesarios únicamente para correr. (Compruébenlo ustedes mismos: sujétense el trasero con las dos manos y caminen por la habitación un poco. Permanecerá suave y rollizo, y solo se endurecerá cuando echen a correr. El trabajo de nuestros traseros es prevenir el impulso de nuestro tren superior y evitar que nos caigamos de bruces.) De la misma manera, el tendón de Aquiles no tiene utilidad alguna a la hora de caminar, y esa es la razón por la que los chimpancés carecen de él. Al igual que el *Australopithecus,* nuestro antepasado medio simio de hace cuatro millones de años; los primeros indicios del tendón de Aquiles aparecieron dos millones de años después, en el *Homo erectus.*

Luego, el doctor Bramble echó un vistazo más atento a los distintos cráneos y se llevó un buen susto. «¡Dios santo! —pensó—. Algo ocurre aquí.» La parte trasera del cráneo del *Australopithecus* era lisa, pero cuando revisó el del *Homo erectus,* encontró una ranura hueca para el ligamento nucal. Una desconcertante pero inequívoca línea de tiempo estaba tomando forma: conforme el cuerpo humano iba cambiando a lo largo de la historia, adoptaba las características claves de un animal corredor.

«Qué raro —pensó el doctor Bramble—. ¿Cómo adquirimos todo ese equipamiento especializado para correr, mientras que otros caminantes no?» Para un animal caminante, el tendón de Aquiles no sería más que un incordio. Caminar sobre dos piernas es como caminar sobre dos zancos; plantas el pie, giras el peso de tu cuerpo sobre una pierna y repites el movimiento. Lo último que uno necesita es un tendón elástico y tembloroso en la base de apoyo. Todo lo que el tendón de Aquiles hace es estirarse como una goma elástica... ¡Una goma elástica! El doctor Bramble sintió un ataque conjunto de orgullo y vergüenza. Gomas elásticas... Ahí estaba, dándose golpes de pecho, felicitándose por no ser como todos esos otros morfólogos que «marcan la lista de cosas que se supone deben encontrar», cuando desde un principio había sido llevado a error por la miopía; ni siquiera había pensado en el factor de la goma elástica. Cuando David empezó a hablar de correr, el doctor Bramble asumió que se refería a la velocidad. Pero hay dos tipos de grandes corredores: velocistas y maratonistas. Quizá la manera humana de correr estaba pensada para llegar lejos, no rápido. Eso explicaría por qué nuestros pies y piernas tienen tantos tendones elásticos. Porque los tendones elásticos almacenan y devuelven energía, igual que las hélices impulsadas por gomas elásticas de los aeroplanos de juguete. Mientras más estiras las gomas, más lejos vuela el avión; de la misma forma, mientras más estiras los tendones, mayor es la energía que obtienes cuando la pierna se extiende y se balancea hacia atrás.

«Y si yo fuera a diseñar una máquina para correr largas distancias —pensó el doctor Bramble—, eso es exactamente lo que le pondría: montones de gomas elásticas para aumentar la resistencia.» Realmente, correr no es sino saltar, rebotando de un pie a otro. Los tendones son irrelevantes para caminar, pero son estupendos a la hora de saltar con eficiencia energética. Así que olvidemos la velocidad; quizá nacimos para ser los mejores maratonistas del mundo.

«Y habría que preguntarse por qué solo una especie en el mundo tiene el impulso de agruparse por decenas de millares para correr veintiséis millas bajo el sol nada más que por diversión —reflexionó el doctor Bramble—. El esparcimiento tiene sus razones.»

El doctor Bramble y David Carrier se unieron para poner a prueba su teoría del Mejor Maratonista del Mundo. Rápidamente, la evidencia aparecía por todas partes, incluso en lugares donde no habían estado buscando. Uno de sus primeros descubrimientos importantes llegó por casualidad cuando David sacó a correr un caballo. «Queríamos grabar al caballo para ver de qué manera se coordinaban su paso y su respiración —cuenta el doctor Bramble—. Necesitábamos a alguien para evitar que se enredaran los cables del equipo, así que David corrió al lado.» Cuando echaron un vistazo a la cinta, había algo extraño en ella, pero Bramble no terminaba de saber qué. Tuvo que pasar la cinta unas cuantas veces hasta que lo comprendió: pese a que David y el caballo estaban corriendo a la misma velocidad, las piernas de David se movían más lentamente. «Era asombroso —explica el doctor Bramble—. Aun cuando el caballo tiene las patas largas, y tiene cuatro, David tenía una zancada más larga.» David estaba en buena forma para ser un científico, pero no era más que un corredor de mitad del pelotón, de estatura y peso medios, perfectamente normal. La única explicación que quedaba era que, por extraño que parezca, el ser humano medio tiene una zancada mayor que la de un caballo. El caballo parece estar dando unas embestidas gigantes hacia delante, pero sus cascos se echan hacia atrás antes de tocar el suelo. Resultado: aunque los corredores humanos biomecánicamente refinados dan pasos cortos, aun así cubren más distancia por paso que un caballo, lo que los hace más eficientes. En otras palabras, con la misma cantidad de combustible en el tanque, en teoría un ser humano debería correr más que un caballo.

Pero ¿por qué conformarse con una teoría cuando podían ponerla a prueba? Cada octubre, una docena de corredores y jinetes se enfrentan cara a cara en las 50 millas de la Carrera Hombre contra Caballo en Prescott, Arizona. En 1999, un corredor de la localidad llamado Paul Bonnet adelantó a los caballos que iban liderando la carrera en el ascenso a la montaña Mingus y nunca los volvió a ver hasta que atravesó la línea de meta. Al año siguiente, Dennis Poolheco dio inicio a una racha impresionante: venció a cada hombre, mujer y corcel durante los seis años siguientes, hasta que Paul Bonnet recuperó el título en 2006. Tendrían que pasar ocho años hasta que un caballo alcanzase a esos dos y volviera a ganar la carrera.

Estos descubrimientos, sin embargo, no eran más que pequeños extras para los dos científicos de Utah según avanzaban hacia su gran logro. Como David había sospechado desde el día en que miró fijamente el cadáver de ese conejo y vio que tenía la historia de la vida delante, la evolución parecía ser un asunto centrado en el aire; mientras más evolucionada era la especie, mejor era su carburador. Echemos un vistazo a los reptiles: David colocó lagartijas en una cinta de correr y descubrió que ni siquiera eran capaces de correr y respirar a la vez. Como mucho reptaban un poco a la carrera antes de detenerse entre jadeos.

El doctor Bramble, mientras tanto, estaba trabajando un poco más arriba en la escala evolutiva con grandes felinos. Había descubierto que, cuando corrían, los órganos internos de muchos cuadrúpedos se balanceaban de un lado a otro al igual que el agua en una bañera. Cada vez que las patas delanteras de un guepardo golpean el suelo, sus tripas se agolpan hacia delante contra sus pulmones, empujando el aire que tienen estos hacia fuera. Cuando se extiende para dar la siguiente zancada, sus entrañas se deslizan hacia atrás, dejando que los pulmones vuelvan a llenarse de aire. Añadir ese golpe extra a su capacidad pulmonar, sin embargo, tiene un coste: los guepardos se ven limitados a una sola toma de aire por zancada.

312

En realidad, el doctor Bramble se sorprendió al descubrir que todos los mamíferos corredores están restringidos a ese ciclo: por cada paso, una aspiración. Tanto él como David pudieron encontrar una sola excepción:

Ustedes.

«Cuando los cuadrúpedos corren, están atados a ese "ciclo locomotor de una sola respiración" —dice el doctor Bramble—. Pero los corredores humanos a los que sometimos a pruebas nunca respiraban una sola vez. Podían elegir proporciones distintas, y generalmente optaban por una de dos a uno.» La razón de que tengamos esa libertad para espolear a nuestro corazón es la misma que hace que necesitemos una ducha en un día soleado: somos los únicos mamíferos que se deshacen de la mayoría del calor corporal a través del sudor. Todas las criaturas cubiertas de pelo del mundo se ventilan, principalmente, mediante la respiración, lo que reduce todo su sistema de regulación térmica a sus pulmones. Pero los seres humanos, con nuestros millones de glándulas sudoríparas, somos el mejor sistema de ventilación por aire que la evolución ha puesto en el mercado.

«Esa es la ventaja de ser unos animales desnudos y sudorosos —explica David Carrier—. Mientras sigamos sudando, podremos seguir hacia delante.» Un equipo de científicos de Harvard verificó exactamente ese punto introduciendo un termómetro rectal en el ano de un guepardo y haciéndolo correr en una cinta de carreras. Una vez que su temperatura alcanzó los treinta y ocho grados centígrados, el guepardo se detuvo y se negó a volver a correr. Esa es la respuesta natural de todos los mamíferos corredores; cuando desarrollan una temperatura corporal que no son capaces de regular con la respiración, tienen que detenerse o se mueren.

¡Fantástico! Piernas elásticas, torsos enclenques, glándulas sudoríparas, piel lampiña, cuerpos verticales que retienen menos calor solar. No es de extrañar que seamos los mejores maratonistas del mundo. Pero ¿y qué? La selección natural está centrada básicamente en dos cosas —comer y no ser comido— y ser capaz de correr veinte millas no importa un pepino si el ciervo se te escapa en los primeros veinte segundos y el tigre puede atraparte en diez. ¿De qué sirve la resistencia en un campo de batalla construido para la velocidad?

Esa es la pregunta a la que daba vueltas el doctor Bramble a principios de los años noventa, cuando disfrutaba de un sabático y conoció al doctor Dan Lieberman durante una visita a Harvard. Por entonces, Lieberman estaba trabajando en el otro extremo de las olimpiadas animales: tenía a un cerdo en la cinta de correr y estaba intentando descubrir por qué era un corredor tan malo.

«Echa un vistazo a su cabeza —señaló Bramble—. Se tambalea de un lado para otro. Los cerdos no tienen ligamento nucal.»

Lieberman levantó las orejas. Dado que era antropólogo evolutivo, sabía que ninguna parte de nuestro cuerpo había cambiado tanto como nuestros cráneos, e igualmente, ninguna otra dice tanto acerca de quiénes somos. Incluso el burrito que te tomas en el desayuno tiene un papel aquí. Las investigaciones de Lieberman han demostrado que a medida que nuestra dieta ha ido cambiando a lo largo de los siglos —de raíces crudas y caza salvaje a alimentos cocinados como los espaguetis y la carne picada—, nuestros rostros han ido reduciéndose. La cara de Ben Franklin era más gruesa que la nuestra, la de Julio César mayor que la suya.

Los científicos de Harvard y Utah se llevaron bien desde el comienzo, principalmente gracias a la reacción de Lieberman, que no se sobresaltó cuando Bramble le expuso la teoría del Hombre Corredor.

«Nadie en la comunidad científica estaba dispuesto a tomársela en serio —dijo Bramble—. Por cada trabajo sobre correr, había

314

cuatro mil dedicados a caminar. Cada vez que sacaba el tema en una conferencia, todo el mundo salía siempre con "Sí, pero somos lentos". Estaban centrándose en la velocidad y no alcanzaban a entender que la resistencia podía ser una ventaja.»

Bueno, para ser justos, Bramble todavía no había entendido eso tampoco. Al ser biólogos, él y David Carrier podían descifrar cómo estaba diseñada la máquina, pero necesitaban un antropólogo para determinar de qué era capaz ese diseño. «Yo sé mucho sobre evolución y poco sobre locomoción —dice Lieberman—. Dennis sabía un montón sobre locomoción, pero no tanto sobre evolución.»

Según intercambiaban ideas e historias, Bramble descubrió que Lieberman sería un buen compañero de laboratorio. Lieberman era la clase de científico que creía que meter las manos en un asunto suponía estar preparado para embarrárselas con sangre. Durante años, Lieberman había organizado la barbacoa Cromañón en el césped del Harvard Yard como parte de su clase de evolución humana. Para demostrar la pericia necesaria a la hora de utilizar herramientas primitivas, hacía que sus alumnos trocearan una cabra con piedras afiladas, para luego cocinarla en una hoguera. Tan pronto como el aroma de cabra asada se propagaba y la bebida postcarnicería empezaba a correr, el trabajo de clase se convertía en una fiesta. «Finalmente devenía en una especie de bacanal», contó Lieberman al *Harvard University Gazette*.

Pero había una razón más importante que convertía a Lieberman en el hombre perfecto para abordar el misterio del Hombre Corredor: la solución parecía estar relacionada con su especialidad, la cabeza. Todo el mundo sabe que en algún punto de la historia los humanos primitivos tuvieron acceso a una fuente rica en proteínas, lo que permitió que sus cerebros crecieran hasta convertirse en una esponja sedienta en un cubo de agua. Nuestro cerebro continuó creciendo hasta hacerse siete veces más grande, comparativamente, que el de cualquier mamífero. También absorbían una tremenda cantidad de calorías; aun cuando nuestro cerebro representa solo el 2 por ciento de nuestra masa corporal, demanda el 20 por ciento de nuestro consumo de energía, frente al 9 por ciento que gasta el de los chimpancés.

El doctor Lieberman se lanzó a la investigación del Hombre Corredor con su celo creativo habitual. No mucho después, los estudiantes que pasaban por la oficina de Lieberman en la planta alta del museo Peabody de Harvard se sobresaltaron al encontrar a un hombre manco bañado en sudor con un tarro vacío de queso crema atado a la frente corriendo en la cinta de correr. «Los humanos somos raros —dijo Lieberman mientras presionaba botones en el panel de control—. En ninguna otra criatura se ha encontrado un cuello como el nuestro.» Luego hizo una pausa para lanzar a gritos una pregunta al hombre en la cinta: «¿Cuánto más rápido puedes ir, Willie?».

«¡Más rápido que este trasto!», respondió Willie, con su mano izquierda de acero golpeando la baranda de la cinta.

Willie Stewart perdió el brazo cuando tenía dieciocho años, después de que el cable de acero que transportaba en su trabajo de albañil se enganchara en una turbina en movimiento, pero se recuperó y se convirtió en campeón de triatlón y jugador de rugby. Además del tarro de queso, que servía para asegurar un giroscopio, Willie tenía electrodos pegados al pecho y las piernas. El doctor Lieberman lo había reclutado para comprobar su teoría, según la cual la cabeza humana, dada su peculiar posición sobre nuestros hombros, funciona como los pesos que se colocan en los tejados de los rascacielos para evitar que el viento los tambalee. Nuestra cabeza no creció porque nos hicimos mejores corredores, creía Lieberman; nos hicimos mejores corredores porque nuestra cabeza creció, con lo cual nos otorgó más lastre.

«La cabeza y los brazos trabajan conjuntamente para evitar que

316

nos doblemos y bamboleemos a media zancada», dijo el doctor Lieberman. Los brazos, a su vez, trabajan también como contrapeso para mantener la cabeza alineada. «Es así como los bípedos solucionaron el problema de cómo estabilizar la cabeza con un cuello móvil. Es otro de los rasgos de la evolución humana que solo tiene sentido en lo que a correr respecta.»

Pero el gran misterio continuaba siendo la alimentación. Calculando a partir del crecimiento *godzilliano* de nuestra cabeza, Lieberman podía señalar el momento exacto en el que el menú del hombre de las cavernas cambió: tenía que haber sido hace dos millones de años, cuando los *Australopithecus* con aspecto de mono —con sus cerebros diminutos, mandíbulas gigantes y dieta de macho cabrío compuesta de plantas duras y fibrosas— evolucionaron en *Homo erectus,* nuestros antepasados delgados y piernilargos con la cabeza grande y dientes pequeños y desgarradores, ideales para comer carne cruda y frutas blandas. Solo una cosa podía haber activado un cambio de imagen así de radical: una dieta que ningún primate había comido antes, con un suministro constante de carne y sus altas concentraciones de calorías, grasa y proteínas.

«¿Y cómo demonios la obtuvieron?», se pregunta Lieberman, con todo el entusiasmo de un hombre capaz de abrir una cabra con una piedra. «El arco y la flecha tienen veinte mil años de antigüedad. La punta de lanza tiene doscientos mil años. Pero el *Homo erectus* tiene unos dos millones de años. Lo que significa que durante la mayor parte de nuestra existencia —casi dos millones de años— los homínidos conseguimos carne con nuestras propias manos.»

Lieberman empezó a jugar con las distintas posibilidades. «¿Quizá nos apropiamos de los cadáveres muertos por otros depredadores? —se preguntó—. ¿Corriendo y robándolos mientras los leones dormían?» No, eso nos hubiera proporcionado un gusto por la carne pero no una fuente estable. Habríamos tenido que lle-

317

gar al escenario mortal antes que las aves de rapiña, que son capaces de dar cuenta de un antílope en unos minutos y «mascar huesos como si fueran galletas», como a Lieberman le gusta decir. Aun así, no podríamos haber dado más de un par de bocados antes de que el león abriera su ojo amenazador o que una jauría de hienas nos espantara.

«Ok, quizá no teníamos lanzas, pero podríamos haber saltado sobre un jabalí y estrangularlo. O matarlo a palos.»

¿Estás bromeando? Con todas esas embestidas y cornadas por los suelos, se nos hubieran machacado los pies, desgarrado los testículos y roto las costillas. Podríamos haber ganado, pero el precio hubiera sido alto. Si te rompías un tobillo en la jungla prehistórica mientras cazabas la cena, probablemente terminarías siendo la cena de algún otro.

No hay manera de saber cuánto tiempo hubiera permanecido Lieberman atascado si, finalmente, su perro no le hubiera dado la respuesta. Una tarde de verano, Lieberman llevó a Vashti, su chusco medio Border Collie, a correr unas cinco millas alrededor de Fresh Pond. Hacía calor, y tras unas pocas millas, Vashti, hizo plaf a la sombra de un árbol y rehusó a moverse. Lieberman se impacientó. Vamos, hacía calor, pero no tanto…

Mientras esperaba que su perro jadeante se refrescara, su mente viajó a la época en que investigaba fósiles en África. Recordó las ondas trémulas a través de la sabana quemada por el sol, la forma en que la arcilla seca absorbía el calor y lo emitía de vuelta a través de la suela de sus botas. Distintos informes etnográficos leídos años atrás empezaron a inundar su cabeza; hablaban de cazadores africanos que solían perseguir antílopes por la sabana, e indios tarahumara que corrían tras un ciervo hasta que «se les caían las pezuñas». Lieberman los había despreciado, tomándolos por cuentos chinos, fábulas de héroes de una edad dorada que en realidad no había existido. Pero ahora, empezó a preguntarse…

¿Cuánto haría falta para hacer correr a un animal hasta la muerte? Afortunadamente, los laboratorios de biología de Harvard eran los mejores del mundo en lo que a investigación locomotora respecta (como su disposición a insertar un termómetro en el trasero de un guepardo había dejado claro), así que toda la información que Lieberman necesitaba se encontraba al alcance de su mano. Cuando regresó a la oficina, empezó a hacer cálculos. Vamos a ver, pensó. Un corredor medianamente en forma tiene un promedio de tres o cuatro metros por segundo. Un ciervo corre casi al mismo ritmo. Pero aquí estaba el truco: cuando un ciervo quiere acelerar a cuatro metros por segundo, tiene que pasar a un paso de respiración agitada, mientras que un humano puede ir a la misma velocidad y continuar como si siguiera trotando. Un ciervo es mucho más rápido galopando, pero nosotros somos más rápidos trotando; así que cuando a Bambi empieza a agotársele el tanque de oxígeno, nosotros aún estamos empezando a agitarnos.

Lieberman siguió investigando y encontró una comparación aún más elocuente: la máxima velocidad de galope para la mayoría de caballos es 7,7 metros por segundo. Pueden aguantar ese ritmo durante unos diez minutos, luego tienen que desacelerar hasta 5,8 metros por segundo. Pero un maratonista de primer nivel puede trotar durante horas a un ritmo de seis metros por segundo. El caballo saldrá disparado de la línea de salida, como Dennis Poolheco había descubierto en la carrera Hombre contra Caballo, pero con suficiente paciencia y distancia, podremos reducir la ventaja. Ni siquiera hace falta ir rápido, descubrió Lieberman. Todo lo que hay que hacer es no perder de vista al animal, y al cabo de diez minutos le darás caza.

Lieberman empezó calculando temperaturas, velocidad y masa corporal. En poco tiempo, tenía delante la solución al misterio del Hombre Corredor. Para hacer correr a un antílope hasta la muerte, determinó, todo lo que había que hacer era hacerlo salir al galope

319

en un día caluroso. «Si uno se mantiene lo suficientemente cerca para que el animal lo vea, continuará galopando. Tras unos diez o quince kilómetros corriendo, sufrirá de hipertermia y caerá rendido.» Traducción: si puedes correr seis millas en un día de verano, entonces, amigo mío, eres un arma letal en el reino animal. Nosotros podemos despedir calor mientras corremos, pero los animales no pueden aguantar el jadeo mientras galopan.

«Somos capaces de correr en condiciones que ningún otro animal puede soportar —descubrió Lieberman—. Y ni siquiera es difícil. Si un catedrático de mediana edad puede agotar a un perro en un día caluroso, imagina lo que una manada de entusiastas cazadores pueden hacerle a un antílope sobrecalentado.»

Es fácil imaginar el desprecio en la cara de esos Amos del Universo, los neandertales, cuando veían a estos nuevos Hombres Corredores resoplando detrás de esos pequeños Bambis saltarines, o corriendo todo el día bajo el sol ardiente para regresar con tan solo un brazado de boniatos. Los Hombres Corredores podían obtener un montón de carne corriendo, pero no podían correr con la barriga repleta de carne, así que obtenían la mayoría de sus carbohidratos de raíces y frutas, dejando las chuletas de antílope para atiborrarse de calorías en ocasiones especiales. Todos hurgaban en la tierra juntos —Hombre Corredor, Mujer Corredora, Niños Corredores y Abuelos— pero a pesar de toda esa actividad grupal, tenían más posibilidades de alimentarse de larvas que de animales de caza. Bah. Los neandertales ni siquiera tocarían insectos y comida del suelo; ellos comían carne y solo carne, ni siquiera esos pequeños antílopes cartilaginosos. Los neandertales apuntaban por todo lo alto: osos, bisontes y alces de carne marmolada por la grasa jugosa, y rinocerontes con hígados ricos en hierro, mamuts con cerebros aceitosos y jugosos y huesos chorreantes de tuétano

320

para chupar a gusto. Si intentabas perseguir a monstruos así, terminarían ellos persiguiéndote. Por el contrario, había que ser más astuto y darse más maña. Los neandertales los atraían hacia una emboscada, para atacarlos en movimiento de tenaza, lanzando una tormenta de lanzas de madera de dos metros y medio desde todos los lados. Este tipo de caza no estaba hecha para los mansos; se sabe que los neandertales sufrían el tipo de heridas con que uno se encuentra en un circuito de rodeo, traumatismo de cuello y cabeza después de ser lanzado por una bestia encabritada, pero podían confiar en su pandilla de hermanos para que curasen sus heridas y enterraran sus cadáveres. A diferencia de nuestros verdaderos ancestros, esos apresurados Hombres Corredores, los neandertales eran los poderosos cazadores que nos gusta imaginar que alguna vez fuimos; se mantenían hombro con hombro en la batalla, un frente unido de cerebros y valentía, astutos guerreros armados de músculos pero lo suficientemente refinados para cocinar a fuego lento la carne hasta dejarla tierna en hornos de tierra y mantener a sus mujeres e hijos a salvo del peligro.

Los neandertales dominaron el mundo... hasta que empezó a mejorar el tiempo allá fuera. Hace unos cuarenta y cinco mil años, el Largo Invierno terminó y llegó un frente cálido. Los bosques se redujeron, y dejaron tras de sí praderas resecas que se extendían hasta el horizonte. El nuevo clima era estupendo para los Hombres Corredores; las manadas de antílopes se dispararon y el banquete de raíces gruesas brotaba por toda la sabana.

Los neandertales lo tenían más difícil: sus lanzas largas y emboscadas en los cañones eran inútiles contra las manadas de criaturas de la pradera, y los ejemplares de caza mayor optaron por retirarse a las profundidades de los bosques menguantes. Bueno, ¿y por qué no adoptaron la estrategia de caza de los Hombres Corredores? Eran listos y suficientemente fuertes, pero ese era justo el problema: eran demasiado fuertes. Una vez que las temperaturas alcanzaron los treinta y dos grados centígrados, unos pocos kilos de peso extra suponían una gran diferencia. Tanta que, para poder mantener un equilibrio térmico, un corredor de setenta y dos kilos perdería casi tres minutos por milla en una maratón con respecto a un corredor de cuarenta y cinco. En una persecución de dos horas tras un ciervo, los Hombres Corredores dejarían atrás a los neandertales en más de diez millas.

Sofocados por sus músculos, los neandertales siguieron a los mastodontes hacia los bosques agonizantes, y hacia el olvido. El nuevo mundo estaba hecho para corredores, y correr, sencillamente, no era lo suyo.

En privado, David Carrier sabía que la teoría del Hombre Corredor tenía un error fatal. El secreto lo carcomió hasta el punto de convertirlo casi en un asesino. «Sí, fue una especie de obsesión», admitió cuando lo conocí en su laboratorio de la Universidad de Utah, veinticinco años y tres títulos académicos después de su momento de inspiración en la mesa de disección en 1982. Ahora era el doctor David Carrier, catedrático de biología, con un bigote castaño en el que despuntaban canas, y anteojos redondos sin montura sobre sus intensos ojos marrones. «Estaba muriendo por coger algo con mis dos manos y poder decir: "¡Lo ves! ¿Satisfecho ya?".»

El problema era este: perseguir animales hasta la muerte es la versión evolutiva del crimen perfecto. La caza por persistencia (como es conocida entre los antropólogos) no deja ninguna pista forense detrás —ni puntas de flechas, ni espinas dorsales de ciervo quebradas por lanzas—, así que ¿cómo se sostiene la hipótesis de que un asesinato ha tenido lugar cuando no se cuenta con un cadáver, un arma ni testigos? A pesar de lo brillante que era el doctor Bramble en fisiología y de la experiencia en fósiles del doctor

Lieberman, no había forma de que pudieran probar que nuestras piernas habían sido alguna vez armas letales si no podían demostrar que alguien, en algún sitio, realmente había hecho correr a un animal hasta la muerte. Podíamos soltar la teoría que quisiéramos sobre el rendimiento humano («¡Podemos detener nuestro ritmo cardíaco! ¡Podemos doblar cucharas con la mente!») pero al final, era imposible realizar el salto de una idea interesante a un hecho empírico sin la evidencia de por medio.

«Lo frustrante era que estábamos encontrando historias por todas partes», me dijo David Carrier. Si lanzamos un dardo sobre un mapa, son muchas las probabilidades de acertar de lleno al escenario de un relato de caza por persistencia. Las tribus Goshutes y Papago en el Oeste americano narraban historias al respecto; al igual que los bosquimanos en Botsuana, los aborígenes en Australia, los guerreros Masai en Kenia, los indios seri y tarahumara en México. El problema era que esas leyendas eran testimonios de cuarta o quinta mano en el mejor de los casos; existía tanta evidencia que las respaldara como la que había para demostrar que David Crockett mató un oso cuando tenía tres años de edad.

«No podíamos encontrar a nadie que cazara por persistencia —me dijo David—. No podíamos encontrar a nadie que hubiera visto a alguien cazar así.» No era de extrañar que la comunidad científica se mantuviera escéptica. Si la teoría del Hombre Corredor era correcta, entonces por lo menos una sola persona en este planeta de seis mil millones de habitantes tenía todavía que ser capaz de dar caza a su presa a pie. Podíamos haber perdido la costumbre y la necesidad, pero debíamos tener todavía la capacidad de hacerlo: nuestro ADN no ha cambiado en siglos y es idéntico en un 99,9 por ciento alrededor del globo, lo que significa que todos traemos de serie las mismas partes que cualquier ancestro cazador-recolector. Así que ¿cómo era posible que ninguno de nosotros fuera capaz de atrapar a un apestoso ciervo?

«Esa fue la razón que me llevó a hacerlo yo mismo —me dijo David—. Cuando era estudiante corría en las montañas y me divertía mucho haciéndolo. Así que cuando tocó ver qué diferenciaba a los seres humanos cuando corren, pensé que a mí me era más fácil ver cómo correr podía afectarnos como especie. La idea no me resultaba tan extraña como podía resultarle a alguien que nunca ha salido de su laboratorio.»

Así como tampoco le resultó extraño decidir que, si no podía encontrar un hombre de las cuevas, tendría que convertirse en uno él mismo. En el verano de 1984, David convenció a su hermano Scott, escritor freelance y reportero de la National Public Radio (NPR), de que lo acompañara a Wyoming y lo ayudara a cazar un antílope salvaje. Scott no era precisamente lo que podríamos llamar un corredor, pero David estaba en muy buena forma y extremadamente motivado por la promesa de la inmortalidad científica. Entre él y su hermano, pensó David, sería cuestión de solo dos horas hasta que trescientos sesenta kilos de prueba se derrumbaran a sus pies.

«Dejamos atrás la interestatal y nos adentramos unas pocas millas por un camino de tierra, para encontrarnos con un enorme y abierto desierto de artemisa, seco como un hueso, rodeado de montañas por todas partes. Había antílopes por doquier.» Así es como Scott pintaría la escena después para los oyentes del programa de la NPR *This American Life*. «Detuvimos el coche y empezamos a correr detrás de tres animales: un macho y dos hembras. Corrían muy rápido, pero solo distancias cortas, luego se detenían y nos miraban hasta que los alcanzábamos. Y salían corriendo de nuevo. A veces corrían un cuarto de milla, a veces media.»

¡Perfecto! Todo ocurría exactamente como David había previsto. Los antílopes no tenían tiempo suficiente para refrescarse antes de que David y Scott empezaran a correr de nuevo tras ellos. Unas pocas millas más, pensaba David, y podrían volver a Salt

Lake con el maletero lleno de carne de venado y un gran vídeo que tirar sobre el escritorio del doctor Bramble. Su hermano, por otra parte, tenía la sensación de que estaba ocurriendo algo muy distinto.

«Los tres antílopes me miraban como si supieran exactamente lo que nos proponíamos, y no se les veía preocupados ni lo más mínimo», continuaba Scott. No tardó mucho en descubrir por qué parecían tan calmados mientras se enfrentaban a lo que parecía ser una muerte inminente. En lugar de caer extenuados, los antílopes jugaban al trile: cuando se cansaban, daban la vuelta y se escondían en la manada, impidiendo que David y Scott distinguieran entre los que estaban cansados y los que permanecían frescos. «Se mezclaban y discurrían y cambiaban posiciones —cuenta Scott—. No había individualidades, este grupo se movía por el desierto como un charco de mercurio sobre una mesa de cristal.»

Durante dos días más, los dos hermanos persiguieron bolas de mercurio a través de las llanuras de Wyoming, sin descubrir nunca que se encontraban en medio de un colosal error. El fracaso de David era una prueba involuntaria de su propia teoría: la forma de correr de los humanos es distinta a todas las demás. No se puede cazar otra clase de animal copiando su estilo, y sobre todo con esa cruda aproximación al estilo animal que caracteriza a nuestros deportes. David y Scott estaban confiando en su instinto, fortaleza y resistencia, sin caer en la cuenta de que la carrera de distancia humana, en su máxima expresión evolutiva, es mucho más que eso; es una mezcla de estrategia y habilidad perfeccionada a lo largo de millones de años de decisiones al límite, de vida o muerte. Y como cualquier otro arte humano, la carrera de distancia exigía una conexión cuerpo-mente imposible para cualquier otra criatura.

Pero es un arte olvidado, como descubriría Scott Carrier a lo largo de la siguiente década. Algo extraño ocurrió en las llanuras de Wyoming: la promesa de ese arte perdido se metió dentro de

325

Scott y no lo dejaría escapar. Pese a la decepción que supuso esa expedición, Scott pasaría años investigando la caza por persistencia en aras de su hermano. Incluso creó una organización sin ánimo de lucro dedicada a encontrar al Último de los Cazadores de Larga Distancia, y reclutó al ultramaratonista de élite Creighton King —otrora poseedor del récord de la Double Grand Canyon hasta que aparecieron los hermanos Skaggs— para que se uniera a una expedición al Golfo de California, donde había oído que existía una pequeña tribu de indios seri que habían conservado el vínculo con nuestro pasado de corredores de distancia.

Scott encontró a la tribu, aunque los encontró demasiado tarde. Dos ancianos habían aprendido de sus padres a correr a la vieja usanza, pero llevaban medio siglo sin practicar y eran demasiado viejos para realizar una demostración.

Ese fue el final del camino. Para el año 2004, la búsqueda de esa persona entre seis mil millones duraba ya veinte años y no había conducido a ninguna parte. Así que Scott Carrier se dio por vencido. David Carrier lo había hecho antes y ahora se encontraba estudiando las estructuras de combate físico en los primates. El Último de los Cazadores de Larga Distancia era un caso no resuelto.

Naturalmente, aquí es cuando suena el teléfono.

«Y así, de la nada, me veo hablando con este desconocido», empieza el doctor Bramble. El tipo tenía el aspecto de un viejo vaquero, con el cabello gris enmarañado y una almidonada camisa tejana. Todo su estilo se ajustaba a la perfección a las calaveras de animales que colgaban de las paredes de su laboratorio y su fascinante relato con aires de cuento alrededor de una fogata. Para 2004, cuenta el doctor Bramble, el equipo Utah-Harvard había identificado veintiséis marcas en el cuerpo humano relacionadas con la capacidad de correr distancias largas. Perdidas casi todas las

326

esperanzas de encontrar al Último Cazador, decidieron publicar sus hallazgos de todas formas. La revista *Nature* los publicó en portada y, aparentemente, un ejemplar llegó hasta un pueblo costero de Sudáfrica, porque de ahí es de donde provenía la llamada telefónica.

—No es difícil hacer correr a un antílope hasta la muerte —dijo el desconocido—. Yo puedo enseñarle cómo se hace.

—Perdón, ¿quién es usted?

—Louis Liebenberg. De Noordhoek.

Bramble conocía todos los nombres importantes en el campo de la teoría del correr, lo que no era difícil dado que podían caber en una mesa de cafetería. Nunca había oído hablar de un tal Louis Liebenberg de Noordhoek.

—¿Es usted un cazador? —preguntó Bramble.

—¿Yo? No.

—Oh... ¿un antropólogo?

—No.

—¿A qué campo se dedica?

—Matemáticas. Matemáticas y física.

¿Matemáticas?

—Hum, ¿y cómo hace un matemático para hacer correr a un antílope hasta la muerte?

Bramble oyó un resoplido ahogado en risas.

—Por casualidad, básicamente.

Resulta inquietante cómo las vidas de Louis Liebenberg y David Carrier giraron en espirales cercanas durante décadas sin que ninguno llegase a saber del otro. Allá por comienzos de los años ochenta, Louis era también un estudiante universitario que, como David, se quedó electrificado al acercarse a una forma de comprensión de la evolución humana en la que muy pocos creían.

Una parte del problema de Louis era su experiencia: no tenía ninguna. Por entonces, apenas tenía veinte años y estaba estudiando matemáticas aplicadas y física en la Universidad de Ciudad del Cabo. Fue en un curso optativo de filosofía de la ciencia donde empezó a preguntarse acerca del Big Bang de la mente humana. ¿Cómo saltamos de un nivel de pensamiento de mera supervivencia, similar al de otros animales, a conceptos increíblemente complejos como la lógica, el humor, la deducción, el razonamiento abstracto y la imaginación creativa? Bueno, el hombre primitivo mejoró su hardware con un cerebro más grande, pero ¿de dónde sacó el software? El crecimiento del cerebro es un proceso orgánico, pero ser capaz de utilizarlo para proyectarse hacia el futuro y realizar una conexión mental entre, por ejemplo, una cometa, una llave y un rayo para descubrir la conducción eléctrica era una especie de golpe de magia. Así que ¿de dónde procedía la chispa de inspiración? La respuesta, creía Louis, estaba en los desiertos del sur de África. Pese a que era un chico de ciudad que no sabía nada del campo, tenía la corazonada de que el mejor lugar para investigar el nacimiento del pensamiento humano era el lugar donde empezó la vida humana. «Tenía el vago presentimiento de que el arte de rastrear animales podía suponer el origen de la ciencia misma», dice Louis. ¿Y qué mejor objeto de estudio que los bosquimanos en el desierto de Kalahari, que fueron tanto maestros rastreando animales como vestigios vivientes de nuestro pasado prehistórico?

Y así, a la edad de veintidós años, Louis decidió dejar la universidad para escribir un nuevo capítulo de la Historia Natural y probar su teoría con los bosquimanos. Era un plan desquiciadamente ambicioso para un chico que había dejado la universidad y no tenía experiencia alguna en antropología, supervivencia en entornos salvajes o método científico. No hablaba el idioma materno de los bosquimanos, el !Kabee, ni el que habían adoptado, el afrikáans.

328

Pero ¿qué más daba?, se dijo Louis encogiéndose de hombros, y se puso a trabajar. Encontró un traductor de afrikáans, contactó con guías de caza y antropólogos, y finalmente tomó la autopista Trans-Kalahari para internarse en Botsuana, Namibia y... hasta lo desconocido.

Como Scott Carrier, Louis pronto descubriría que estaba perdiendo una carrera contra el tiempo. «Fui de aldea en aldea buscando bosquimanos que cazaran con arco y flecha, ellos debían de tener las habilidades requeridas para el rastreo», dice Louis. Pero, en vista de que los grandes safaris y ganaderos estaban haciéndose con sus viejos cotos de caza, la mayoría de los bosquimanos había abandonado la vida nómada y vivían en asentamientos del gobierno. Su declive resultaba desconsolador; en lugar de recorrer la tierra salvaje, muchos bosquimanos sobrevivían con salarios esclavizantes que obtenían trabajando en granjas mientras veían a sus hermanas e hijas reclutadas por prostíbulos de carretera.

Louis continuó buscando. En las profundidades del Kalahari, por fin dio con una tribu renegada de bosquimanos que, en sus palabras, «se aferraban obstinadamente a su libertad e independencia y no estaban dispuestos a someterse a la labor manual o la prostitución». Y resultó que la búsqueda de Uno en Seis Mil Millones era casi matemáticamente correcta: en todo el desierto de Kalahari solo quedaban seis cazadores de verdad.

Los renegados permitieron a Louis quedarse con ellos, una oferta que él se tomó al pie de la letra y llevó al extremo; una vez instalado, Louis actuó como un pariente político desocupado, viviendo como un okupa de los bosquimanos durante los siguientes cuatro años. El chico urbano de Ciudad del Cabo aprendió a vivir con una dieta bosquimana de raíces, bayas, puercoespines y liebres saltadoras con apariencia de ratas. Aprendió a mantener encendida su fogata y su carpa cerrada incluso en las noches más calurosas, ya que las hienas son conocidas por arrancar a personas de refugios abiertos y desgarrarles la garganta. Aprendió que si tropiezas por casualidad con una leona enojada y sus cachorros, has de mantenerte erguido y decidido hasta hacerla retroceder, pero si se da la misma situación con un rinoceronte debes correr como alma que lleva el diablo.

A la hora de comparar mentores, nadie puede vencer a la supervivencia misma: ya solo intentar llenarse la barriga día tras día y evitar molestar, por ejemplo, a un par de chacales de lomo negro apareándose debajo de un baobab eran maneras excelentes para que Louis empezara a absorber la magia del perseguidor experto. Aprendió a echar un vistazo a una pila de estiércol de cebras y distinguir qué excrementos correspondían a qué animal; los intestinos, descubrió, tienen surcos y relieves que otorgan patrones únicos a las heces. Si uno aprende a distinguirlas puede diferenciar a una cebra de entre una manada y rastrearla durante días siguiendo la pista de sus excrementos diferenciados. Louis aprendió a agacharse ante un puñado de huellas de zorro y reconstruir exactamente lo que había estado haciendo: aquí estaba moviéndose lentamente mientras olisqueaba en busca de ratones y escorpiones y, mira, aquí es donde salió trotando con algo en la boca. Un remolino de tierra batida le decía el lugar en que un avestruz se había dado un baño de tierra y le permitía volver atrás en busca de sus huevos. Las suricatas hacían sus madrigueras en tierra dura, entonces ¿por qué habían estado excavando aquí en esta arena suave? Seguramente hay una madriguera de deliciosos escorpiones...

Pero incluso una vez que uno aprende a leer la tierra, todavía no sabe nada; el siguiente nivel es rastrear sin huellas, un estadio superior de razonamiento conocido en la literatura especializada como «caza especulativa». La única manera de llevar esto a cabo, descubrió Louis, era consiguiendo proyectarse fuera del presente y hacia el futuro, metiéndose en la mente del animal al que se está rastreando. Una vez que uno aprende a pensar como otra criatura, puede anticiparse a sus movimientos y reaccionar incluso antes de que actúe. Si esto suena un poco como una película de Hollywood, es que han visto un buen puñado de películas acerca de criminalistas del FBI dueños de una increíble clarividencia capaces de «ver con los ojos del asesino». Pero en las llanuras Kalahari, la proyección mental era un talento muy real y potencialmente letal.

«Cuando uno está detrás de un animal, intenta pensar como ese animal para predecir adónde se dirige —dice Louis—. Mirando sus huellas uno puede visualizar los movimientos del animal y sentir esos movimientos en su propio cuerpo. Entra en un estado como de trance, así de intensa es la concentración. Puede ser algo peligroso, ya que te encuentras entumecido respecto a tu propio cuerpo y puedes seguir forzándolo hasta el colapso.»

Visualización… empatía… pensamiento abstracto y proyección al futuro: excepto por la parte en que podríamos desplomarnos, ¿no es esa exactamente la ingeniería mental que usamos en la actualidad en la ciencia, la medicina y las artes creativas? «Cuando uno rastrea, está creando relaciones causales mentalmente, porque en realidad no ha visto lo que el animal ha hecho —observó Louis—. Esa es la esencia de la física.» Con la caza especulativa, los cazadores humanos primitivos habían ido más allá de unir los puntos; estaban uniendo puntos que solo existían en sus cabezas.

Una mañana, cuatro de los bosquimanos renegados —!Nate, !Nam !kabe, Kayate y Boro/xao— despertaron a Louis antes del alba para invitarlo a una cacería especial. No desayunes nada, le advirtieron, y bebe toda el agua que puedas. Louis apuró una taza de café, cogió sus botas y siguió a los cazadores según se internaban en la oscuridad de la sabana. El sol salió y empezó a arder sobre sus cabezas, pero los cazadores siguieron adelante. Finalmente, tras caminar casi veinte millas, vieron un pequeño grupo de kudus, un tipo de antílopes especialmente ágiles. Y aquí es donde los bosquimanos empezaron a correr.

Louis se quedó parado, confundido. Conocía la técnica estándar de caza con arco de los bosquimanos: déjate caer sobre la barriga, arrástrate hasta que la presa esté a tiro, dispara. Pero ¿qué diablos era todo esto? Algo había oído acerca de la caza por persistencia, pero la había colocado en algún lugar entre el accidente y la mentira: o algún animal se había roto el cuello de verdad mientras escapaba, o toda la historia era una completa mentira. No había forma de que estos tipos fueran a atrapar a uno de estos kudus corriendo. Ni hablar. Pero mientras más decía «Ni hablar», más lejos estaban los bosquimanos, así que Louis dejó sus cavilaciones y empezó a correr.

«Así es como lo hacemos», dijo !Nate cuando Louis los alcanzó jadeando. Los cuatro cazadores corrían velozmente aunque con comodidad detrás de los saltarines kudus. Cada vez que los animales se dirigían a una arboleda de acacias, uno de los cazadores se separaba del grupo y hacía que los kudus volvieran a correr bajo el sol. La manada se diseminaba, reagrupaba y diseminaba de nuevo, pero los cuatro bosquimanos corrían y regateaban detrás de un único kudu, separándolo del grupo cuando intentaba mezclarse, ahuyentándolo cuando intentaba descansar bajo la sombra de los árboles. Si les surgía alguna duda acerca de cuál de los animales seguir, se tiraban al suelo, comprobaban las huellas y realizaban ajustes a la persecución.

Mientras jadeaba detrás de los bosquimanos, Louis se sorprendió al ver que !Nate, el más fuerte y mejor dotado de entre los cazadores renegados, se quedaba rezagado a su lado. !Nate ni siquiera llevaba consigo una cantimplora como los otros. Una vez transcurridos unos noventa minutos de persecución, descubrió por qué: cuando uno de los cazadores mayores se cansaba y abandonaba, le entregaba su cantimplora a !Nate, que se la bebía entera y luego, ya vacía, la cambiaba por otra medio llena cuando un segundo corredor abandonaba. Louis observaba estupefacto, resuelto a ver la caza hasta el final. Se arrepentía amargamente de haber elegido unas botas pesadas; los bosquimanos calzaban tradicionalmente unos ligeros mocasines de piel de jirafa, y ahora llevaban unas endebles y ligeras zapatillas que permitían que sus pies respiraran. Louis veía lo mal que parecía encontrarse el kudu y él se sentía igual: observaba cómo se tambaleaba... cómo se le doblaban las rodillas, se le enderezaban... se recuperaba y salía brincando... luego caía al suelo.

Lo mismo que Louis. Para cuando llegaron hasta donde estaba el kudu caído, tenía tanto calor que había dejado de sudar. Se tiró bocabajo en la arena. «Cuando estás concentrando en la cacería, te explotas hasta el límite. No eres consciente de lo exhausto que estás», explicaría después Louis. En cierta forma, había triunfado. Se las había arreglado para superarse a sí mismo y correr como si fuera él quien estaba siendo perseguido. Pero no había sabido controlar sus propias huellas; dado que era tan fácil verse insensibilizado ante los propios signos vitales, los bosquimanos habían aprendido tiempo atrás a controlar periódicamente sus propias huellas. Si lucían tan mal como las del kudu, hacían una parada, se lavaban la cara, se llenaban la boca de agua y dejaban que goteara lentamente por su garganta. Después del último trago, volvían a comprobar sus huellas.

Louis sentía cómo le latía la cabeza y tenía los ojos tan secos que empezaba a ver borroso. Estaba apenas consciente, lo suficiente para sentirse realmente asustado; estaba tumbado en la arena del desierto a cuarenta y un grados centígrados, y sabía que solo tenía una oportunidad de salir con vida. Buscó torpemente el cuchillo que llevaba en el cinturón y se acercó al kudu muerto. Si lo abría, podría beber el agua de su estómago.

«¡No!» !Nate lo detuvo. A diferencia de otros antílopes, los kudus comen hojas de acacia que son venenosas para el ser humano. !Nate tranquilizó a Louis, le dijo que aguantara un poco más y salió corriendo: pese a que había hecho veinte millas andando y otras quince corriendo, todavía podía correr doce más para conseguirle a Louis algo de agua. !Nate no le permitió beberla de golpe. Primero, le empapó la cabeza, luego le lavó la cara y solo después de que la piel de Louis había empezado a enfriarse, !Nate le dejó dar unos cuantos sorbos pequeños.

Después de que !Nate lo hubiera ayudado a regresar al campamento, Louis se maravillaría de la cruel eficiencia de la caza por persistencia. «Es mucho más eficaz que el arco y la flecha —comentaría—. Hacen falta muchos intentos para llevar a cabo exitosamente la caza con arco. Puedes herir al animal y este puede escaparse todavía, o puedes perderlo a manos de los carroñeros que han olido la sangre, o puede hacer falta toda la noche para que el veneno de las flechas surta efecto. Solo un pequeño porcentaje de los disparos de flecha resultan exitosos; teniendo en cuenta el número de días dedicados a la caza, el rédito en carne de la caza por persistencia es mucho mayor.»

Solo en su segunda, tercera y cuarta cacería por persistencia, Louis tomaría conciencia de cuánta suerte había tenido en la primera; ese primer kudu cayó después de dos horas, pero a partir de entonces todos los demás exigieron que los bosquimanos corrieran detrás de ellos entre tres y cinco horas (tiempo que coincide nítidamente, podríamos hacer notar, con el que tardan la mayoría de las personas en correr nuestra versión moderna de la caza prehistórica: la maratón. El esparcimiento tiene sus razones).

Para alcanzar el éxito como cazador, Louis tenía que reinventarse como corredor. Había sido un excelente corredor de media distancia en la secundaria, había ganado el campeonato de mil quinientos metros y había quedado segundo por muy poco en la carrera de ochocientos, pero para acompañar a los bosquimanos, tenía que olvidar todo lo que los entrenadores modernos le habían enseñado y debía estudiar a los antiguos. Como atleta de pista había ba-

334

jado la cabeza y pisado el acelerador, pero como aprendiz bosquimano, tenía que mantener la vista en alto y en estado de alerta a cada paso que daba. No podía distraerse e ignorar el dolor; todo lo contrario, su mente estaba saltando constantemente entre lo inmediato —las marcas en el suelo, el sudor en su frente— y lo imaginario, según jugaba al ajedrez para pensar un paso por delante de su presa.

El ritmo no era demasiado fiero; los bosquimanos promediaban unos diez minutos por milla, pero muchas de esas millas eran sobre arena suave o hierbas, y se detenían ocasionalmente para estudiar las huellas. También pisaban el acelerador a fondo y se lanzaban en un sprint, pero sabían cómo hacer para seguir trotando después y recuperarse mientras corrían. Tenían que hacerlo, ya que la caza por persistencia es como presentarse a la línea de salida sin saber si se trata de una media maratón, una maratón o una ultra. Al poco tiempo, Louis empezó a pensar en correr de la manera en que otra gente piensa en caminar; aprendió a desacelerar y permitir que sus piernas llevaran un trote rápido, tranquilo, una especie de movimiento de base que podía prolongarse a lo largo del día y le dejaba energía suficiente para acelerar si era necesario.

También cambió su manera de comer. Un cazador-recolector no se ajusta a horarios, puede estar caminando de regreso a casa después de un agotador día de recolectar batatas, pero si ve aparecer una presa tierna, lo deja todo y se pone en marcha. Así que Louis tuvo que aprender a sobrevivir comiendo ligero a lo largo de todo el día en lugar de llenarse con grandes comidas, a no permitirse estar sediento, como si todos los días se encontrara en medio de una carrera en marcha.

El verano Kalahari se enfrió conforme se acercó el invierno, pero la cacería continuó. Los doctores de Utah y Harvard estaban equivocados en un punto de su teoría del Hombre Corredor: la caza por persistencia no depende de la temperatura, ya que los ingeniosos bosquimanos habían diseñado maneras de dar caza a sus

335

presas sin importar el clima. En la temporada de lluvias, tanto el pequeño antílope duiker como el gigantesco órice gacela, con esos cuernos como lanzas, se sobrecalentaban debido a la arena húmeda bajo sus pezuñas, que obligaba a sus piernas a agitarse más. El alcelafo, con sus ciento ochenta kilos, se encuentra cómodo en las praderas con el follaje alto, pero se ve expuesto y vulnerable en la tierra reseca de los inviernos secos. Cuando llega la luna llena, los antílopes están activos toda la noche y agotados al amanecer; cuando llega la primavera, están debilitados por la diarrea producida por los atracones de hojas verdes.

Cuando Louis estaba casi listo para regresar a casa y empezó a escribir *The Art of Tracking: The Origin of Science* (El arte del rastreo: El origen de la ciencia), se había acostumbrado tanto a estas carreras épicas que casi las daba por sentadas. Casi no habla de correr en su libro, enfocado más en las exigencias mentales de la caza que en las físicas. No fue sino hasta que un ejemplar de la revista *Nature* cayó en sus manos que pudo apreciar por completo lo que había visto en el Kalahari, así que cogió el teléfono y llamó a Utah.

«¿Sabe por qué la gente corre maratones?», le dijo al doctor Bramble. Porque correr se encuentra arraigado en nuestra imaginación colectiva, y nuestra imaginación se halla arraigada en correr. El lenguaje, el arte, la ciencia; los transbordadores espaciales, *La noche estrellada* de Van Gogh, la cirugía intravascular; todo tiene su origen en nuestra capacidad para correr. Correr fue el superpoder que nos hizo humanos, lo que significa que es un superpoder que todos los seres humanos poseen.

—Entonces, ¿por qué tanta gente lo odia? —le pregunté al doctor Bramble cuando terminaba de contarme acerca de Louis y los bosquimanos—. Si todos nacemos para correr, ¿no deberíamos todos disfrutarlo?

336

El doctor Bramble comenzó a responderme con un acertijo.

—Este es un tema fascinante —dijo—. Controlamos los resultados de la maratón de Nueva York de 2004 y comparamos los tiempos de llegada por edades. Lo que descubrimos fue que, a partir de los diecinueve años, los corredores van ganando velocidad año a año, hasta que alcanzan su pico a los veintisiete. Después de los veintisiete, empiezan a decaer. Así que la cuestión es, ¿a qué edad alcanza uno la velocidad que tenía a los diecinueve nuevamente?

A ver. Busqué una página en blanco de mi cuaderno y empecé a hacer números. Se tarda ocho años en alcanzar el mejor tiempo a la edad de veintisiete. Si uno se vuelve más lento al mismo ritmo que ha ganado velocidad, entonces alcanzará la velocidad que tenía a los diecinueve a los treinta y seis: ocho años hacia arriba, ocho años cuesta abajo. Pero yo sabía que aquí había un truco, y estaba bastante seguro de que tenía que estar en la diferencia de ritmo de subida y bajada. «Probablemente, mantenemos un poco la velocidad una vez que la hemos alcanzado», decidí. Khalid Khannouchi tenía veintiséis años cuando batió el récord mundial de maratón, y a los treinta y seis todavía era lo suficientemente rápido para terminar entre los cuatro primeros en las pruebas clasificatorias del equipo americano para las Olimpiadas. Había perdido solo diez minutos en diez años, a pesar de un montón de lesiones. En honor a la Curva Khannouchi, elevé mi respuesta hasta los cuarenta años.

—Cuarenta —empecé a decir, hasta que vi que en el rostro de Bramble se dibujaba una sonrisa—, y cinco —añadí apresuradamente—. Creo que a los cuarenta y cinco.

—No.

—¿Cincuenta?

—No.

—No puede ser cincuenta y cinco.

337

—Así es —dijo Bramble—. No puede ser. Es a los sesenta y cuatro.

—¿Está hablando en serio? Esa es... —Garabateé los números—. Esa es una diferencia de cuarenta y cinco años. ¿Está diciendo que unos adolescentes no pueden vencer a tipos que les triplican la edad?

—¿No es increíble? —dijo Bramble—. Piensa en cualquier otra disciplina deportiva en la que tipos de sesenta y cuatro años compiten contra chicos de diecinueve. ¿Natación? ¿Boxeo? Ni por asomo. Hay algo realmente extraño en nosotros los humanos; no solo somos realmente buenos en carreras de resistencia, lo somos durante períodos de tiempo extremadamente largos. Somos máquinas hechas para correr. Y la máquina nunca se desgasta.

«Uno no deja de correr porque se hace viejo —decía siempre el Demonio de Dipsea—, uno se hace viejo porque deja de correr...»

—Y es así para ambos sexos —continuó el doctor Bramble—. Las mujeres obtienen los mismos resultados que los hombres.

Lo que tiene sentido, dado que desde que bajamos de los árboles tuvo lugar una curiosa transformación: mientras más humanos nos hacíamos, también nos hacíamos más iguales. Los hombres y las mujeres son básicamente del mismo tamaño, al menos si los comparamos con otros primates: los gorilas y orangutanes machos pesan al menos el doble que sus medias naranjas; los chimpancés machos son un tercio más grandes que las hembras; mientras que en promedio, la diferencia entre hombres y mujeres es un pequeño quince. Según evolucionamos, recortamos nuestra carne y nos hicimos más sinuosos, más cooperativos... esencialmente, más femeninos.

—Las mujeres realmente han sido subestimadas —agregó el doctor Bramble—. Han sido infravaloradas evolutivamente. Hemos perpetuado esta idea según la cual se quedaban sentadas esperando a que los hombres volvieran con la comida, pero no hay ra-

338

zón alguna para que las mujeres no formaran parte del grupo de cazadores.

En realidad, hubiera sido extraño que las mujeres no cazaran junto a los hombres, dado que son ellas las que realmente necesitan la carne. El cuerpo humano se beneficia de la proteína de la carne durante la infancia, el embarazo y la lactancia, así que ¿por qué las mujeres no se acercarían a los filetes lo más posible? Los nómadas cazadores-recolectores trasladaban sus campamentos según el movimiento de las manadas, así que en lugar de arrastrar la comida de vuelta a casa, parecería mucho más lógico que la tribu entera fuera en busca de ella.

Y cuidar a los niños al vuelo tampoco es tan difícil, como demuestra la ultramaratonista Kami Semick; le gusta correr por caminos de montaña cerca de Bend, Oregón, llevando a su hija de cuatros años, Baronie, en una mochila a la espalda. ¿Recién nacidos? No hay problema, en la Hardrock 100 de 2007, Emily Baer llegó octava, tras vencer a otros hombres y mujeres, deteniéndose en cada puesto de socorro para dar el pecho a su bebé. Los bosquimanos ya no son nómadas, pero la tradición de parejas cazando en igualdad de condiciones todavía existe entre los pigmeos mbuti del Congo, donde maridos y esposas persiguen a los hilóqueros[17] sujetando las redes hombro con hombro. «Como son perfectamente capaces de dar a luz mientras se encuentran de cacería y reintegrarse a la caza a la mañana siguiente —señala el antropólogo Colin Turnbull, que pasó años entre los mbuti—, las madres no ven razones para no participar de lleno en la tarea.»

La imagen del pasado del doctor Bramble estaba ganando claridad y color. Yo ya era capaz de imaginar un grupo de cazadores

---

17. Cerdo salvaje negro de gran tamaño que habita las selvas centrales de África y cuya existencia no fue descubierta por la ciencia hasta 1904. *(N. del T.)*

339

—viejos y jóvenes, hombres y mujeres— corriendo incansablemente a través de la pradera. Las mujeres delante, señalando el camino hacia huellas recientes que han divisado cuando recolectaban comida; mientras que en la retaguardia se encuentran los ancianos, con los ojos clavados en el suelo y sus mentes dentro de la cabeza de un kudu a media milla de distancia. Pisándoles los talones se encuentran los adolescentes ansiosos por empaparse de sabiduría. El músculo real se encuentra detrás: los chicos de veintitantos, los corredores más fuertes y rápidos, observando a los que guían el rastreo y guardando su energía para matar. ¿Y al final? Las Kami Semicks de la sabana, llevando a cuestas a sus hijos y nietos.

Después de todo, ¿con qué otros recursos contamos? Ninguno más allá de que corremos como locos y permanecemos juntos. Los seres humanos se encuentran entre los primates con un carácter más grupal y cooperativo; nuestra única defensa en un mundo lleno de peligros ha sido la solidaridad, y no hay razones para pensar que nos hayamos dispersado de pronto al enfrentarnos al más crucial de los retos: la cacería de alimentos. Recordé lo que los indios seri le dijeron a Scott Carrier después de que sus días de caza por persistencia hubieran llegado a su fin: «Era mejor antes —se lamentaba un anciano seri—. Hacíamos todo en familia. La comunidad entera era una familia. Compartíamos todo y cooperábamos unos con otros, pero ahora hay muchas discusiones y riñas, cada hombre por su lado.» Correr no solo hizo a los seri personas. Como el entrenador Joe Vigil diría después a sus atletas, correr los hacía mejores personas.

—Pero hay un problema —me dijo el doctor Bramble, tocándose la frente—. Y está aquí arriba.

Nuestro mayor talento, me explicó, podía también dar origen al monstruo capaz de destruirnos. A diferencia de cualquier otro organismo de la historia, los humanos tienen un conflicto mente-cuerpo: tenemos un cuerpo hecho para la acción, pero un cerebro que siempre está buscando la eficiencia. Vivimos o morimos debido a nuestra resistencia, pero debemos recordar que la resistencia pasa por la conservación de la energía, y esa es una tarea que corresponde al cerebro. La razón por la que algunas personas usan su don genético para correr y otras no es que el cerebro es un comprador de gangas.

Durante millones de años, vivimos en un mundo sin policías, taxis ni Domino's Pizza; nuestra seguridad, alimentación y transporte dependían de nuestras piernas, y no es que uno pudiera esperar a que una tarea terminara antes de empezar otra. Recordemos a Louis cazando con !Nate; seguramente !Nate no tenía planeado correr diez millas después de medio día de caminata y cacería a toda velocidad, pero aun así encontró la energía necesaria para salvar la vida de Louis. De la misma manera, sus antepasados nunca tenían la certeza de que, tras cazar a su presa, ellos mismos no se convertirían en una; el antílope que venían persiguiendo desde el amanecer podía haber atraído otros animales más voraces, lo que obligaría a los cazadores a dejar tirado el almuerzo y salir corriendo para salvar sus vidas. La única manera de sobrevivir era dejando algo en el tanque de reserva, y ahí es donde entra en escena el cerebro. «El cerebro está siempre maquinando cómo reducir costes, conseguir más por menos, almacenar energía y tenerla lista en caso de emergencia —me explicó Bramble—. Digamos que tenemos esta máquina de lujo, y está controlada por un piloto que está pensando "Ok, ¿cómo hago para hacer correr esta belleza sin usar nada de combustible?". Tú y yo sabemos lo bien que sienta correr porque lo hemos convertido en un hábito.» Pero una vez que pierdes el hábito, la voz que oirás gritando en tu oído será tu antiguo instinto de supervivencia, apremiándote para que descanses. Y he aquí la amarga ironía: nuestra fantástica resistencia fue la que le dio a nuestro cerebro el alimento necesario para crecer, y ahora nuestro cerebro menoscaba nuestra resistencia.

«Vivimos en una cultura que ve el ejercicio extremo como una locura —dice el doctor Bramble—, porque eso es lo que nuestro cerebro nos dice: ¿para qué apretar el acelerador si no hace falta?»

Para ser justos, nuestro cerebro ha sabido perfectamente lo que hacía el 99 por ciento de las veces a lo largo de nuestra historia; sentarse a reposar era un lujo, así que cuando teníamos la posibilidad de descansar y recuperar fuerzas, había que hacerlo. Solo desde hace poco contamos con la tecnología necesaria para convertir el holgazaneo en una forma de vida; hemos cogido nuestros cuerpos vigorosos y resistentes de cazadores-recolectores y los hemos dejado caer en un mundo artificial de ocio. ¿Y qué ocurre cuando soltamos una forma de vida en un ambiente extraño? Los científicos de la NASA se preguntaron lo mismo antes de los primeros viajes al espacio. El cuerpo humano está construido para desarrollarse bajo la presión gravitacional, así que quizá el deshacerse de esa presión actuaría como una Fuente de la Juventud en versión trayectoria de escape, haciendo que los astronautas se sintieran más fuertes, inteligentes y saludables. Después de todo, cada caloría que comieran iría directamente a nutrir sus cerebros y cuerpos, en lugar de empujar hacia arriba luchando contra ese implacable tirón descendente, ¿cierto?

Ni por asomo; cuando los astronautas regresaron a la Tierra, habían envejecido décadas en el plazo de unos días. Sus huesos se habían debilitado y sus músculos se habían atrofiado; sufrían de insomnio, depresión, fatiga crónica y apatía. Incluso sus papilas gustativas se habían deteriorado. Quienes hayan pasado un fin de semana largo tirados en el sofá viendo televisión conocen la sensación, porque aquí abajo en la Tierra, hemos creado nuestra propia burbuja de gravedad cero; hemos dejado de hacer el trabajo que se supone deben hacer nuestros cuerpos y lo estamos pagando. Casi todas las primeras causas de muerte en el mundo occidental —cardiopatías, ictus cerebral, diabetes, depresión, hipertensión y una docena de tipos de cáncer— eran desconocidas por nuestros antepasados. No contaban con la ciencia médica, pero tenían una bala mágica, o quizá dos, a juzgar por los dedos que mostraba el doctor Bramble.

—Podríamos, literalmente, poner freno a las epidemias con este único remedio —me dijo. Levantó dos dedos haciendo el signo de la paz, luego los giró lentamente hacia abajo y empezó a moverlos como si estuvieran trotando en el espacio. El Hombre Corredor.

—Así de sencillo —dijo— solo moviendo las piernas. Porque si no creemos que hemos nacido para correr, no solo estamos negando la historia, estamos negando lo que somos.

29

El pasado nunca se muere, ni siquiera es pasado.

WILLIAM FAULKNER, *Réquiem por una monja*

Ya estaba despierto y con los ojos abiertos en la oscuridad cuando llegó Caballo rasgando la puerta.

—¿Oso? —susurró.

—Pasa —susurré de vuelta.

Miré el reloj: 4:30. Se suponía que en media hora debíamos ponernos en marcha para nuestro encuentro con los tarahumaras. Meses atrás, Caballo les había dicho que nos dieran alcance en una pequeña cañada de árboles en la subida a las montañas Batopilas. El plan era subir y cruzar la cumbre, para luego bajar por la parte trasera de la montaña y cruzar el río hasta la aldea de Urique. No sabía qué haría Caballo si los tarahumaras no aparecían, ni qué haría yo si sí lo hacían.

Los viajeros que van a caballo se conceden tres días para realizar el viaje de treinta y cinco millas de Batopilas a Urique; Caballo tenía planeado hacerlo en uno. Si me quedaba atrás, ¿sería yo el que se perdería en las barrancas esta vez? ¿Y qué ocurriría si los tarahumaras no aparecían? ¿Nos llevaría Caballo en su búsqueda a tierra de nadie? ¿Sabía al menos adónde estábamos yendo?

Esos fueron los pensamientos que me mantuvieron despierto. Pero Caballo, resultó, tenía sus propias preocupaciones. Entró y se sentó al borde de mi cama.

—¿Crees que los niños están a punto? —me preguntó.

Increíblemente, tenían buen aspecto tras su experiencia cercana a la muerte del día anterior en las barrancas. Habían engullido una buena porción de tortillas y frijoles esa noche, y yo no había oído ningún ruido de dolor proveniente del baño durante la noche.

—¿Cuánto tarda en manifestarse la giardiasis? —pregunté.

Yo sabía que los parásitos de la giardia tienen que incubar durante un tiempo en los intestinos antes de estallar en una mezcla de diarrea, fiebre y retortijones estomacales.

—Una o dos semanas.

—Entonces, si esta mañana no tienen más complicaciones estarán bien hasta después de la carrera.

—Hmmm —masculló Caballo—. Sí.

Hizo una pausa, obviamente estaba callando algo más.

—Mira —continuó—, voy a tener que darle a Ted Descalzo un golpe en la frente.

El problema esta vez no eran los pies de Ted, sino su boca.

—Si se pone a hablarles en la cara a los rarámuris, van a sentirse realmente incómodos —dijo Caballo—.Van a pensar que es otro Fisher y se van a ir.

—¿Qué vas a hacer al respecto?

—Voy a decirle que tiene que callarse la boca. No me gusta decirle a la gente lo que tiene que hacer, pero alguien tiene que hacérselo entender.

Me levanté y ayudé a Caballo a despertar al resto. La noche anterior, un amigo de Caballo había cargado nuestro equipaje en un burro y había partido en dirección a Urique, así que todo lo que debíamos llevar era agua y comida suficiente para el trayecto. El viejo guía Bob Francis se había ofrecido a llevar al padre de Luis a través de las montañas en su camioneta 4x4, haciendo el camino menos largo para él. Los demás estuvieron listos rápidamente y, a eso de las cinco, ya estábamos abriéndonos paso por las rocas en dirección al río. La luna centelleaba sobre el agua y los murciélagos sobrevolaban nuestras cabezas mientras Caballo nos conducía a través de un delgado camino que rodeaba la orilla. Íbamos en fila y a paso ligero.

—Los Niños Juerguistas son increíbles —dijo Eric, viendo cómo se deslizaban detrás de Caballo.

—Son más bien los Niños Resucitados —asentí—. Pero la mayor preocupación de Caballo es… —dije señalando con la cabeza a Ted Descalzo, cuyo atuendo consistía en unos shorts rojos, sus FiveFingers verdes y un amuleto en forma de esqueleto anatómicamente correcto que le pendía del cuello. En lugar de una camiseta, llevaba un impermeable rojo con la capucha atada bajo la barbilla y el resto ondeándole por encima de los hombros como una capa. En el tobillo llevaba un hilo de cascabeles tintineantes, porque en alguna parte había leído que los ancianos tarahumara solían llevarlos.

—Genial —dijo Eric riendo—. Tenemos nuestro propio médico brujo.

Para cuando amaneció, habíamos dejado el río atrás e íbamos montaña arriba. Caballo estaba yendo rápido, incluso más que el día anterior. Comimos en el camino, masticando trocitos de tortilla y barritas energéticas, y bebiendo tragos cortos de agua, por si tuviera que durarnos todo el día. Cuando aclaró lo suficiente, eché una mirada atrás para orientarme. La aldea se había desvanecido como *Brigadoon*,[18] devorada por el bosque. Incluso el camino a nuestra espalda parecía disolverse en el follaje verde según avanzá-

---

18. Nombre del pueblo en el musical del mismo nombre que desaparece de repente. *(N. del T.)*

346

bamos. Era como si estuviéramos sumergiéndonos en un océano verde sin fondo.

—No mucho más lejos —alcancé a oír que decía Caballo, mientras nos señalaba algo que yo no podía ver todavía—. ¿Ven ese ramillete de árboles? Ahí es donde estarán.

—El famoso Arnulfo —dijo Luis con tono de admiración—. Tengo más ganas de conocerlo a él que a Michael Jordan.

Me acerqué y pude ver los árboles. No había nadie por allí.

—La gripe ha estado rondando —dijo Caballo, bajando la velocidad e inclinando la cabeza para echar un vistazo a las colinas en busca de señales de vida—. Puede que algunos de los corredores lleguen más tarde. Si es que están enfermos. O han tenido que cuidar de sus familiares.

Eric y yo cruzamos miradas. Caballo no había dicho nada de la gripe hasta ahora. Me quité la mochila de hidratación y me preparé para tumbarme y descansar un poco. Mejor tomarse un respiro ahora para ver qué vendrá después, pensé, dejando la mochila a mis pies. Eché un vistazo atrás y me encontré con que estábamos rodeados por media docena de hombres con faldas blancas y camisas pirata. Se habían materializado en un abrir y cerrar de ojos.

Nos quedamos todos de pie, en silencio y anonadados, esperando una señal de Caballo.

—¿Ha venido? —susurró Luis.

Recorrí con la mirada el círculo formado por los tarahumaras hasta que me topé con esa sonrisa burlona tallada sobre ese atractivo rostro de caoba. Caramba, estaba aquí de verdad. E increíblemente, también había venido su sobrino Silvino, que estaba de pie a su lado.

—Es él —susurré de vuelta.

Arnulfo me oyó y miró hacia nosotros. Sus labios sonrieron nerviosa y ligeramente cuando me reconoció. Caballo estaba sobrecogido de la emoción. Pensé que no era más que alivio hasta

347

que lo vi lanzarse con las dos manos hacia uno de los tarahumaras que tenía el rostro lastimero que recordaba a Jerónimo.

—Manuel —dijo Caballo.

Manuel no devolvió la sonrisa, pero cogió las dos manos de Caballo entre las suyas. Me acerqué hasta ellos.

—Conocí a tu hijo —dije—. Fue muy amable conmigo, todo un caballero.

—Me habló de ti —dijo Manuel—. Le hubiera gustado estar aquí.

El conmovedor encuentro entre Caballo y Manuel rompió el hielo para todos. El resto de la expedición se mezcló con los tarahumaras, intercambiando el saludo especial que Caballo les había enseñado, ese ligero roce de las yemas de los dedos que es a la vez menos abarcador y más íntimo que el viejo apretón de manos.

Caballo empezó a presentarnos. Sin usar nuestros nombres. De hecho, creo que no volví a oírlo utilizar nuestros nombres. Había estado estudiándonos a lo largo de estos tres días, y así como había visto un oso dentro de mí y Ted Descalzo había visto un mono dentro de sí mismo, Caballo sentía que había identificado el animal interior de todos los demás.

—El Coyote —dijo, colocando una mano en la espalda de Luis.

Billy se convirtió en El Lobo Joven. Eric, silencioso y atento, era El Gavilán. Cuando tocó el turno de Jenn, vi que una llama de divertido interés se encendía brevemente en los ojos de Manuel Luna.

—La Brujita Bonita —la bautizó Caballo.

Para los tarahumaras, imbuidos en la reminiscencia de sus dos magníficos años en Leadville y la batalla épica entre Juan Herrera y Ann La Bruja Trason, que una joven corredora recibiera el apodo de La Brujita Bonita tenía exactamente el mismo impacto que si un novato de la NBA recibiera el título de Heredero de Jordan.

348

—¿Hija? —preguntó Manuel.

—Por sangre, no. Por corazón, sí —respondió Caballo.

Finalmente, Caballo se volvió hacia Scott Jurek.

—El Venado —dijo, consiguiendo que incluso el impertérrito Arnulfo reaccionara.

¿A qué estaba jugando este gringo loco? ¿Por qué Caballo llamaría El Venado a ese tipo alto, delgado y, en apariencia, extremadamente seguro de sí mismo? ¿Estaba guiñándoles un ojo, dándoles una pequeña pista de cómo debían jugar sus cartas en la carrera? Manuel recordaba muy bien la manera en que Caballo había alentado a los tarahumaras a mantenerse pisándole los talones a Ann Trason y «la cazaran como a un venado». ¿Ayudaría Caballo a los tarahumaras en detrimento de su compatriota? O quizá era una trampa... Quizá Caballo estaba intentando engañarlos para que se mantuvieran detrás mientras este americano les sacaba una ventaja insuperable...

Todo les resultaba misterioso y complicado y tremendamente divertido a los tarahumaras, cuyo amor por la estrategia en las carreras rivalizaba con su amor por la cerveza de maíz. Tranquilamente, empezaron a bromear entre ellos hasta que irrumpió Ted Descalzo. Accidental o preventivamente, Caballo se había saltado a Ted en la presentación, así que Ted se presentó a sí mismo.

—¡Yo soy El Mono! —anunció.

Espera un momento, pensó Ted. ¿Hay monos en México? Quizá los tarahumaras ni siquiera sabían lo que era un mono. Por si acaso, empezó a aullar y rascarse como un chimpancé, mientras los cascabeles de su tobillo tintineaban y las mangas de su impermeable rojo le bailaban sobre la cara, porque de alguna manera pensaba que imitando a una criatura que no habían visto jamás les haría entender de qué criatura se trataba.

Los tarahumaras lo miraban. Ninguno de ellos, por cierto, llevaba cascabeles.

349

—Ok —dijo Caballo, deseoso de cerrar el telón—. ¿Vámonos?

Nos pusimos las mochilas a la espalda. Habíamos estado subiendo casi cinco horas seguidas, pero teníamos que seguir adelante si queríamos vadear el río antes de que oscureciera. Caballo se puso al frente y el resto nos colocamos detrás, mezclados con los tarahumaras, en una sola fila. Intenté colocarme al final para no retrasar al pelotón, pero Silvino no me dejó. No iba a moverse si no me movía yo primero.

—¿Por qué? —pregunté.

Costumbre, me dijo Silvino. Como uno de los mejores jugadores de pelota de las barrancas, estaba acostumbrado a cuidar la espalda de sus compañeros y a dejar que ellos marcaran el ritmo hasta que llegara el momento de rematar las últimas millas. Me sentía emocionado de formar parte de un Equipo de las Estrellas Tarahumara-Estados Unidos, hasta que traduje a Eric lo que Silvino me había dicho.

—Puede ser —dijo Eric—. O quizá la carrera ya ha comenzado.

Y señaló con un movimiento de cabeza hacia delante. Arnulfo estaba justo detrás de Scott, vigilándolo atentamente.

30

Poesía, música, bosques, océanos, soledad...
son estos los que hacen desarrollar una enorme
fuerza espiritual. Llegué a la conclusión de que
antes de una carrera debía cuidarse el espíritu
tanto o más que la condición física.

HERB ELLIOTT, campeón olímpico
y poseedor del récord mundial de la milla.
Entrenaba descalzo, escribía poesía
y se retiró imbatido.

—Oye, Oso —me gritó un tendero, invitándome a pasar.

Habíamos llegado dos días antes a Urique, y en todas partes ya nos conocían por los nombres animales que nos había puesto Caballo. «En todas partes», claro, significaba unos quinientos metros a la redonda. Urique es una aldea pequeña del Mundo Perdido, asentada a solas al pie de la barranca, como una piedra en el fondo de un pozo. Para cuando terminamos de desayunar el primer día, ya habíamos sido introducidos en la vida social del pueblo. Cada vez que pasaban patrullando, los soldados de una brigada del ejército que acampaba en las afueras saludaban a Jenn al grito de «¡Hola, Brujita!». Los niños saludaban a Ted Descalzo gritando «Buenos días, Señor Mono».

—Oye, Oso —continuó el tendero—. ¿Sabes que nunca nadie ha vencido a Arnulfo? ¿Sabes que ha ganado la carrera de los cien kilómetros tres veces seguidas?

La gente de Urique no había vivido ningún Derby de Kentucky, ni elección presidencial, ni ningún juicio por asesinato cometido por alguna celebridad, tan apasionada y personalmente como estaba viviendo la carrera organizada por Caballo. Urique era un pueblo minero cuyos mejores días habían terminado hacía ya más de un siglo, así que solo tenía dos cosas de las que sentirse orgulloso: un paisaje tremendamente escarpado y sus vecinos tarahumaras. Y ahora, por primera vez, un grupo de exóticos corredores foráneos había hecho todo este viaje para medirse contra ambos, así que se había convertido en mucho más que una carrera: para la gente de Urique, era una oportunidad única en la vida de demostrar al mundo exterior de qué estaban hechos.

Incluso Caballo estaba sorprendido de descubrir que la carrera había sobrepasado sus expectativas y se estaba convirtiendo en la *Ultimate Fighting Competition* de las ultramaratones clandestinas. A lo largo de los dos últimos días, los tarahumaras habían ido llegando a cuentagotas procedentes de los cuatro rincones. Cuando nos despertamos a la mañana siguiente de nuestro viaje desde Batopilas, vimos a un grupo de tarahumaras locales bajando esforzadamente de las colinas que rodean la aldea. Caballo ni siquiera estaba seguro de que los tarahumaras de Urique todavía corrieran; tenía miedo de que, como en el trágico caso de los tarahumaras de Yerbabuena, las mejoras de la carretera emprendidas por el gobierno los hubieran convertido de corredores a autoestopistas. Y, ciertamente, tenían pinta de encontrarse en plena transformación: los tarahumaras de Urique todavía llevaban encima sus varas de madera *palia* (su versión del juego de pelota era más bien una especie de hockey sobre pista rápida), pero en lugar de la falda blanca y sandalias tradicionales vestían los shorts de deporte y zapatillas que les habían dado en la misión católica.

Esa misma tarde, Caballo no cabía en sí de alegría cuando vio a un tipo de cincuenta y cinco años llamado Herbolisto llegar corriendo desde Chinivo, acompañado de Nacho, un campeón de cuarenta y un años procedente de uno de los asentamientos vecinos. Como Caballo había temido, Herbolisto había estado en cama con gripe. Pero era uno de los más antiguos amigos tarahumaras de Caballo, así que tan pronto como se sintió un poco mejor, cogió su bolsa de pinole y emprendió el viaje de sesenta millas por su cuenta, deteniéndose por el camino para invitar a Nacho a que se uniera a la fiesta.

Llegada la víspera del día de la carrera, el número de participantes se había triplicado de ocho a veinticinco. Por toda la calle principal de Urique se discutía acaloradamente quién era el favorito: ¿Sería Caballo Blanco, el astuto veterano que había robado los secretos de los corredores americanos y tarahumaras? ¿O los tarahumaras de Urique, que conocían al dedillo los caminos de la zona y contaban con el orgullo y apoyo local? Había quien apostaba su dinero a Billy Cabeza de Chorlito, el Lobo Joven, cuya pinta de dios del surf levantaba miradas de asombro cada vez que se lanzaba a nadar al río Urique. Pero la mayoría de las voces estaban divididas entre las dos estrellas: Arnulfo, rey de las Barrancas del Cobre, y El Venado, su misterioso competidor extranjero.

—Sí, señor —le respondí al tendero—. Arnulfo ha ganado la carrera de los cien kilómetros en las barrancas tres veces. Pero El Venado ha ganando una carrera de cien millas a través de las montañas siete veces.

—Pero aquí hace mucho calor —replicó—. Los tarahumaras se comen el calor.

—Es cierto. Pero El Venado ganó una carrera de ciento treinta y cinco millas a través de un desierto llamado el Valle de la Muerte en pleno verano. Nunca nadie la ha hecho tan rápido.

—Nadie les gana a los tarahumaras —insistió el tendero.

—Eso he oído. Entonces, ¿por quién vas a apostar?

Se encogió de hombros.

—Por El Venado.

Los aldeanos de Urique habían crecido admirando a los tarahumaras, pero este gringo alto con sus chillonas zapatillas naranjas no se parecía a nadie que hubieran visto antes. Resultaba escalofriante ver a Scott correr al lado de Arnulfo; a pesar de que Scott nunca antes había visto a los tarahumaras y de que Arnulfo nunca había visto el mundo exterior, de alguna manera estos dos hombres separados culturalmente por miles de años habían desarrollado el mismo estilo a la hora de correr. Abordaban el arte de correr desde extremos opuestos de la historia y se habían encontrado justo en el medio. Lo vi por primera vez en lo alto de la montaña Batopilas, cuando finalmente habíamos alcanzado la cima y el camino se asentaba según bordeaba la cumbre. Arnulfo aprovechó la altiplanicie para acelerar. Scott se mantuvo pisándole los talones. Según se curvaba el camino siguiendo el poniente, los dos desaparecieron en el resplandor. Durante un momento, no era capaz de distinguirlos: dos siluetas encendidas moviéndose con un ritmo y una elegancia idénticos.

—¡La tengo! —me dijo Luis, retrocediendo para mostrarme la imagen en su cámara digital.

Luego aceleró de nuevo y giró sobre sus talones justo a tiempo para capturar en sus fotografías todo lo que yo había ido aprendiendo sobre el arte de correr en los últimos dos años. Aún más importantes que sus siluetas haciendo juego, eran sus sonrisas; los dos sonreían abiertamente, con un placer muscular auténtico, como delfines saltando entre las olas.

—Esta foto me va a hacer llorar cuando la vuelva a ver en casa

—dijo Luis—. Es como tener a Babe Ruth y Mickey Mantle en la misma toma.

Si Arnulfo tenía alguna ventaja, esta no pasaba por el estilo o el espíritu.

Pero yo tenía otra razón para apostar por Scott. Durante las últimas y más duras millas del camino a Urique, se mantuvo a mi lado al final del grupo y yo no podía sino preguntarme por qué. Scott había venido hasta aquí para ver a los mejores corredores del mundo, entonces ¿por qué perdía su tiempo con uno de los peores? ¿No le molestaba que retrasara a todos? Tras siete horas descendiendo esa montaña, llegué a una respuesta: todo lo que el entrenador Joe Vigil creía acerca del carácter, lo que el doctor Bramble había conjeturado con sus modelos antropológicos, era lo que Scott venía haciendo durante toda su vida. Scott había entendido que no corremos para ganarnos los unos a los otros, sino para estar junto a esos otros. Scott lo había aprendido antes de que pudiera elegir, cuando corría con Dusty y los chicos por los bosques de Minnesota. No era un buen corredor y no tenía razones para creer que algún día lo sería, pero la alegría que sentía corriendo era la alegría de sumar su fuerza al grupo. Otros corredores intentan abstraerse del cansancio con iPods a todo volumen o imaginando el rugir de la multitud en un estadio olímpico, pero Scott tenía un método más sencillo: es fácil abstraerse cuando se está pensando en alguien más.[19]

Es por eso por lo que los tarahumaras apuestan como locos antes de un juego de pelota. Porque los hace socios igualitarios en el

---

19. Cualquier duda acerca de esta teoría fue resuelta el año siguiente, cuando asistí a Luis Escobar en Badwater. A las tres de la madrugada fui conduciendo a ver a Scott y lo encontré batallando en medio de una subida de cuatro millas por una colina. Ya había corrido ochenta millas a cincuenta y un grados centígrados y llevaba ritmo de récord, pero cuando me vio, las primeras palabras que salieron de su boca fueron: «¿Cómo está Coyote?». *(N. del A.)*

esfuerzo, haciendo saber a los corredores que están todos juntos en esto. Asimismo, los hopis consideran que correr es una forma de plegaria; ofrecen cada paso como un sacrificio a un ser amado, y a cambio, ruegan al Gran Espíritu que les conceda su fortaleza. A sabiendas de esto, no es de extrañar que Arnulfo no tenga interés alguno en correr fuera de las barrancas, ni que Silvino no haya vuelto a hacerlo: si no estaban corriendo por su gente, ¿qué sentido tenía? Scott, cuyos pensamientos nunca habían dejado atrás a su madre enferma, era todavía un adolescente cuando comprendió esa conexión entre la compasión y la competencia.

Los tarahumaras sacaban fuerzas de sus tradiciones, me di cuenta, pero Scott sacaba fuerzas de todas las tradiciones relacionadas con correr. Era a la vez un erudito y un innovador, un estudioso omnívoro que le daba tanta importancia a las tradiciones de los navajos, los bosquimanos del Kalahari y los monjes maratonistas del monte Hiei como a los niveles aeróbicos, el umbral de lactato y el reclutamiento óptimo de los tres niveles de fibra muscular (no dos, como creen la mayoría de los corredores).

Arnulfo no se estaba enfrentando a un americano veloz. Estaba a punto de correr contra el único corredor tarahumara del siglo XXI que había en todo el mundo.

Mientras el tendero y yo estábamos ocupados discutiendo los pros y contras de cada corredor, vi a Arnulfo pasar andando. Cogí un par de polos para pagarle por las limas dulces que él me había dado en su casa, y buscamos juntos algún lugar con sombra donde sentarnos y relajarnos. Vi a Manuel Luna sentado debajo de un árbol, pero se lo veía tan solo y absorto en sus pensamientos, que pensé que era mejor no molestarlo. El Mono Descalzo, sin embargo, pensaba lo contrario.

—¡Manuel! —gritó Ted Descalzo desde el otro lado de la calle.

La cabeza de Manuel se irguió bruscamente.

—Amigo, me alegra verte —dijo Ted Descalzo.

Ted había estado buscando un poco de caucho de neumático para hacerse sus propias sandalias tarahumaras, pero se había dado cuenta de que necesitaba la ayuda de un experto. Tomó del brazo a un desconcertado Manuel y lo llevó hasta una pequeña tienda. Resultó que Ted tenía razón: no todo el caucho es igual. Lo que Ted necesitaba, le hizo ver Manuel con las manos, era una tira con un surco justo en el medio, de manera que el nudo para la correa que va al dedo gordo pudiera ser avellanado sin que el suelo fuera a arrancarlo.

Minutos después, Ted Descalzo y Manuel Luna se encontraban en la calle con las cabezas una al lado de la otra, silueteando los pies de Ted y cortando el caucho sobrante con mi enorme cuchilla Victorinox. Trabajaron toda la tarde, recortando y midiendo, hasta que, justo antes de la hora de cenar, Ted pudo hacer una carrera de prueba calle abajo con sus nuevas Air Luna. De ahí en adelante, ambos se hicieron inseparables. Llegaron a cenar juntos y dieron vueltas por el restaurante lleno buscando un lugar donde sentarse.

Urique tenía un solo restaurante, pero cuando lleva las riendas Mamá Tita, uno es más que suficiente. A lo largo de cuatro días, desde que el sol rompía hasta la medianoche, esta alegre mujer de sesenta y tantos años mantuvo la llama de los cuatro fogones de gas a toda mecha, mientras iba y venía de un lado a otro de esa cocina que ardía como un cuarto de calderas y de la que no dejaba de sacar montañas de comida para los corredores de Caballo: estofado de pollo y de cabra, pescado de río rebozado, carne a la parrilla, frijoles refritos y guacamole, y salsas ácidas con sabor a menta; todo adornado con limas dulces y aceite de chile y cilantro fresco. En el desayuno, nos servía huevos revueltos con queso de cabra y pimientos dulces, al lado de unos tazones repletos de

pinole y crepas que sabían a un pastel tipo *pound cake*. Una mañana me ofrecí voluntario para ayudar en la cocina y así aprender la
receta secreta.[20]

Mientras los corredores tarahumaras y los americanos se apretaban en dos largas mesas en el jardín trasero de Tita, Caballo golpeó una botella y se puso en pie. Pensé que nos iba a dar las últimas instrucciones para la carrera, pero él tenía algo distinto en
mente.

—Hay un problema con todos ustedes —empezó—. A los rarámuris no les gustan los mexicanos. A los mexicanos no les gustan los americanos. Y a los americanos no les gusta nadie. Pero están todos aquí. Y siguen haciendo cosas que se supone que no
deben hacer. He visto a rarámuri ayudando a *chabochis* a cruzar el
río. He visto a mexicanos tratando a rarámuri como grandes campeones. Miren a esos gringos tratando a la gente con respeto. Los
mexicanos, americanos y rarámuri normales no actúan de esta
forma.

En una esquina, Ted creía que podía ayudar a Manuel tradu-
ciéndole el torpe español de Caballo a un todavía más torpe span-
glish. Mientras Ted parloteaba, una sonrisa tenue revoloteaba por
el rostro de Manuel. Al final, se quedó quieta.

—¿Qué están haciendo aquí? —continuó Caballo—. Tienen
maíz que plantar. Tienen familias que cuidar. Ustedes, gringos, saben lo peligroso que puede ser esto. No hace falta que nadie les ha-
ble a los rarámuris acerca del peligro. Uno de mis amigos perdió a
un ser amado, alguien que podría haber sido el siguiente gran campeón rarámuri. Está sufriendo, pero es un verdadero amigo. Y por
eso está aquí.

---

20. El secreto de Tita (no hay problema, no le importará): para la masa
mezcla arroz hervido, plátanos muy maduros, un poco de harina de maíz y leche fresca de cabra. Perfecto. *(N. del A.)*

358

Todo el mundo se quedó en silencio. Ted Descalzo posó una mano sobre la espalda de Manuel. De todos los tarahumaras que podían haberlo ayudado con sus huaraches, me di cuenta, no había elegido a Manuel por casualidad.

—Pensé que esta carrera iba a ser un desastre, porque pensaba que serían demasiado sensatos para venir —dijo Caballo recorriendo el jardín con la mirada, hasta que encontró a Ted en el rincón y clavó sus ojos sobre él—. Ustedes americanos son supuestamente avariciosos y egoístas, pero los he visto actuar de buen corazón. Haciendo las cosas por amor, haciendo cosas buenas sin razón alguna. ¿Y ustedes saben quién hace las cosas sin razón?

—¡Caballo! —se elevó el grito.

—Así es. La gente loca. Más locos. Pero hay algo en la gente loca: ven cosas que el resto no ve. El gobierno está poniendo carreteras, destrozando nuestros caminos. Algunas veces la Madre Naturaleza vence y los barre con aluviones y aludes de rocas. Pero nunca se sabe. Nunca se sabe si volveremos a tener una oportunidad como esta. Mañana tendrá lugar una de las carreras más grandes de todos los tiempos, ¿y saben quiénes la verán? Solo gente loca. Solo ustedes Más Locos.

—¡Más Locos!

Se chocaron cervezas en el aire, las botellas tintineaban. Caballo Blanco, el vagabundo solitario de las Sierras Altas, finalmente había salido de las tierras salvajes para encontrarse rodeado de amigos. Tras años de decepciones, estaba a doce horas de ver su sueño hecho realidad.

—Mañana verán lo que la gente loca ve. El pistoletazo de salida será al amanecer porque tenemos mucho que correr.

—¡Caballo! ¡Viva Caballo!

31

Suelo visualizar un corredor más rápido, casi
como un fantasma, con una zancada más veloz,
que va delante de mí.

GABE JENNINGS, ganador de la prueba
de 1.500 metros en las pruebas
clasificatorias estadounidenses
para las olimpiadas del año 2000

A las cinco de la madrugada, Mamá Tita ya había puesto los panqueques, las papayas y el pinole caliente en las mesas. Como comida previa a la carrera, Arnulfo y Silvino habían pedido pozole, un
sustancioso caldo de carne con tomates y gruesas mazorcas de
maíz, y Tita, tan animada como un pajarillo a pesar de haber dormido solo tres horas, lo preparó sin problemas. Silvino se había
puesto su atuendo especial de carrera, una preciosa blusa turquesa
y una falda *zapete* blanca con flores bordadas por todo el bajo.

—Guapo —le dijo Caballo admirativamente.

Silvino hundió la cabeza, ruborizado. Caballo, inquieto, recorrió el jardín dando sorbos a un café. Había oído que algunos gran-
jeros estaban planeando sacar a pastar el ganado por uno de los caminos, así que había estado dando vueltas toda la noche, planeando
algún desvío de última hora. Cuando se levantó y se dirigió con

dificultad hasta el restaurante, descubrió que el padre de Luis y el viejo Bob, su amigo vagabundo de Batopilas, ya habían acudido al rescate. Se habían cruzado con los vaqueros la noche anterior mientras tomaban fotos en el campo y les habían advertido del trayecto de la carrera. Ahora, sin una estampida de que preocuparse, Caballo estaba buscando otra causa de turbación. No tuvo que buscar demasiado.

—¿Dónde están los niños? —preguntó.

Todo el mundo se encogió de hombros.

—Será mejor que vaya a buscarlos —dijo—. No quiero que vuelvan a matarse por no desayunar.

Cuando Caballo y yo salimos del restaurante, me quedé atónito al ver que todo el pueblo estaba ahí para saludarnos. Mientras desayunábamos, habían colgado guirnaldas de flores frescas y serpentinas de papel, y una banda de mariachis ataviados con sombreros y trajes de torero había empezado a calentar las guitarras con unas cuantas canciones. Había mujeres y niños bailando en la calle, mientras que el alcalde apuntaba al cielo con una escopeta, practicando para dar el pistoletazo de salida sin arruinar las serpentinas.

Eché un vistazo a mi reloj y de pronto sentí que me faltaba el aire: treinta minutos para que comenzara la carrera. La subida de treinta y cinco millas hasta Urique, como Caballo había pronosticado, me había «masticado y cagado entero», y en media hora tendría que hacerlo todo de nuevo sumando quince millas más. Caballo había diseñado un trayecto diabólico: teníamos que ascender y descender mil novecientos metros en un trayecto de cincuenta millas, exactamente la altitud que se alcanzaba en la primera mitad de la Leadville Trail 100. Caballo no era fan de los directores de Leadville, pero a la hora de elegir el terreno, era igual de despiadado.

Caballo y yo subimos la montaña hasta el hotelito. Jenn y Billy seguían en la habitación, discutiendo si hacía falta que Billy llevara la botella extra de agua, botella que Billy no encontraba de todas formas. Yo tenía una de sobra que estaba usando para café, así que fui corriendo a mi habitación, tiré el café y se la di a Billy.

—¡Ahora vayan a comer algo! ¡Deprisa! —los regañó Caballo—. El alcalde dará el pistoletazo a las siete en punto.

Caballo y yo recogimos nuestro equipo —una mochila de hidratación repleta de geles y PowerBars, el mío; una botella de agua y una bolsa pequeña de pinole, el de Caballo— y bajamos la colina. Quince minutos para la partida. Doblamos en la esquina en dirección al restaurante de Tita y descubrimos que la fiesta callejera había crecido hasta convertirse en un mini Mardi Gras. Luis y Ted bailaban y hacían girar a unas mujeres mayores y esquivaban al padre de Luis, que seguía metiéndose de por medio. Scott y Bob Francis daban palmas y cantaban lo mejor que podían con los mariachis. Los tarahumaras de Urique habían montado su propia brigada de percusión, golpeando la acera con sus varas de *palia*.

Caballo estaba encantado. Se metió entre la muchedumbre y empezó a caminar como Muhammad Ali, balanceándose y zigzagueando y lanzando puñetazos al aire. El público rugió. Mamá Tita le lanzó besos volados.

—¡Ándale! ¡Vamos a bailar todo el día! —gritó Caballo haciendo bocina con las manos—. Pero solo si no muere nadie. ¡Tengan cuidado allá fuera!

Se volvió hacia los mariachis e hizo una señal cruzando el dedo por la garganta. Acaben con la música. Ha llegado la hora del espectáculo.

Caballo y el alcalde empezaron a ahuyentar bailarines de la calle y a llamar a los corredores a la línea de salida. Nos reunimos todos, formando una colcha de retazos con nuestros diferentes rostros, cuerpos y atuendos. Los tarahumaras de Urique llevaban shorts y zapatillas de correr, además de sus *palias*. Scott se quitó la cami-

362

seta. Arnulfo y Silvino, que se apretaban al lado de Scott, llevaban las blusas brillantes que habían traído especialmente para la carrera; los cazadores de venados no iban a perder de vista al Venado ni un segundo. Por acuerdo tácito, elegimos una línea invisible en el asfalto agrietado y nos colocamos detrás.

El pecho me apretaba. Eric se las arregló para ponerse a mi lado.

—Mira, tengo malas noticias —dijo—. No vas a ganar. Sin importar lo que hagas, vas a estar ahí fuera todo el día. Así que lo mejor será que te relajes, te tomes tu tiempo y lo disfrutes. Quédate con esto en la cabeza: si sientes que requiere demasiado esfuerzo, es que estás esforzándote más de la cuenta.

—Entonces los pillaré desprevenidos —dije con voz ronca—, y tomaré la iniciativa.

—¡Nada de iniciativas! —me advirtió Eric, para que no se me cruzara la idea por la cabeza ni en broma—. Puede hacer más de treinta y ocho grados ahí afuera. Tu trabajo es regresar a casa sobre tus dos pies.

Mamá Tita se acercó a cada corredor, con los ojos anegados en lágrimas mientras nos apretaba las manos.

—Ten cuidado, cariño —nos rogaba.

«¡Diez!... ¡Nueve!»

El alcalde lideraba a la multitud en la cuenta atrás.

«¡Ocho!... ¡Siete!»

—¿Dónde están los niños? —gritó Caballo.

Eché un vistazo alrededor. Ni rastro de Jenn y Billy.

—¡Dile al alcalde que se detenga! —grité de vuelta.

Caballo negó con la cabeza. Se volvió y se colocó en posición, listo para la carrera. Había esperado años y arriesgado su vida para este momento. No iba a posponerlo por nadie.

«¡Brujita!»

Los soldados señalaban detrás de nosotros.

363

Jenn y Billy llegaron corriendo cuando el público llegó a «cuatro». Billy llevaba solo unas bermudas, sin camiseta, mientras que Jenn llevaba unas licras negras, un sostén de deporte negro, y el cabello en dos trenzas a lo Pippi Calzaslargas. Distraída por su club de fans militar, Jenn lanzó su bolso con comida y medias de repuesto en el lado equivocado de la calle, asustando a los espectadores, que brincaron cuando el bolso voló hacia sus piernas para luego perderse por ahí. Fui corriendo hasta donde estaba, lo recogí y lo coloqué sobre la mesa de socorro justo cuando el alcalde apretaba el gatillo.

¡Pum!

Scott dio un salto y gritó, Jenn aulló y Caballo rugió. Los tarahumaras se limitaron a correr. El equipo de Urique partió como una manada, desapareciendo camino abajo en las sombras anteriores al amanecer. Caballo nos había advertido que los tarahumaras saldrían con todo, pero ¡caramba!, esto era feroz. Scott se puso detrás de ellos, con Arnulfo y Silvino pisándole los talones. Yo salí lentamente, dejando que el pelotón me adelantara hasta encontrarme en la última posición. Hubiera sido genial tener algo de compañía, pero en ese momento me sentí más seguro estando solo. El peor error que podía cometer era retrasar el paso de alguien.

Las primeras dos millas eran un paseo por tierra plana, fuera del pueblo y por un camino de tierra hasta el río. Los tarahumaras de Urique llegaron al agua primero, pero en lugar de atacar directamente el cruce poco profundo de cincuenta metros, se detuvieron de pronto y empezaron a escarbar en la orilla, volteando algunas rocas.

«¿Qué demonios...?», se preguntó Bob Francis, que se había adelantado con el padre de Luis para tomar fotos desde el lado opuesto del río. Desde ahí vio cómo los tarahumaras de Urique sacaban unas bolsas de plástico que habían escondido bajo las rocas la noche anterior. Se colocaron las *palias* bajo el brazo y metieron los

364

pies dentro de las bolsas, tirando con todas sus fuerzas de las asas, para empezar a cruzar el río chapoteando, demostrando qué ocurre cuando una nueva tecnología viene a reemplazar algo que ha funcionado perfectamente bien durante diez mil años: temerosos de mojar sus preciosas zapatillas del Ejército de Salvación, los tarahumaras de Urique iban haciendo malabares con sus botas impermeables caseras.

—Dios —murmuró Bob—. Nunca había visto nada así.

Los tarahumaras de Urique estaban todavía resbalándose sobre las rocas cuando Scott llegó a la orilla del río. Scott se lanzó al agua directamente, seguido de Arnulfo y Silvino. Los tarahumaras de Urique alcanzaron la otra orilla, se quitaron las bolsas y las guardaron en sus shorts para usarlas después. Empezaron a trepar la empinada duna de arena mientras Scott se acercaba a toda prisa, con los pies revoloteando sobre la arena. Para cuando los tarahumaras de Urique llegaron al camino de tierra que conducía hacia la montaña, Scott y los dos Quimares ya los habían alcanzado.

Jenn, por su parte, tenía ya un problema. Ella, Billy y Luis habían cruzado el río de lado a lado con un grupo de tarahumaras, pero cuando Jenn asaltó la duna de arena, la mano derecha le estaba molestando. Los ultramaratonistas confiaban en unas botellas de mano que se atan con correas para ser llevadas con facilidad. Jenn le había dado a Billy una de sus botellas de mano, y se había atado a la otra mano una botella de agua mineral con una venda elástica adhesiva. Conforme luchaba duna arriba, su botella de mano casera empezó a volverse pegajosa e incómoda. Era una pequeña molestia, pero una pequeña molestia con la que tendría que lidiar minuto a minuto durante las próximas ocho horas. Así que, ¿debía continuar llevándola? ¿O debía arriesgarse, una vez más, a cruzar las barrancas con solo una docena de sorbos de agua en la mano?

Jenn empezó a mordisquear la venda. Sabía que su única espe-

365

ranza de competir con los tarahumaras pasaba por deshacerse de la botella. Si se arriesgaba y fallaba, perfecto. Pero si perdía la carrera de su vida porque había jugado sobre seguro, se arrepentiría para siempre. Se deshizo de la botella y de inmediato empezó a sentirse mejor. Más audaz, incluso. Lo que la llevó a su siguiente decisión arriesgada. Se encontraban al pie de la primera picadora de carne, una empinada colina de tres millas con muy poca sombra. Jenn sabía que una vez que el sol se abriera por completo, tendría muy pocas opciones de continuar pegada a los tarahumaras devoradores de calor.

«Ah, a la mierda —pensó Jenn—. Voy a lanzarme ahora que todavía está fresco.»

En el lapso de cinco zancadas, estaba dejando atrás al pelotón.

—Hasta luego, chicos —dijo por encima del hombro.

De inmediato, los tarahumaras emprendieron la persecución. Los dos astutos veteranos, Sebastiano y Herbolisto, le cerraron el paso por delante, mientras que otros tres tarahumaras la rodearon por los lados. Jenn buscó una rendija por donde escapar, luego salió disparada y volvió a poner distancia de por medio. Instantáneamente, los tarahumaras se reagruparon y le cerraron el paso de nuevo. Los tarahumaras podían ser amantes de la paz en casa, pero a la hora de correr salían con los nudillos afilados todo el tiempo.

—Odio decirlo, pero Jenn va a reventar —le dijo Luis a Billy cuando la vieron salir lanzada por tercera vez. Solo llevaban tres millas de una carrera de cincuenta y ya estaba yendo mano a mano contra un grupo de cinco tarahumaras—. Uno no corre así si pretende terminar la carrera.

—De alguna forma, siempre termina lográndolo —dijo Billy.

—No en este terreno —dijo Luis—. No contra esos tipos.

Gracias al genial diseño de Caballo, todos podíamos presenciar la carrera en tiempo real. Caballo había trazado el recorrido con un diseño en Y, con la línea de salida en el medio. De esta mane-

366

ra, los aldeanos podían ver la carrera varias veces según volvía sobre sus pasos y avanzaba nuevamente, y los corredores podían saber siempre a qué distancia se hallaban de los líderes. El diseño en Y aportaba además otro inesperado beneficio: en ese preciso momento, le estaba dando a Caballo un buen puñado de razones para sospechar de los tarahumaras de Urique.

Caballo iba algo así como a un cuarto de milla detrás, así que tenía una vista perfecta de Scott y los cazadores del Venado conforme reducían la ventaja con los tarahumaras de Urique en la colina al otro lado del río. Cuando los vio regresando tras la primera vuelta, Caballo estaba atónito: en el lapso de cuatro millas, el equipo de Urique había sacado una ventaja de cuatro minutos. No solo habían dejado atrás a los dos mejores corredores tarahumaras de su generación, sino también al mejor corredor montaña arriba de toda la historia de los ultramaratones occidentales.

—Ni. En. Broma —gruñó Caballo, que corría en su propio pelotón formado por Ted Descalzo, Eric y Manuel Luna.

Cuando llegaron a la vuelta de la milla cinco en el pequeño asentamiento tarahumara de Guadalupe Coronado, Caballo y Manuel empezaron a hacer algunas preguntas a los espectadores tarahumaras. No tardaron mucho en descubrir lo que estaba ocurriendo: los tarahumaras de Urique estaban atajando por caminos secundarios y recortando la ruta. En lugar de furia, Caballo sintió lástima por ellos. Se dio cuenta de que los tarahumaras de Urique habían perdido el viejo estilo, y con él se había ido también su confianza. Ya no eran Gente Que Corre, no eran más que unos tipos intentando alcanzar las sombras de lo que alguna vez fueron.

Caballo los disculpaba como amigo, pero no como director de la carrera, así que anunció que estaban descalificados.

367

Yo también me llevé una sorpresa cuando llegué al río. Había estado tan concentrado cuidando mis pisadas en la oscuridad y chequeando mentalmente mi lista de tareas *(flexiona esas rodillas… pasitos de pájaro… no dejes huella)* que no me di cuenta hasta que estaba caminando río adentro, con el agua hasta la rodilla, de que acababa de correr dos millas y no sentía nada. Mejor que nada: me sentía ligero y suelto, aún más elástico y lleno de energía que antes de empezar.

—¡Así se hace, Oso! —me gritó Bob Francis desde la orilla opuesta—. Una colina diminuta. Nada de que preocuparse.

Salí del agua y ataqué la duna de arena, sintiéndome más optimista a cada paso que daba. Sí, todavía me quedaban cuarenta y ocho millas, pero si seguía así, podía arreglármelas para pulir la primera docena antes de que tuviera que empezar a esforzarme de verdad. Inicié el ascenso por el camino de tierra justo cuando el sol se elevaba sobre la cima del cañón. Instantáneamente, todo se iluminó: el río brillaba, el bosque relucía en su verdor y la serpiente de coral enroscada a mis pies…

Grité y pegué un brinco que me hizo resbalarme por la pendiente, así que me agarré de unos matorrales para detener la caída. Podía ver a la serpiente por encima de mi cabeza, silenciosa y enroscada, lista para atacar. Si escalaba de vuelta, me arriesgaba a recibir una mordedura mortal. Si me deslizaba hacia el río, corría el riesgo de caerme colina abajo. La única salida era bordear la colina, arreglándomelas para saltar de un matorral a otro.

El primer matojo aguantó, el siguiente también. Cuando ya había avanzado unos tres metros, me arrastré cuidadosamente de vuelta al camino. La serpiente seguía ahí, pero por alguna razón estaba muerta. Alguien la había partido en dos con un palo. Me quité la tierra de los ojos y realicé una comprobación de daños: tenía rasguños en ambas canillas, astillas clavadas en las manos y el corazón se me salía del pecho. Me quité las astillas con los dientes y me limpié las heridas, más o menos, con un chorrito de mi botella de agua. Era hora de partir. No quería que nadie me viera sangrando y asustado por una serpiente en estado de descomposición.

Conforme ascendía por la montaña, el sol golpeaba con más fuerza pero, tras el frío de la madrugada, resultaba más estimulante que agobiante. Seguía pensando en el consejo de Eric —«si sientes que requiere demasiado esfuerzo, es que estás esforzándote más de la cuenta»—, así que decidí abstraerme de mis pensamientos y dejar de obsesionarme con mis zancadas. Comencé a embriagarme con la vista que tenía alrededor, observando cómo el sol se alzaba sobre la falda de la montaña, tiñendo el río de dorado. En breve me encontraría a la altura de esa cima.

Un momento después, Scott apareció de pronto tras una curva en el camino. Me lanzó una sonrisa y levantó los pulgares antes de desaparecer. Arnulfo y Silvino venían justo detrás, con las blusas ondeando como velas. Me di cuenta de que debía de estar cerca de la vuelta de la milla cinco. Seguí hasta la siguiente curva y ahí estaba: Guadalupe Coronado. Era poco más que el edificio encalado de la escuela, unas pocas casas pequeñas y una tienda diminuta que vendía gaseosas tibias y paquetes de galletas polvorientas, pero ya una milla antes se podían oír las ovaciones y los tambores.

Un pelotón estaba justo dejando atrás Guadalupe para emprender la persecución de Scott y los Quimares. Lideraba el grupo ella sola, La Brujita.

Cuando vio su oportunidad, Jenn se abalanzó sobre ella. En la carrera de Batopilas, había notado que los tarahumaras corren cuesta abajo de la misma forma que lo hacen cuesta arriba, con un paso controlado y firme. Jenn, por su parte, adora pisar el acelerador en los descensos. «Es el único punto fuerte que tengo —dice—, así

369

que lo exprimo todo lo que puedo.» Así pues, en lugar de agotarse luchando con Herbolisto, decidió dejar que él marcara el paso en el ascenso. Y una vez que llegaron a la vuelta y empezó el descenso, rompió el pelotón y empezó a subir la velocidad.

Esta vez, los tarahumaras la dejaron ir. Les sacó tanta ventaja que para cuando llegó a la siguiente cuesta —un camino rocoso de un solo carril ascendente en el segundo ramal de la Y en la milla quince—, Herbolisto y el pelotón no pudieron acercarse lo suficiente para rodearla. Jenn se sentía tan confiada que cuando llegó la nueva vuelta, se detuvo a tomar aire y llenar su botella. Hasta el momento había tenido una suerte fabulosa con el agua. Caballo había pedido a los habitantes de Urique que se aprovisionaran con jarras de agua depurada a lo largo de los cañones, y cada vez que Jenn daba el último trago de su botella, se cruzaba con un nuevo voluntario con una jarra llena.

Cuando todavía estaba bebiéndose un trago del agua de la botella, aparecieron Herbolisto, Sebastiano y el resto del pelotón. Pasaron de golpe, sin detenerse, y Jenn los dejó ir. Una vez que se rehidrató, comenzó a bajar la colina a toda velocidad. Dos millas después, volvió a alcanzarlos y dejarlos atrás. Empezó a escudriñar el terreno que tenía delante para calcular cuánto más podía acelerar, cuánta ventaja podía sacarles. Veamos... dos millas más de descenso, luego cuatro millas de planicie hasta la aldea, entonces... ¡Plaf! Jenn aterrizó de cara sobre las rocas, rebotó y resbaló sobre su pecho durante un trecho antes de detenerse, aturdida. Se quedó tumbada, cegada por el dolor. La rótula parecía rota y tenía un brazo cubierto de sangre. Herbolisto y el resto del pelotón aparecieron de pronto. Uno a uno, saltaron sobre Jenn como si fuera una valla y desaparecieron sin mirar atrás. «Estarán pensando: esto te pasa por no saber correr sobre rocas —pensó Jenn—. Bueno, algo de razón tienen.» Se levantó con cuidado para evaluar la magnitud del daño. Sus canillas parecían dos trozos de pizza, pero la

370

rótula solo tenía unos moretones y la sangre de la mano resultó ser chocolate derretido procedente de un paquete de PowerGel que llevaba junto a la botella atada a su mano. Dio unos pocos pasos con cautela, luego empezó a trotar y se sintió mejor de lo que esperaba. De hecho, se sentía tan bien que para cuando alcanzó el pie de la montaña ya había dejado atrás a todos los tarahumaras que habían saltado sobre ella.

«¡Brujita!» El público de Urique se volvió loco cuando Jenn entró corriendo al pueblo, ensangrentada pero con una sonrisa en los labios según alcanzaba la marca de las veinte millas. Se detuvo en el puesto de socorro para sacar algo de comida de su bolso, mientras una Mamá Tita feliz, rayana en el delirio, le limpiaba con cuidado las heridas de las canillas con su delantal y gritaba: «¡Cuarto! ¡Estás en cuarto lugar!».

«¿Soy qué? ¿Un cuarto de estar?» Jenn ya se encontraba a medio camino de dejar atrás el pueblo cuando su paupérrimo español le permitió entender lo que quería decir Mamá Tita: iba en cuarto puesto. Solo Scott, Arnulfo y Silvino iban por delante, y estaba royendo su ventaja a paso firme: doce años después de Leadville, la Bruja había vuelto con ganas de venganza.

Siempre y cuando fuera capaz de soportar el calor. La temperatura estaba rondando los treinta y ocho grados justo en el momento en que Jenn estaba entrando en la caldera: el accidentado sube y baja que era el ascenso al asentamiento de Los Alisos. El camino iba pegado a un empinado muro de roca y se hundía y elevaba y volvía a hundir, ascendiendo y descendiendo unos novecientos metros en el trayecto. Cualquiera de las colinas del camino a Los Alisos entrarían en el ranking de las más empinadas que había visto Jenn en su vida, y había por lo menos media docena de ellas, una detrás de otra. El calor que emanaban las rocas parecía quemarle la piel, pero Jenn tenía que correr pegada a la pared del cañón si no quería resbalar por el borde y terminar al fondo del barranco que se abría a sus pies.

Jenn acababa de alcanzar la cima de una de las colinas cuando, de repente, tuvo que pegarse a la pared: Arnulfo y Silvino venían a toda velocidad hacia ella, corriendo hombro con hombro. Los cazadores del Venado habían sorprendido a todo el mundo; habíamos estado esperando que los tarahumaras le pisaran los talones a Scott durante todo el día y que al final apretaran para intentar pasarlo antes de la meta, pero en cambio, habían metido el acelerador y habían tomado la delantera. Jenn pegó la espalda al muro caliente para dejarlos pasar. Antes de que tuviera tiempo de preguntarse dónde estaba Scott, ya estaba pegando un salto hacia atrás de nuevo.

«Scott está corriendo esta condenada competición con una intensidad que no he visto nunca antes en ningún ser humano —diría Jenn después—. Se está castigando, yendo "Huh- Huh- Huh- Huh". Estaba tan concentrado que me preguntaba si me vería. Entonces me vio y empezó a gritar: "Síííí, Brujita, yujuuuuuuuuuu".»

Scott se detuvo para informar a Jenn del camino que tenía por delante y decirle dónde podía encontrarse con saltos de agua. Luego le preguntó por Arnulfo y Silvino: ¿A qué distancia estaban? ¿Cómo se veían? Jenn calculó que debían de estar a unos tres minutos y apretando el acelerador. «Bien», asintió Scott. Le dio unas palmadas en la espalda y salió disparado. Jenn lo vio marcharse, y notó que estaba corriendo pegado al filo del camino y tomaba las curvas muy pegadas. Era un viejo truco de Marshall Ulrich: hacía que fuera más difícil para el líder de la carrera echar un vistazo atrás y ver si te acercabas o no. La maniobra de Arnulfo no había tomado por sorpresa a Scott después de todo. El Venado iba tras sus cazadores.

«Tu rival es el camino —me dije a mí mismo—. Nadie más. Solo el camino.» Antes de empezar el ascenso a Los Alisos me detuve para tranquilizarme. Metí la cabeza en el río y la mantuve ahí, con la esperanza de que el agua me enfriara las ideas y el oxígeno me devolviera de golpe a la realidad. Acababa de llegar a la mitad del camino, y solo había tardado cuatro horas. ¡Cuatro horas para completar una maratón sobre pista dura en un desierto ardiente! Estaba tan por encima de mis previsiones que empezaba a ponerme competitivo: *¿Cuán difícil puede ser superar a Ted Descalzo? Tiene que estar sufriendo sobre esas rocas. Y Porfilio parecía estar esforzándose más de la cuenta...*

Por suerte, mojarme la cabeza surtió efecto. La razón por la que me sentía mucho más fuerte que durante el largo trecho desde Batopilas, me di cuenta, era que estaba corriendo de la forma en que lo hacían los bosquimanos del Kalahari. No estaba intentando dar alcance al antílope, estaba manteniéndolo en el punto de mira. Lo que me había matado durante la excursión de Batopilas había sido mantener el paso de Caballo y Cía. En lo que iba del día, solo había competido contra la pista de carreras, no contra los corredores.

Antes de que me ganara la ambición, era hora de hacer uso de otra táctica de los bosquimanos y revisar la maquinaria. Cuando lo hice, descubrí que estaba en peor estado del que imaginaba. Tenía sed, hambre y no me quedaba más que media botella de agua. No había orinado desde hacía más de una hora, lo que no era una buena señal teniendo en cuenta toda el agua que había estado bebiendo. O me rehidrataba y metía unas cuantas calorías en mi cuerpo pronto, o iba a tener serios problemas en la montaña rusa de colinas que tenía por delante. Cuando empecé a chapotear a través del río, llené la bota de mi mochila de hidratación y le eché un par de pastillas de yodo. Le daría una media hora al agua hasta que estuviera purificada. Mientras tanto, engullí una barrita ProBar —mezcla de copos de avena, pasas, dátiles y jarabe de arroz integral— con la poca agua potable que me quedaba.

Menos mal.

—Prepárate —gritó Eric cuando nos cruzamos en la otra orilla del río—. Allá es más duro de lo que recuerdas.

Las colinas eran tan exigentes, admitió Eric, que él mismo había estado a punto de abandonar. Una ráfaga de malas noticias como esa podía sentirse como un puñetazo al abdomen, pero Eric creía que lo peor que uno podía hacer con un corredor a media carrera era darle falsas esperanzas. Lo que te hace tensar los músculos es aquello que no esperas; pero mientras sepas a qué atenerte, puedes relajarte y reducir o aumentar la intensidad según lo requiera el esfuerzo.

Eric no estaba exagerando. Durante una hora, subí y bajé las colinas, convencido de que me había perdido y estaba a punto de desaparecer para siempre en medio de la nada. Había un solo camino y yo lo estaba siguiendo, pero ¿dónde demonios estaba el pequeño huerto de toronjas de Los Alisos? Se suponía que estaba a tan solo cuatro millas del río, pero sentía que había recorrido ya unas diez y todavía no podía verlo. Por fin, cuando los muslos me ardían y tiraban tan fuerte que pensé que estaba a punto de derrumbarme, alcancé a ver un pequeño grupo de árboles de toronjas en la colina que tenía delante. Conseguí llegar a la cima y me tumbé al lado de un grupo de tarahumaras de Urique. Habían oído que estaban descalificados, así que habían decidido descansar un poco a la sombra antes de comenzar la caminata de vuelta al pueblo.

—No hay problema —dijo uno de ellos—. De todas formas, estaba demasiado cansado para seguir.

Me alcanzó una pequeña taza de latón. La hundí en la olla comunal de pinole, la giardiasis podía irse a freír monos. Estaba frío y deliciosamente granulado, como un helado de palomitas de maíz. Me tragué una taza entera, y luego otra, mientras echaba un vistazo al trecho que acababa de recorrer. A lo lejos, el río parecía un dibujo de tiza descolorido. No podía creer que hubiera corrido esa distancia. Ni que estuviera a punto de volver a hacerlo.

—¡Es increíble! —gritó entre jadeos Caballo.

Estaba bañado en sudor y los ojos se le salían de la emoción. Mientras luchaba por recuperar el aliento, un río de sudor le saltaba del pecho y caía hacia delante, una lluvia de gotitas brillando bajo el abrasador sol mexicano.

—¡Tenemos un evento de categoría internacional! —resollaba Caballo—. ¡Y aquí, en medio de la nada!

Cerca de la marca de la milla cuarenta y dos, Silvino y Arnulfo seguían por delante de Scott, mientras Jenn se arrastraba detrás de los tres. Cuando pasó por segunda vez por Urique, Jenn se dejó caer en una silla para beber una Coca-Cola, pero Mamá Tita la levantó de las axilas y la puso de nuevo en pie.

—¡Tú puedes, cariño, tú puedes! —gritaba Tita.

—No voy a abandonar —intentó protestar Jenn—. Solo necesito un trago.

Pero las manos de Tita estaban en la espalda de Jenn, empujándola de vuelta a la calle. Justo a tiempo, además. Herbolisto y Sebastiano habían aprovechado la pista plana que llevaba al pueblo para recortar la ventaja de Jenn en un cuarto de milla, mientras que Billy Cabeza de Chorlito se había librado de Luis y estaba ahora a un cuarto de milla de distancia de ellos.

—¡Esto puede inclinarse a favor de cualquiera! —dijo Caballo.

Iba media hora por detrás de los líderes, lo que estaba volviéndolo loco. No porque estuviera perdiendo, sino porque corría el riesgo de perderse la llegada. El suspense era tan irresistible que, finalmente, Caballo optó por abandonar la carrera y atajar hacia Urique para intentar llegar a tiempo de ver el enfrentamiento final.

Lo vi partir, desesperado por alcanzarlos. Yo estaba tan cansado que no pude arreglármelas para subir al delgado puente que había sobre el río y, de alguna manera, terminé debajo de él, obligado a cruzar el río chapoteando por cuarta vez. Mis pies empapados pesaban tanto que, cuando llegué a la otra orilla, casi no podía levantarlos y hube de arrastrarlos por la arena. Llevaba todo el día fuera, y volvía a encontrarme en la misma interminable cumbre alpina desde la que casi me había caído esa mañana, cuando una serpiente muerta me asustó. No había forma de que bajara antes de la puesta del sol, así que esta vez me encontraría andando a ciegas en la oscuridad.

Bajé la cabeza y me puse en marcha con pesadez. Cuando miré alrededor, me vi rodeado por niños tarahumaras. Cerré los ojos y los volví a abrir. Los niños seguían ahí. Me alegró tanto que no fuera una alucinación que estuve a punto de llorar. No tenía idea de dónde habían salido y por qué habían decidido acompañarme. Subimos más y más todos juntos.

Cuando habíamos recorrido casi media milla, se lanzaron a un camino secundario y me hicieron señales para que los siguiera.

—No puedo —les dije con pesar.

Se encogieron de hombros y se perdieron entre los arbustos.

—¡Gracias! —dije con la voz rasposa.

Continué apretando colina arriba, arrastrando los pies a un ritmo no mucho mayor que el de una caminata. Cuando alcancé una pequeña planicie, ahí estaban los niños, esperándome. Así era como los tarahumaras de Urique habían hecho para conseguir tamaña ventaja. Los chicos se levantaron de un salto y corrieron a mi lado hasta que, una vez más, desaparecieron entre la maleza. Media milla después, volvieron a aparecer. Esto estaba convirtiéndose en una pesadilla: seguía corriendo y corriendo, pero no cambiaba nada. La colina se alargaba hacia el infinito, y mirara donde mirara, los Niños del Maíz volvían a aparecer.

376

«¿Qué haría Caballo?», me pregunté. Caballo estaba constantemente metiéndose en aprietos sin solución, y siempre se las arreglaba para encontrar una salida. Para empezar se concentraba en correr «fácilmente», me dije a mí mismo. Porque si no llegas a más, ya será bastante. Luego se enfocaba en hacerlo «ligero». Lo hacía sin esfuerzo, como si no le importara cuán alta era la colina ni cuán lejos debía llegar...

—¡Oso!

Ted Descalzo venía hacia mí, y parecía desesperado.

—Unos chicos me dieron un poco de agua, estaba tan fría que pensé en usarla para refrescarme —dijo Ted Descalzo—. Así que ahí estoy, echándomela encima, rociándomela por todas partes...

Tuve problemas para seguir la narración de Ted Descalzo porque su voz bajaba y subía como una radio mal sintonizada. Mis niveles de azúcar eran tan bajos, descubrí, que estaba a punto de caer desmayado.

—... así que ahí pensando: «Mierda, oh mierda, me he quedado sin agua...».

Por lo que pude captar de la verborrea de Ted Descalzo, quedaba como una milla para la vuelta. Escuché con impaciencia, desesperado por llegar al puesto de socorro para poder devorar una barrita energética y tomar un descanso antes de enfrentarme a las cinco millas finales.

—... Así que me digo que tengo que mear, y mejor mear dentro de una de estas botellas en caso de encontrarme en las últimas, ya sabes, las últimas de las últimas. Así que meo en la botella y la orina es como naranja. No tiene buen aspecto. Y está caliente. Pienso que la gente me miraba mear en la botella y pensaba: «Caramba, estos gringos son realmente duros».

—Espera —dije, empezando a entender lo que ocurría—. ¿No habrás bebido orina?

—¡Fue lo peor! La orina con peor sabor que he bebido en mi

vida. Podría embotellarla y venderla para resucitar muertos. Sé que se puede beber orina, pero no si ha sido calentada y agitada en los riñones durante cuarenta millas. Fue un experimento fallido. No volvería a beber esa orina aunque fuera el último líquido sobre la faz de la Tierra.

—Toma —dije, ofreciéndole el agua que me quedaba.

No entendía por qué, si estaba tan preocupado, no había vuelto al puesto de socorro para rellenar sus botellas, pero estaba demasiado exhausto para hacer más preguntas. Ted Descalzo tiró la orina, rellenó su botella y se puso en marcha de nuevo. Con todo lo raro que era, su determinación e ingenio estaban fuera de toda duda; estaba a menos de cinco millas de acabar una carrera de cincuenta millas en sus pantuflas de hule, y estaba dispuesto a beber fluidos corporales para conseguirlo.

Nada más llegar a la vuelta de Guadalupe, mi aturdido cerebro fue capaz de comprender por qué Ted no llevaba agua encima para empezar: el agua se había acabado. Y no quedaba nadie en el pueblo. Todos habían partido en masa hacia Urique para la fiesta de final de carrera, la tiendecita estaba cerrada y no había un alma para sacar agua del pozo. La cabeza me daba vueltas y tenía la boca demasiado seca para masticar. Aun cuando me las arreglara para dar unos pocos bocados, estaba demasiado deshidratado para correr la larga hora que quedaba hasta la meta. La única forma de llegar a Urique era a pie, pero estaba demasiado agotado para caminar. «Para lo que sirve la compasión —masculé para mí—. Me porto generosamente y ¿qué gano? Joderme.»

El ruido de mi respiración agitada, producida por el esfuerzo de la escalada, empezó a perder volumen cuando me senté, lo que me permitió advertir otro sonido: un extraño silbido que parecía estar acercándose. Me levanté para echar un vistazo y ahí, subiendo hasta esta montaña perdida de la mano de Dios, estaba el viejo Bob Francis.

378

—Oye amigo —gritó Bob, sacando dos latas de jugo de mango de su bandolera y agitándolas sobre su cabeza—. Pensé que te vendría bien algo de beber.

Estaba estupefacto. ¿El viejo Bob había recorrido cinco millas de caminos agrestes con el termómetro marcando treinta y cinco grados para traerme un poco de jugo? Pero entonces me acordé: unos días antes, Bob había mirado con admiración la cuchilla que le presté a Ted Descalzo para que hiciera sus sandalias. Era un recuerdo de un viaje por África, pero Bob había sido tan amable con todos nosotros que se la regalé. Quizá todo no era más que una afortunada coincidencia, pero mientras daba tragos al jugo y me preparaba para terminar la carrera, no pude sino sentir que la última pieza del rompecabezas tarahumara acababa de encajar.

Caballo y Tita estaban apretujados entre la multitud en la línea de meta, estirando el cuello para echar el primer vistazo a los líderes. Caballo sacó de su bolsillo un viejo Timex con la correa rota y controló el tiempo. Seis horas. Quizá fuera demasiado pronto, pero había una posibilidad de que...

—¡Ahí vienen! —gritó alguien.

Caballo levantó la cabeza de golpe. Entrecerró los ojos para mirar hacia la pista, intentando ver por encima de las cabezas de los bailarines. Falsa alarma. Tan solo una nube de polvo y... no, ahí estaba. Una mata de cabello negro y una blusa carmesí. Arnulfo seguía a la cabeza.

Silvino estaba en segundo lugar, pero Scott se acercaba a toda velocidad. A falta de una milla, Scott alcanzó a Silvino. Pero en lugar de dejarlo atrás, le dio una palmada en la espalda. «¡Vamos!» gritó, diciéndole con la mano que siguiera con él. Sorprendido, Silvino sacó fuerzas de flaqueza y se las arregló para mantener el paso de Scott. Juntos se lanzaron a la caza de Arnulfo. Los gritos y vítores se elevaron por encima de los mariachis conforme los tres corredores apuraban hacia la meta. Silvino flaqueó, se recompuso después, pero no era capaz de mantener el ritmo de Scott. Scott siguió adelante. Se había encontrado en esta situación anteriormente, y siempre se las arreglaba para encontrar algo en el tanque de reserva. Arnulfo echó una mirada atrás y vio al hombre que había vencido a los mejores del mundo acercándose a toda máquina. Arnulfo se abrió paso por el corazón de Urique, levantando muros de gritos según se acercaba más y más a la meta. Cuando atravesó la cinta, Tita estaba llorando. Cuando Scott llegó en segundo lugar, la multitud ya se había tragado a Arnulfo. Caballo se acercó a felicitar a Scott, quien siguió adelante en silencio, dejándolo atrás. Scott no estaba acostumbrado a perder, especialmente no contra un tipo desconocido en una carrera informal en medio de la nada. Nunca antes le había ocurrido algo así, pero sabía perfectamente lo que tenía que hacer.

Scott fue hasta donde estaba Arnulfo y le hizo una reverencia.

La multitud se volvió loca. Tita fue corriendo a abrazar a Caballo y lo encontró secándose las lágrimas. En medio del pandemónium, Silvino consiguió cruzar la meta, seguido de Herbolisto y Sebastiano. ¿Y Jenn? Su decisión de ganar o morir en el intento finalmente le había pasado factura.

Jenn llegó a Guadalupe al borde del desmayo. Se desplomó contra un árbol y dejó caer la cabeza, que le daba vueltas, entre las rodillas. Un grupo de tarahumaras se agrupó a su alrededor, intentando animarla para que siguiera. Ella levantó la cabeza e hizo el gesto de beber con las manos.

—¿Agua? —pidió—. ¿Agua purificada?

Alguien le alcanzó una Coca-Cola caliente.

—Mejor aún —dijo, y sonrió agotada.

380

Aún estaba bebiendo cuando empezaron a oírse unos gritos. Sebastiano y Herbolisto estaban llegando a la aldea. Jenn los perdió de vista cuando la multitud se abalanzó sobre ellos para felicitarlos y ofrecerles pinole. Poco después, Herbolisto estaba de pie a su lado, con la mano estirada hacia ella. Con la otra mano señalaba el camino. ¿Iba a seguir? Jenn negó con la cabeza. «Todavía no», dijo. Herbolisto empezó a correr, luego se detuvo y volvió a donde estaba Jenn. Volvió a ofrecerle la mano. Jenn sonrió y le hizo señas con la mano para que siguiera. «¡Sigue de una vez!» Herbolisto hizo adiós con la mano. Poco después de que desapareciera por la pista, el griterío empezó de nuevo. Alguien le hizo llegar a Jenn la noticia: El Lobo estaba llegando. ¡Cabeza de Chorlito! Jenn le guardó un trago largo de Coca-Cola y consiguió ponerse de pie mientras Billy bebía. A pesar de todas las veces que se habían asistido mutuamente en competiciones y de todas las carreras al atardecer en Virginia Beach, realmente nunca habían terminado una carrera hombro con hombro.

—¿Estás lista? —dijo Billy

—Date por muerto, amigo.

Juntos, volaron cuesta abajo por la colina y cruzaron como un rayo el puente colgante. Llegaron a Urique dando gritos de alegría, redimiéndose maravillosamente bien. A pesar de las piernas ensangrentadas de Jenn y del estado rayano en la narcolepsia de la preparación de Billy para la carrera, habían vencido a todos los tarahumaras menos cuatro, además de a Luis y Eric, dos ultramaratonistas extremadamente experimentados.

Manuel Luna había abandonado a la mitad. Pese a que había hecho un gran esfuerzo en venir por Caballo, el dolor por la muerte de su hijo lo había dejado demasiado golpeado para competir. Pero, si bien no podía poner todo su corazón en la carrera, estaba completamente comprometido con uno de los corredores. Manuel patrulló arriba y abajo por todo el camino esperando a Ted Descal-

381

zo. Y en breve se uniría a Arnulfo… y Scott… y Jenn y Billy. Algo extraño empezó a ocurrir: mientras más tardaban los corredores, más se animaba la multitud. Cada vez que un corredor conseguía cruzar la meta —Luis y Porfilio, Eric y Ted Descalzo—, de inmediato se volvía y empezaba a animar a los que quedaban por llegar.

Desde lo alto de la colina, podía ver el centellear de las luces verdes y rojas que colgaban del camino hacia Urique. El sol se había puesto, lo que me había dejado corriendo a través del crepúsculo gris plata de las barrancas, un brillo como de luna que se posaba, invariable, haciendo que todo excepto uno mismo pareciera detenido en el tiempo. Y entonces, de entre esas sombras blanquecinas, emergió el vagabundo solitario de las Sierras Altas.

—¿Un poco de compañía? —dijo Caballo.

—Me encantaría.

Juntos, traqueteamos sobre el puente colgante, mientras la brisa fría del río me hacía sentir extrañamente ligero. Cuando alcanzamos el último tramo hacia Urique, las trompetas empezaron a sonar. Hombro con hombro, paso a paso, Caballo y yo entramos corriendo al pueblo.

No sé si llegué a cruzar la línea de meta. Todo lo que alcancé a ver fue la imagen borrosa de las coletas de Jenn, que salió corriendo de entre la multitud y se lanzó sobre mí. Eric me agarró antes de que me golpeara contra el suelo y me puso una botella de agua fría en la nuca. Arnulfo y Scott, que tenían los ojos inyectados, me alcanzaron una cerveza.

—Has estado increíble —dijo Scott.

—Sí —dije—. Increíblemente lento.

Había tardado más de doce horas, lo que significaba que Arnulfo y Scott podrían haber hecho el recorrido una vez más y aun así me habrían ganado.

—A eso me refiero —insistió Scott—. Yo he estado ahí, amigo. He estado ahí muchas veces. Y hacen falta más agallas que cuando vas rápido.

Me acerqué cojeando hasta Caballo, que estaba repantigado debajo de un árbol, mientras la fiesta rugía a su alrededor. En breve, se pondría en pie y daría un maravilloso discurso en su excéntrico español. Llamaría a Bob Francis, que llegaría justo a tiempo para obsequiar a Scott con un cinturón ceremonial tarahumara y a Arnulfo con una cuchilla de mano distinta a la que yo le había regalado. Caballo repartiría los premios en metálico y se emocionaría al ver cómo los Niños Juerguistas, que casi no tenían dinero para pagar el viaje en autobús de vuelta a El Paso, entregaban su premio sin pensárselo dos veces a los corredores tarahumaras que habían llegado después de ellos. Caballo estallaría en carcajadas al ver a Herbolisto y Luis bailar el robot.

Pero todo eso sería más tarde. Ahora mismo, Caballo estaba satisfecho con poder sentarse solo bajo un árbol, sonriendo y bebiendo una cerveza, viendo cómo su sueño se hacía realidad delante de sus ojos.

32

Esa cabeza suya ha estado ocupada largo tiempo
con los problemas inextricables de la sociedad
contemporánea, y tanto su buen corazón como
su energía sin límite continúan la batalla. Sus
esfuerzos no han sido en vano, pero probablemente no vivirá para verlos rendir frutos.

THEO VAN GOGH, 1889

—Tienes que oír esto —dijo Ted Descalzo, agarrándome del
brazo.

Demonios. Me había pescado justo cuando estaba intentando
escabullirme de la fiesta callejera para arrastrarme hasta el hotel y
caer rendido. Ya había oído entera la crónica post-carrera de Ted
Descalzo, incluidas sus notas al pie sobre los valores nutritivos y el
efecto blanqueador de la orina humana, y no podía imaginar nada
más urgente que conseguir un sueño profundo en una cama mu-
llida. Pero no se trataba de Ted Descalzo y sus historias esta vez.
Se trataba de Caballo. Ted me llevó hasta el jardín trasero de
Mamá Tita, donde Caballo tenía embelesados a Scott, Billy y algunos más.

—¿Alguna vez se han despertado en una sala de urgencias

—decía Caballo— y se han preguntado si en realidad querían despertarse después de todo?

Tras eso, se lanzó a contar la historia que yo venía esperando desde hacía dos años. No tardé mucho en comprender por qué había elegido ese momento. A la mañana siguiente, todos nos separaríamos y emprenderíamos el camino de vuelta a casa. Caballo no quería que olvidáramos lo que habíamos compartido, así que por primera vez estaba revelando quién era en realidad.

Había nacido con el nombre de Michael Randall Hickman, hijo de un sargento de artillería del Cuerpo de Marines, cuyos destinos hacían que su familia se moviera arriba y abajo por la Costa Oeste. Dado que era un delgaducho solitario que constantemente tenía que defenderse en cada nuevo colegio al que llegaba, la prioridad del joven Mike pasaba por encontrar el centro más cercano de la Police Athletic League (Liga atlética de la policía) en cada ciudad y apuntarse a clases de boxeo.

Los chicos más fuertes sonreían y chocaban sus guantes cuando veían a ese cretino de cabello largo y sedoso caminar desgarbado hacia el cuadrilátero, pero dejaban de sonreír en el momento en que ese largo brazo izquierdo empezaba a golpearles la cara. Mike Hickman era un muchacho sensible que odiaba hacer daño a la gente, pero eso no evitó que llegara a ser muy bueno en ello. «A los que más me gustaba pegar era a los más grandes y musculosos, porque no dejaban de meterse conmigo —recordó—. Pero la primera vez que noqueé a un chico, lloré. Y pasó un buen tiempo antes de que volviera a hacerlo.»

Acabada la secundaria, Mike se marchó a la Universidad Humboldt State para estudiar Historia de las Religiones Orientales e Historia de los Indios Nativos Americanos. A fin de poder pagar la matrícula, empezó a participar en peleas clandestinas bajo el nombre de El Cowboy Gitano. Dado que no tenía miedo a la hora de entrar en gimnasios en los que casi ningún cara pálida había puesto el pie antes, mucho menos un cara pálida vegetariano que no paraba de hablar de armonía universal y jugo de germen de trigo, el Cowboy rápidamente consiguió toda la acción que buscaba. Los promotores mexicanos de poca monta adoraban llevárselo a un lado y susurrarle tratos al oído.

—Oye, compay —decían—. Vamos a hacer correr el chisme de que eres un amateur de primera llegado del este. Les va a encantar a los gringos, compadre. Todos los gabachos presentes van a apostar a su madre a que ganas tú.

El Cowboy Gitano se encogía de hombros.

—Por mí está bien.

—Solo tienes que bailar en el ring para que no te destrocen hasta el cuarto asalto —le advertían.

O el tercero, o el séptimo, cualquiera que fuera el asalto que habían acordado previamente. El Cowboy era capaz de mantenerse en pie ante gigantescos pesos pesados negros, esquivando los golpes y abrazándose a ellos, hasta que llegaba el momento de golpear la lona, pero cuando se enfrentaba a los pesos medios latinos tenía que luchar por su vida. «Amigo, algunas veces tenían que sacar volando mi trasero sangrante de ahí», nos contaría. Pero siguió peleando incluso después de acabar la escuela.

—Recorría el país peleando. Cayendo a la lona, ganando algunos combates, perdiendo pero en realidad ganando otros, básicamente montando buenos espectáculos y aprendiendo cómo pelear sin salir herido.

Tras unos años abriéndose camino en el mundo de las peleas clandestinas, el Cowboy reunió sus ganancias y voló a Maui. Ahí, le dio la espalda a los resorts y se dirigió hacia el Este, hacia el lado húmedo y oscuro de la isla, hacia los santuarios ocultos de Hana. Estaba buscando un sentido a su vida. Pero en su lugar encontró a

386

Smitty, un ermitaño que vivía en una cueva escondida. Smitty ubicó a Mike en una cueva para él solo y luego lo guió hacia los lugares sagrados de Maui.

—Smitty fue el primero que hizo que me interesara por correr —nos dijo Caballo.

Algunas veces salían en plena noche para correr las veinte millas del camino de Kaupo hasta la Casa del Sol, situada a tres mil metros, en la cima del monte Haleakala. Se sentaban en silencio a contemplar los primeros rayos de la mañana que iluminaban el Pacífico, luego bajaban corriendo, alimentándose únicamente con las papayas silvestres que hacían caer de los árboles. Poco a poco, el buscapleitos de callejón conocido como Mike Hickman desapareció. En su lugar, apareció Micah True, cuyo nombre estaba inspirado en «el espíritu valiente e intrépido» del profeta del Antiguo Testamento, Micah, y en la lealtad de un viejo chucho llamado True Dog. «No siempre consigo estar a la altura del ejemplo de True Dog —diría Caballo—. Pero vale la pena intentarlo.»

Durante una de sus carreras en busca de sentido, el renacido Micah True conoció a una bella joven de Seattle que se encontraba por ahí de vacaciones. No podían ser más diferentes el uno del otro —Melinda era una estudiante de psicología, hija de un adinerado banquero de inversión, mientras que Micah era, literalmente, un hombre de las cavernas—, pero se enamoraron. Tras un año en la selva, Micah decidió que era hora de volver al mundo.

¡Pum! El Cowboy Gitano noqueó a su tercer oponente…

… y al cuarto…

… y al quinto…

Con Melinda en su rincón y la fuerza del bosque tropical en sus piernas, Micah era prácticamente intocable; podía bailar y deslizarse hasta que el otro luchador sentía que los brazos se le habían

387

convertido en cemento. Una vez que bajaba los puños, Micah entraba como una flecha y lo golpeaba hasta tumbarlo en la lona. «Me inspiraba el amor», nos dijo Micah. Él y Melinda se establecieron en Boulder, Colorado, y así podía correr por las montañas y conseguir peleas en las arenas de Denver.

«No había duda de que no parecía un luchador», me diría después Don Tobin, por entonces campeón de peso ligero de *kickboxing* de las montañas Rocosas. «Llevaba el pelo muy largo y un par de viejos guantes que parecían haber pertenecido a Rocky Graciano.» Don Tobin entabló amistad con Cowboy, se convirtió en su sparring ocasional, y todavía hoy sigue maravillado por su ética de trabajo. «Entrenaba por su cuenta de una manera increíble. El día de su cumpleaños número treinta, salió y corrió treinta millas. ¡Treinta millas!» Había pocos maratonistas americanos haciendo esos números.

Cuando consiguió una marca de imbatibilidad de 12-0, la reputación del Cowboy era suficientemente imponente como para hacerlo aterrizar en la portada del semanario de Denver, *Westword*. Debajo del titular «Ciudad del puño», había una foto a toda página de Micah, con el pecho descubierto y sudoroso, con los puños en alto y el cabello revuelto, con el mismo brillo en los ojos que yo veía veinte años después cuando lo sorprendí en Creel. «Pelearé con cualquiera, si la cantidad de dinero es suficiente», se citaba al Cowboy diciendo.

¿Cualquiera, eh? El artículo llegó a las manos de una promotora de *kickboxing* de ESPN, que rápidamente localizó al Cowboy y le hizo una oferta. A pesar de que Micah era boxeador, no luchador de *kickboxing*, la promotora quería subirlo al ring en un combate televisado a nivel nacional contra Larry Shepherd, número cuatro de los pesos ligero-completos del país. A Micah le encantó la idea de toda esa publicidad y el dinero que le ofrecían, pero algo olía mal. Hacía tan solo unos meses, no era más que un hippie sin

388

hogar meditando en la cima de una montaña; ahora estaban enfrentándolo a un experto en artes marciales que podía quebrar ladrillos con la cabeza.

—No era más que una gran broma para ellos, amigo —dijo Micah—. Yo no era más que este hippie pelilargo que querían lanzar al ring para reírse un poco.

Lo que ocurrió a continuación resume la vida entera de Caballo: de entre todas las decisiones que había tenido que tomar, las más fáciles siempre habían sido aquellas en las que había tenido que elegir entre la prudencia y el orgullo. Cuando sonó la campana en *Superfight Night* de ESPN, el Cowboy Gitano dejó de lado su astuta estrategia habitual de esquivar y bailar. Por el contrario, atravesó a toda velocidad el ring con suficiencia y destrozó a Shepherd con una lluvia de izquierdazos y derechazos. «Él no sabía qué estaba haciendo yo, así que se cubrió en un rincón para analizar la situación», recordaría Micah. Micah levantó el brazo derecho para soltar un directo, pero se le ocurrió algo mejor.

—Lo pateé en la cara con tanta fuerza, que me rompí el dedo gordo del pie —dijo Micah—. Y a él le rompí la nariz.

Ring ring ring

El juez alzó el brazo de Micah, mientras un médico revisaba los ojos de Shepherd para asegurarse de que no se le habían desprendido las retinas. Otro *knockout* para el Cowboy Gitano. No podía esperar para volver a casa y celebrarlo con Melinda. Pero Melinda, descubriría en breve, estaba a punto de perpetrar su propio *knockout*. Ya antes de que esa conversación terminara —antes de que Melinda terminara de contarle acerca de su aventura y sus planes de abandonarlo por otro hombre y mudarse de vuelta a Seattle— el cerebro de Micah estaba hirviendo de preguntas. Preguntas que él mismo debía responder, no ella.

Acababa de romperle la cara un hombre en la televisión nacional, ¿y por qué? ¿Para ser grande a los ojos de los demás? ¿Para ser

389

un intérprete cuyos méritos se miden solo por el afecto de alguien más? Micah no era idiota; podía unir perfectamente las líneas que llevaban del chico nervioso con el Gran Santini como padre al veleta hambriento de amor en que se había convertido. En otras palabras, ¿era un gran luchador, o solo un luchador necesitado?

Poco después, recibió una llamada de la revista *Karate*. Los rankings de fin de año estaban a punto de aparecer, le dijo el periodista, y la inesperada victoria del Cowboy Gitano lo había catapultado al puesto cinco de los pesos ligero-completos de *kickboxing* de Estados Unidos. La carrera del Cowboy estaba a punto de subir como la espuma. En cuanto *Karate* llegara a los kioscos y las ofertas empezaran a llover, tendría muchísimas oportunidades muy bien remuneradas para descubrir si amaba luchar o si luchaba para ser amado.

«Lo siento —le dijo Micah al periodista—. Pero acabo de decidir que me retiro.»

Hacer desaparecer al Cowboy Gitano fue aún más fácil que prescindir de Mike Hickman. Todo lo que no podía llevar encima quedaba descartado. Desconectó el teléfono, abandonó el apartamento. Su camioneta Chevy del 69 se convirtió en su único hogar. Por las noches, dormía en un saco de dormir en la parte trasera. Durante el día, ganaba algo de dinero cortando césped y haciendo mudanzas. Entre medias, corría. Si no podía tener a Melinda, lo único que le quedaba era el agotamiento.

—Me levantaba a las cuatro y media de la madrugada, corría veinte millas, y me parecía algo hermoso —dijo Micah—. Luego trabajaba todo el día y quería sentirme nuevamente de esa forma, así que llegaba a casa, bebía una cerveza, comía unos frijoles y volvía a correr.

No tenía ni idea de si corría rápido o lento, si era talentoso o un desastre, hasta que un fin de semana del verano de 1986 condujo hasta Laramie, Wyoming, para hacer un intento en la Doble Maratón de las Montañas Rocosas. Sorprendió a todos, incluso a sí mismo, cuando ganó en seis horas y doce minutos, liquidando dos maratones seguidas en poco más de tres horas cada una. Correr ultramaratones, descubrió, era aún más duro que las peleas profesionales. En el cuadrilátero, es el otro luchador el que determina la magnitud del golpe, pero en la pista, eres tú mismo el que te maltratas. Para un tipo que deseaba aporrearse hasta la inconsciencia, las carreras extremas podían resultar un deporte tremendamente atractivo.

«Quizá podría hacerme profesional, si pudiera superar estas molestas lesiones...» Este pensamiento atravesaba la mente de Micah mientras bajaba en su bicicleta por una calle empinada de Boulder. Lo siguiente que vio fueron las luces brillantes de la sala de urgencias del Boulder Community Hospital. Tenía los ojos cubiertos de sangre y la frente llena de puntos. Como mucho podía recordar haber chocado contra una superficie de grava y haber volado por encima del manillar.

«Tienes suerte de estar vivo», le dijo el médico, lo que era una manera de verlo. Otra era que la muerte era todavía un problema pendiendo sobre su cabeza. Micah acababa de cumplir cuarenta y uno, y fuera de su habilidad para las ultramaratones, la visión desde esa camilla de urgencias no era demasiado bonita. No tenía seguro médico, ni casa, ni familiares cercanos, ni un trabajo fijo. No tenía dinero suficiente para pasar una noche en observación, ni tenía una cama donde recuperarse si abandonaba el hospital.

Pobre y libre era como había decidido vivir, pero ¿era también como quería morir? Un amigo dejó a Micah convalecer en su sofá y ahí, durante los siguientes días, consideró sus opciones de futuro. Solo los rebeldes con suerte terminan saliendo por la puerta grande, como bien sabía Micah. Desde segundo grado, Micah había idolatrado a Jerónimo, el valiente apache que solía escapar de la caballería norteamericana corriendo a través de las tierras baldías de Arizona. Pero ¿cómo terminó sus días Jerónimo? Prisionero, borracho en una acequia de una polvorienta reserva natural.

En cuanto se hubo recuperado, Micah partió hacia Leadville. Y ahí, durante esa noche mágica corriendo a través del bosque con Martimano Cervantes, encontró las respuestas que buscaba. Jerónimo no podía correr libre por siempre, pero tal vez un «indio gringo» sí. Un indio gringo que no poseía nada, ni necesitaba a nadie ni temía desaparecer de la faz de la Tierra sin dejar rastro.

—¿Y de qué vivías? —pregunté.

—Sudor —dijo Caballo.

Cada verano, abandonaba su choza y volvía en bus a Boulder, donde su vieja *pickup* esperaba en el patio trasero de un granjero amigable. Durante dos o tres meses recuperaba la identidad de Micah True y se ganaba la vida haciendo trabajitos de mudanza. Tan pronto como reunía suficiente dinero para aguantar otro año, desaparecía al pie de las barrancas, calzándose las sandalias de Caballo Blanco.

—Cuando me haga demasiado viejo para trabajar, haré lo que Jerónimo hubiera hecho si lo hubieran dejado en paz —dijo Caballo—. Me internaré en las barrancas y encontraré un lugar tranquilo donde descansar.

No había autoindulgencia ni melodrama en la manera en que Caballo dijo esto, tan solo la asunción de que la vida que había elegido requería un último acto de desaparición.

—Así que quizá vuelva a verlos a todos —terminó Caballo, mientras Tita apagaba las luces para enviarnos a todos a la cama—. O quizá no.

Cuando apareció el sol a la mañana siguiente, los soldados de Urique estaban esperando al lado del viejo minibús parado a las puertas del restaurante de Tita. Al llegar Jenn, se pusieron firmes.

—Hasta luego, Brujita —gritaron.

Jenn les lanzó besos de diva de Hollywood con un amplio movimiento del brazo, y luego trepó a bordo. El siguiente fue Ted Descalzo, que subió con cuidado. Sus pies estaban tan envueltos en vendas que apenas cabían en sus sandalias japonesas. «No están mal en realidad —insistía Ted—. Solo un poco sensibles.» Se apretó junto a Scott, que de buena gana se apartó para hacerle sitio.

El resto de nosotros se metió en el vehículo y cada uno intentó acomodar su cuerpo dolorido de la mejor forma posible para soportar el viaje movidito que teníamos por delante. El fabricante de tortillas de la aldea (que era también el barbero, zapatero y conductor de autobús) se colocó detrás del volante y aceleró el motor. Fuera, Caballo y Bob Francis recorrían el bus apretando sus manos contra cada una de nuestras ventanas.

Manuel Luna, Arnulfo y Silvino se mantuvieron de pie a su lado, mientras el bus partía. El resto de los tarahumaras había empezado ya el largo camino de vuelta a casa, pero a pesar de que estos tres debían recorrer una distancia mayor, se habían quedado a vernos partir. Mucho tiempo después, todavía podía verlos de pie, diciendo adiós con las manos, hasta que el pueblo de Urique desapareció en una nube de polvo.

Agradecimientos

Allá por 2005, Larry Weissman leyó una pila de mis recortes de revistas y los resumió en una pregunta inteligente:

—La resistencia está en el corazón de todas tus historias —dijo, o algo parecido—. ¿Hay alguna que no hayas contado todavía?

—Bueno, sí. He oído acerca de esta carrera en México...

Desde entonces, Larry y su brillante esposa Sascha han hecho las veces de mis agentes y funciones cerebrales mayores, enseñándome cómo convertir un montón de ideas en una propuesta legible y tirando de la correa cada vez que faltaba a una de mis fechas de entrega. Sin ellos, este libro seguiría siendo una historia que cuento con unas cervezas delante.

La revista *Runner's World,* y especialmente su editor por entonces, Jay Heinrichs, fueron los primeros en enviarme a las Barrancas del Cobre e incluso por un momento (un momento muy corto) barajaron la idea de publicar todo un número sobre los tarahumaras.

Estoy en deuda con James Rexroad, fotógrafo de primera clase, por su compañía y bellísimas fotos de ese viaje. Para ser un hombre con un cerebro y una capacidad pulmonar así de grandes, el editor honorario de *Runner's World,* Amby Burfoot, es extremadamente generoso con su tiempo, experiencia y biblioteca. Todavía tengo que devolverle veinticinco de sus libros, lo que prometo hacer si acepta correr conmigo otra vez.

Pero estoy especialmente agradecido a la revista *Men's Health*. Quienes no la leen se están perdiendo una de las mejores y más fiables revistas de Estados Unidos, sin excepciones. Cuenta en su equipo con editores como Matt Marion y Peter Moore, que promueven ideas tan absurdas como enviar a escritores habitualmente lesionados a correr con indígenas invisibles en medio de la nada. *Men's Health* me permitió entrenar para la carrera a sueldo de la revista, y luego me ayudó a dar forma a la historia final. Como todo lo que he escrito para Matt, llegó a sus manos como una cama sin hacer y salió como una cama de hospital recién hecha.

Pese a ser un grupo sistemáticamente tergiversado por la prensa, la comunidad ultramaratonista fue extraordinariamente comprensiva y solidaria con mi investigación y experimentación personal. Ken, Pat y Cole Chlouber siempre me hicieron sentir como en casa en Leadville y me enseñaron mucho más de lo que quería saber acerca de las carreras de burros. De la misma forma, la directora de la carrera Merilee O'Neal atendió todas las peticiones que pude imaginar y me dio un abrazo de finalizador, aun cuando no me lo había ganado. David «el Salvaje» Horton, Matt «Skyrunner» Carpenter, Lisa Smith-Batchen y su marido Jay, Marshall y Heather Ulrich, Tony Krupicka, todos compartieron conmigo historias extraordinarias y secretos de la pista. Sunny Blende, la experta nutricionista, evitó el desastre en el desierto cuando Jenn, Billy, Ted Descalzo y yo asistimos torpemente a Luis Escobar en la Badwater de 2006, y además me dio la mejor definición de este deporte que he oído: «Las ultramaratones son tan solo concursos de comer y beber, con un poco de ejercicio y paisajes de por medio».

Si los lectores no se sienten abrumados por extrañas digresiones durante la lectura de este libro, ellos y yo debemos dar las gracias a Edward Kastenmeier, mi editor en Knopf, y a su asistente,

Tim O'Connell. También tenemos que dárselas a Lexy Bloom, editor senior en Vintage Books, que ofreció su valioso entendimiento y comentarios en la recta final. De alguna manera, entre ellos descubrieron cómo cortar la grasa sin sacrificar nada del sabor de mi prosa.

A su vez, mi amigo Jason Fagone, autor del excelente *Horsemen of the Esophagus,* me ayudó a comprender la diferencia entre narración y autoindulgencia. Max Potter me dejó escribir por primera vez acerca de Leadville en la revista *5280* y pertenece a esa extraña clase de escritor lo suficientemente noble para animar a otro escritor. Patrick Doyle, el fantástico investigador de *5280,* confirmó muchísimos datos de la misteriosa vida de Caballo e incluso desenterró esa perdida foto de periódico de los días en que El Cowboy Gitano peleaba por dinero. Años atrás, Susan Linnee me dio un trabajo en la Associated Press que yo no merecía y luego me enseñó cómo debía hacerlo. Si más personas conocieran a Susan, habría menos gente aporreando al periodismo.

Para ser un buen atleta, es necesario elegir cuidadosamente a tus padres. Para sobrevivir como escritor, has de hacer lo mismo con tu familia. Mis hermanos, hermanas, sobrinos y sobrinas han sido todos tremendamente comprensivos con los cumpleaños y obligaciones olvidadas. Sobre todo, estoy en deuda con mi esposa Mika y mis maravillosas hijas Sophie y Maya por la alegría que espero sea evidente en estas páginas. Ahora sé por qué los tarahumaras y los Más Locos se llevaron tan bien. Son personas únicas y maravillosas y haber pasado tiempo con ellos es uno de los mayores privilegios de mi vida. Me gustaría haber tenido tiempo de disfrutar de otro jugo de mango con el gran indio gringo, Bob Francis. Poco después de la carrera, falleció. No sé cómo. Como la mayoría de las muertes en las Barrancas del Cobre, la suya sigue siendo un misterio.

Cuando todavía estaba asumiendo la perdida de su leal y viejo amigo, Caballo recibió una oferta única. The North Face, la popular compañía de productos para deportes al aire libre, le ofreció convertirse en su patrocinador. Su futuro y el de su carrera finalmente hubieran estado asegurados.

Caballo lo meditó. Más o menos durante un minuto.

«No, gracias —decidió—. No quiero que nadie haga nada que no sea salir a correr, festejar, bailar, comer y pasar tiempo con nosotros. Correr no se trata de hacer que la gente compre cosas. Correr debe ser un acto de libertad, amigo.»